ŒUVRES

DE

DENIS DIDEROT.

TOME IV.

LE FILS NATUREL, OU LES ÉPREUVES DE LA VERTU.

DORVAL ET MOI, OU ENTRETIENS SUR LE FILS NATUREL.

LE PÈRE DE FAMILLE.

DE LA POÉSIE DRAMATIQUE.

ŒUVRES

DE

DENIS DIDEROT,

publiées sur les manuscrits de l'Auteur;

PAR JACQUES-ANDRÉ NAIGEON,

de l'Institut national des sciences, etc.

TOME QUATRIÈME.

A PARIS,

Chez DETERVILLE, Libraire, rue du
Battoir, N.º 16.

AN VIII.

LE FILS NATUREL,

OU

LES ÉPREUVES DE LA VERTU,

COMÉDIE

EN CINQ ACTES ET EN PROSE,

avec l'histoire véritable de la pièce.

Interdùm speciosa locis, morataque rectè
Fabula, nullius veneris, sine pondere et arte,
Valdiùs oblectat populum, meliùsque moratur
Quàm versus inopes rerum nugæque canoræ.

HORAT. *Art. Poet.*

AVERTISSEMENT.

Le sixième volume de l'Encyclopédie venoit de paroître; et j'étois allé chercher, à la campagne, du repos et de la santé, lorsqu'un évènement, non moins intéressant par les circonstances que par les personnes, devint l'étonnement et l'entretien du canton. On n'y parloit que de l'homme rare qui avoit eu, dans un même jour, le bonheur d'exposer sa vie pour son amie, et le courage de lui sacrifier sa passion, sa fortune et sa liberté.

Je voulus connoître cet homme. Je le connus; et je le trouvai tel qu'on me l'avoit peint, sombre et mélancolique. Le chagrin et la douleur, en sortant d'une ame où ils avoient habité trop long-temps, y avoient laissé la tristesse. Il étoit triste dans sa conversation et dans son maintien, à-moins qu'il ne parlât de la vertu, ou qu'il n'éprouvât les transports qu'elle cause à ceux qui en sont fortement épris. Alors vous eussiez dit qu'il se transfiguroit. La sérénité se déployoit sur son visage. Ses yeux prenoient de l'éclat et de la douceur. Sa voix avoit un charme inexprimable. Son discours devenoit pathétique. C'étoit un enchaînement d'idées austères et d'images touchantes, qui tenoient l'attention suspendue, et l'ame ravie. Mais, comme on voit, le soir en automne, dans un temps nébuleux et couvert, la lumière s'échapper d'un nuage, briller un moment, et se perdre en un ciel obscur, bientôt sa gaîté s'éclipsoit, et il retomboit tout-à-coup dans le silence et la mélancolie.

Tel étoit Dorval. Soit qu'on l'eût prévenu favorablement, soit qu'il y ait, comme on le dit, des hommes faits pour s'aimer si-tôt qu'ils se rencontreront, il m'accueillit d'une manière ouverte, qui surprit tout le monde, excepté moi; et de la seconde fois que je le vis, je crus pouvoir, sans être indiscret, lui parler de sa famille, et de ce qui venoit de s'y passer. Il satisfit à mes questions. Il me raconta son histoire. Je tremblai avec lui des épreuves auxquelles l'homme de bien est quelquefois exposé ; et je lui dis qu'un ouvrage dramatique, dont ces épreuves seroient le sujet, feroit impression sur tous ceux qui ont de la sensibilité, de la vertu, et quelqu'idée de la foiblesse humaine.

Hélas ! me répondit-il en soupirant, vous avez eu la même pensée que mon père. Quelque temps après son arrivée, lorsqu'une joie plus tranquille et plus douce commençoit à succéder à nos transports, et que nous goûtions le plaisir d'être assis les uns à côté des autres, il me dit :

— Dorval, tous les jours je parle au ciel de Rosalie et de toi. Je lui rends grace de vous avoir conservés jusqu'à mon retour, mais sur-tout de vous avoir conservés innocens. Ah ! mon fils, je ne jette point les yeux sur Rosalie, sans frémir du danger que tu as couru. Plus je la vois, plus je la trouve honnête et belle, plus ce danger me paroît grand. Mais le ciel, qui veille aujourd'hui sur nous, peut nous abandonner demain. Nul de nous ne connoît son sort. Tout ce que nous savons, c'est qu'à-mesure que la vie s'avance, nous échappons à la méchanceté qui nous suit. Voilà les réflexions que je fais toutes les fois que je me rappelle ton histoire. Elles me consolent du peu de temps qui me reste à vivre; et, si tu voulois, ce seroit la morale d'une pièce, dont une partie de notre vie seroit le sujet, et que nous représenterions entre nous.

— Une pièce, mon père !...
— Oui, mon enfant. Il ne s'agit point d'élever ici des tréteaux, mais de conserver la mémoire d'un évènement qui nous touche, et de le rendre comme il s'est passé.... Nous le renouvellerions nous-mêmes tous les ans, dans cette maison, dans ce salon. Les choses que nous avons dites, nous les redirions. Tes

enfans en feroient autant, et les leurs et leurs descendans. Et je me survivrois à moi-même; et j'irois converser ainsi, d'âge en âge avec tous mes neveux...... Dorval, penses-tu qu'un ouvrage qui leur transmettroit nos propres idées, nos vrais sentimens, les discours que nous avons tenus dans une des circonstances les plus importantes de notre vie, ne valût pas mieux que des portraits de famille, qui ne montrent de nous qu'un moment de notre visage.

— C'est-à-dire que vous m'ordonnez de peindre votre ame, la mienne, celle de CONSTANCE, de CLAIRVILLE et de ROSALIE. Ah! mon père, c'est une tâche au-dessus de mes forces; et vous le savez bien!

— Ecoute; je prétends y faire mon rôle une fois avant que de mourir; et, pour cet effet, j'ai dit à ANDRÉ de serrer dans un coffre les habits que nous avons apportés des prisons.

— Mon père.....

— Mes enfans ne m'ont jamais opposé

de refus ; ils ne voudront pas commencer si tard.

En cet endroit, Dorval détournant son visage et cachant ses larmes, me dit du ton d'un homme qui contraignoit sa douleur :... La pièce est faite :... mais celui qui l'a commandée n'est plus.... Après un moment de silence, il ajouta :... Elle étoit restée là, cette pièce, et je l'avois presque oubliée ; mais ils m'ont répété si souvent que c'étoit manquer à la volonté de mon père, qu'ils m'ont persuadé ; et dimanche prochain nous nous acquittons pour la première fois d'une chose, qu'ils s'accordent tous à regarder comme un devoir.

Ah ! Dorval, lui dis-je, si j'osois !... Je vous entends, me répondit-il ; mais croyez-vous que ce soit une proposition à faire à Constance, à Clairville et à Rosalie ? Le sujet de la pièce vous est connu, et vous n'aurez pas de peine à croire qu'il y a quelques scènes où la présence d'un étranger gêneroit beaucoup. Cependant c'est moi qui fais ranger le salon. Je ne vous promets point. Je ne vous refuse pas. Je verrai.

Nous nous séparâmes, Dorval et moi. C'étoit le lundi. Il ne me fit rien dire de toute la semaine. Mais le dimanche matin, il m'écrivit.... « Aujourd'hui, » à trois heures précises, à la porte du jardin »... Je m'y rendis. J'entrai dans le salon par la fenêtre ; et Dorval, qui avoit écarté tout le monde, me plaça dans un coin, d'où, sans être vu, je vis et j'entendis ce qu'on va lire, excepté la dernière scène. Une autre fois, je dirai pourquoi je n'entendis pas la dernière scène.

PERSONNAGES.

LYSIMOND, père de Dorval et de Rosalie.

DORVAL, fils naturel de Lysimond, et ami de Clairville.

ROSALIE, fille de Lysimond.

JUSTINE, suivante de Rosalie.

ANDRÉ, domestique de Lysimond.

CHARLES, valet de Dorval.

CLAIRVILLE, ami de Dorval, et amant de Rosalie.

CONSTANCE, jeune veuve, sœur de Clairville.

SYLVESTRE, valet de Clairville.

Autres domestiques de la maison de Clairville.

(La scène est à Saint-Germain-en-Laie. L'action commence avec le jour, et se passe dans un salon de la maison de Clairville).

LE FILS NATUREL.

ACTE PREMIER.

La scène est dans un salon. On y voit un clavecin, des chaises, des tables de jeu; sur une de ces tables, un trictrac; sur une autre, quelques brochures; d'un côté, un métier à tapisserie, etc.; dans le fond, un canapé, etc.

SCÈNE PREMIÈRE.

DORVAL, seul.

(*Il est en habit de campagne, en cheveux négligés, assis dans un fauteuil, à côté d'une table sur laquelle il y a des brochures. Il paroît agité. Après quelques mouvemens violens, il s'appuye sur un des bras de son fauteuil, comme pour dormir. Il quitte bientôt cette situation. Il tire sa montre, et dit*):

A-PEINE est-il six heures. (*Il se jette sur l'autre bras de son fauteuil; mais il n'y est pas plus-tôt, qu'il se relève, et dit*): Je ne saurois dormir:

(*Il prend un livre qu'il ouvre au hasard, et qu'il referme presque sur-le-champ, et dit*) : Je lis sans rien entendre. (*Il se lève, se promène et dit*): Je ne peux m'éviter.... il faut sortir d'ici.... Sortir d'ici ! Et j'y suis enchaîné ! J'aime.... (*comme effrayé*). Et qui aimai-je !.... J'ose me l'avouer ; malheureux ! et je reste. (*Il appelle violemment*) : Charles, Charles.

SCÈNE II.

(*Cette scène marche vîte*).

DORVAL, CHARLES.

(*Charles croit que son maître demande son chapeau et son épée ; il les apporte, les pose sur un fauteuil, et dit*) :

CHARLES.

Monsieur, ne vous faut-il plus rien ?

DORVAL.

Des chevaux, ma chaise.

CHARLES.

Quoi ! nous partons ?

DORVAL.

A l'instant.

(*Il est assis dans le fauteuil ; et tout en parlant, il ramasse des livres, des papiers, des brochures, comme pour en faire des paquets*).

CHARLES.

Monsieur, tout dort encore ici.

DORVAL.
Je ne verrai personne.
CHARLES.
Cela se peut-il ?
DORVAL.
Il le faut.
CHARLES.
Monsieur....

DORVAL, *se tournant vers Charles, d'un air triste et accablé.*

Eh bien ! Charles.

CHARLES.
Avoir été accueilli dans cette maison, chéri de tout le monde, prévenu sur tout, et s'en aller sans parler à personne ! permettez, monsieur....

DORVAL.
J'ai tout entendu ; tu as raison. Mais je pars.

CHARLES.
Que dira Clairville, votre ami ? Constance, sa sœur, qui n'a rien négligé pour vous faire aimer ce séjour ? (*d'un ton plus bas*): Et Rosalie ?..... vous ne les verrez point ?

(*Dorval soupire profondément, laisse tomber sa tête sur ses mains ; et Charles continue*).

Clairville et Rosalie s'étoient flattés de vous avoir pour témoin de leur mariage. Rosalie se faisoit une joie de vous présenter à son père. Vous deviez les accompagner tous à l'autel.

(*Dorval soupire, s'agite, etc.*)

CHARLES.

Le bonhomme arrive, et vous partez ! Tenez, mon cher maître, j'ose vous le dire ; les conduites bizarres sont rarement sensées...... Clairville ! Constance ! Rosalie !

DORVAL, *brusquement, en se levant.*

Des chevaux, ma chaise, te dis-je.

CHARLES.

Au moment où le père de Rosalie arrive d'un voyage de plus de mille lieues ! à la veille du mariage de votre ami !

DORVAL, *en colère, à Charles.*

Malheureux !.... (*à lui-même, en se mordant la lèvre et se frappant la poitrine*) que je suis.... tu perds le temps, et je demeure.

CHARLES.

Je vais.

DORVAL.

Qu'on se dépêche.

SCÈNE III.

DORVAL, *seul.*

(*Il continue de se promener et de rêver*).

PARTIR, sans dire adieu ! il a raison ; cela seroit d'une bizarrerie, d'une inconséquence...... Et qu'est-ce que ces mots signifient ? Est-il question de ce qu'on croira, ou de ce qu'il est honnête de faire ?.... Mais, après tout, pourquoi ne verroisje pas Clairville et sa sœur ? ne puis-je les quitter et leur en taire le motif ?.... Et Rosalie ? je ne la verrai point ?.... Non.... l'amour et l'amitié n'imposent point ici les mêmes devoirs ; sur-tout, un amour insensé qu'on ignore et qu'il faut étouffer... Mais que dira-t-elle ? que pensera-t-elle ?... Amour, sophiste dangereux, je t'entends.

(*Constance arrive en robe de matin, tourmentée de son côté par une passion qui lui a ôté le repos. Un moment après, entrent des domestiques qui rangent le salon, et qui ramassent les choses qui sont à Dorval.... Charles, qui a envoyé à la poste, pour avoir des chevaux, rentre aussi*).

SCÈNE IV.

DORVAL, CONSTANCE, *des domestiques*.

DORVAL.

Quoi ! madame, si matin ?

CONSTANCE.

J'ai perdu le sommeil. Mais vous-même, déjà habillé !

DORVAL, *vite*.

Je reçois des lettres à l'instant. Une affaire pressée m'appelle à Paris; elle y demande ma présence: je prends le thé: Charles, du thé. J'embrasse Clairville; je vous rends graces à tous les deux des bontés que vous avez eues pour moi. Je me jette dans ma chaise; et je pars.

CONSTANCE.

Vous partez ! Est-il possible ?

DORVAL.

Rien, malheureusement, n'est plus nécessaire.

(*Les domestiques qui ont achevé de ranger le salon et de ramasser ce qui est à Dorval, s'éloignent. Charles laisse le thé sur une des tables. Dorval prend le thé*).

(*Constance, un coude appuyé sur la table, et la tête penchée sur une de ses mains, demeure dans cette situation pensive*).

DORVAL.

Constance, vous rêvez.

CONSTANCE, *émue, ou plutôt d'un sang-froid un peu contraint.*

Oui, je rêve.... mais j'ai tort.... La vie que l'on mène ici vous ennuie.... Ce n'est pas d'aujourd'hui que je m'en apperçois.

DORVAL.

Elle m'ennuie ! Non, madame, ce n'est pas cela.

CONSTANCE.

Qu'avez-vous donc ?.... Un air sombre que je vous trouve......

DORVAL.

Les malheurs laissent des impressions.... Vous savez.... madame.... je vous jure que depuis long-temps je ne connoissois de douceurs que celles que je goûtois ici.

CONSTANCE.

Si cela est, vous revenez sans-doute.

DORVAL.

Je ne sais.... Ai-je jamais su ce que je deviendrois ?

CONSTANCE, *après s'être promenée un instant.*

Ce moment est donc le seul qui me reste. Il faut parler. (*une pause*). Dorval, écoutez-moi. Vous m'avez trouvée ici il y a six mois, tranquille et heureuse. J'avois éprouvé tous les malheurs des nœuds mal assortis. Libre de ces nœuds, je m'étois promis une indépendance éternelle ; et j'avois fondé mon bonheur sur l'aversion de tout lien, et dans la sécurité d'une vie retirée.

Après les longs chagrins, la solitude a tant de charmes ! on y respire en liberté. J'y jouissois de moi ; j'y jouissois de mes peines passées. Il me sembloit qu'elles avoient épuré ma raison. Mes journées, toujours innocentes, quelquefois délicieuses, se partageoient entre la lecture, la promenade, et la conversation de mon frère. Clairville me parloit sans cesse de son austère et sublime ami. Que j'avois de plaisir à l'entendre ! combien je désirois de connoître un homme que mon frère aimoit, respectoit à tant de titres, et qui avoit développé dans son cœur les premiers germes de la sagesse !

Je vous dirai plus : loin de vous, je marchois déjà sur vos traces ; et cette jeune Rosalie que vous

A *

voyez ici, étoit l'objet de tous mes soins, comme Clairville avoit été l'objet des vôtres.

DORVAL, *ému et attendri.*

Rosalie !

CONSTANCE.

Je m'apperçus du goût que Clairville prenoit pour elle ; et je m'occupai à former l'esprit, et sur-tout le caractère de cette enfant, qui devoit un jour faire la destinée de mon frère. Il est étourdi ; je la rendois prudente. Il est violent ; je cultivois sa douceur naturelle. Je me complaisois à penser que je préparois de concert avec vous l'union la plus heureuse qu'il y eût peut-être au monde, lorsque vous arrivâtes. Hélas !.... (*La voix de Constance prend ici l'accent de la tendresse, et s'affoiblit un peu*). Votre présence, qui devoit m'éclairer et m'encourager, n'eut point ces effets que j'en attendois. Peu-à-peu mes soins se détournèrent de Rosalie ; je ne lui enseignai plus à plaire.... et je n'en ignorai pas long-temps la raison.

Dorval, je connus tout l'empire que la vertu avoit sur vous ; et il me parut que je l'en aimois encore davantage. Je me proposai d'entrer dans votre ame avec elle ; et je crus n'avoir jamais formé de dessein qui fût si bien selon mon cœur. Qu'une femme est heureuse, me disois-je, lorsque le seul moyen qu'elle ait d'attacher celui qu'elle a distingué, c'est d'ajouter de plus en plus à l'estime qu'elle se doit ; c'est de s'élever sans cesse à ses propres yeux !

Je n'en ai point employé d'autre. Si je n'en ai pas attendu le succès, si je parle, c'est le temps, et non la confiance qui m'a manqué. Je ne doutai jamais que la vertu ne fît naître l'amour, quand le moment en seroit venu. (*Une petite pause. Ce qui suit doit coûter à dire à une femme telle que Constance*). Vous avouerai-je ce qui m'a coûté le plus ? c'étoit de vous dérober ces mouvemens si tendres et si peu libres, qui trahissent presque toujours une femme qui aime. La raison se fait entendre par intervalles ; le cœur importun parle sans cesse. Dorval, cent fois le mot fatal à mon projet s'est présenté sur mes lèvres. Il m'est échappé quelquefois ; mais vous ne l'avez point entendu, et je m'en suis toujours félicitée.

Telle est Constance. Si vous la fuyez, du-moins elle n'aura point à rougir d'elle. Eloignée de vous, elle se trouvera dans le sein de la vertu. Et tandis que tant de femmes détesteront l'instant où l'objet d'une criminelle tendresse arracha de leur cœur un premier soupir, Constance ne se rappellera Dorval, que pour s'applaudir de l'avoir connu. Ou s'il se mêle quelqu'amertume à son souvenir, il lui restera toujours une consolation douce et solide dans les sentimens même que vous lui aurez inspirés.

SCÈNE V.
DORVAL, CONSTANCE, CLAIRVILLE.

DORVAL.

Madame, voilà votre frère.

CONSTANCE, *attristée, dit :*

Mon frère, Dorval nous quitte, *et sort.*

CLAIRVILLE.

On vient de me l'apprendre.

SCÈNE VI.
DORVAL, CLAIRVILLE.

DORVAL, *faisant quelques pas, distrait et embarrassé.*

Des lettres de Paris... des affaires qui pressent.... un banquier qui chancèle....

CLAIRVILLE.

Mon ami, vous ne partirez point sans m'accorder un moment d'entretien. Je n'ai jamais eu un si grand besoin de votre secours.

DORVAL.

Disposez de moi ; mais si vous me rendez justice, vous ne douterez pas que je n'aie les raisons les plus fortes....

CLAIRVILLE, *affligé.*

J'avois un ami, et cet ami m'abandonne ; j'étois aimé de Rosalie, et Rosalie ne m'aime plus. Je suis désespéré.... Dorval, m'abandonnerez-vous ?....

ACTE PREMIER.

DORVAL.

Que puis-je faire pour vous ?

CLAIRVILLE.

Vous savez si j'aime Rosalie !... Mais non, vous n'en savez rien. Devant les autres, l'amour est ma première vertu ; j'en rougis presque devant vous.... Eh bien ! Dorval, je rougirai, s'il le faut ; mais je l'adore.... Que ne puis-je vous dire tout ce que j'ai souffert ! Avec quel ménagement, quelle délicatesse j'ai imposé silence à la passion la plus forte !... Rosalie vivoit retirée près d'ici avec une tante. C'étoit une américaine fort âgée, une amie de Constance. Je voyois Rosalie tous les jours ; et tous les jours je voyois augmenter ses charmes ; je sentois augmenter mon trouble. Sa tante meurt. Dans ses derniers momens, elle appelle ma sœur, lui tend une main défaillante, et lui montrant Rosalie qui se désoloit au bord de son lit, elle la regardoit sans parler ; ensuite elle regardoit Constance ; des larmes tomboient de ses yeux ; elle soupiroit, et ma sœur entendoit tout cela. Rosalie devint sa compagne, sa pupille, son élève ; et moi, je fus le plus heureux des hommes. Constance voyoit ma passion ; Rosalie en paroissoit touchée. Mon bonheur n'étoit plus traversé que par la volonté d'une mère inquiète qui redemandoit sa fille. Je me préparois à passer dans les climats éloignés où Rosalie a pris naissance:

mais sa mère meurt ; et son père, malgré sa vieillesse, prend le parti de revenir parmi nous.

Je l'attendois, ce père, pour achever mon bonheur ; il arrive, et il me trouvera désolé.

DORVAL.

Je ne vois pas encore les raisons que vous avez de l'être.

CLAIRVILLE.

Je vous l'ai dit d'abord ; Rosalie ne m'aime plus. A-mesure que les obstacles qui s'opposoient à à mon bonheur ont disparu, elle est devenue réservée, froide, indifférente. Ces sentimens tendres qui sortoient de sa bouche avec une naïveté qui me ravissoit, ont fait place à une politesse qui me tue. Tout lui est insipide ; rien ne l'occupe ; rien ne l'amuse. M'apperçoit-elle, son premier mouvement est de s'éloigner. Son père arrive ; et l'on diroit qu'un évènement si desiré, si longtemps attendu, n'a plus rien qui la touche. Un goût sombre pour la solitude est tout ce qui lui reste. Constance n'est pas mieux traitée que moi. Si Rosalie nous cherche encore, c'est pour nous éviter l'un par l'autre ; et pour comble de malheur, ma sœur même ne paroît plus s'intéresser à moi.

DORVAL.

Je reconnois bien là Clairville. Il s'inquiète, il se chagrine, et il touche au moment de son bonheur.

CLAIRVILLE.

Ah! mon cher Dorval, vous ne le croyez pas. Voyez....

DORVAL.

Je ne vois, dans toute la conduite de Rosalie, que de ces inégalités auxquelles les femmes les mieux nées sont le plus sujettes, et qu'il est quelquefois si doux d'avoir à leur pardonner. Elles ont le sentiment si exquis, leur ame est si sensible, leurs organes sont si délicats, qu'un soupçon, un mot, une idée suffit pour les allarmer. Mon ami, leur ame est semblable au cristal d'une onde pure et transparente, où le spectacle tranquille de la nature s'est peint. Si une feuille en tombant vient à en agiter la surface, tous les objets sont vacillans.

CLAIRVILLE, *affligé*.

Vous me consolez; Dorval, je suis perdu. Je ne sens que trop.... que je ne peux vivre sans Rosalie; mais quel que soit le sort qui m'attend, j'en veux être éclairci avant l'arrivée de son père.

DORVAL.

En quoi puis-je vous servir?

CLAIRVILLE.

Il faut que vous parliez à Rosalie.

DORVAL.

Que je lui parle!

CLAIRVILLE.

Oui, mon ami. Il n'y a que vous au monde

qui puissiez me la rendre. L'estime qu'elle a pour vous me fait tout espérer.

DORVAL.

Clairville, que me demandez-vous ? à-peine Rosalie me connoît-elle ; et je suis si peu fait pour ces sortes de discussions.

CLAIRVILLE.

Vous pouvez tout ; et vous ne me refuserez point. Rosalie vous révère : votre présence la saisit de respect ; c'est elle qui l'a dit. Elle n'osera jamais être injuste, inconstante, ingrate à vos yeux. Tel est l'auguste privilège de la vertu ; elle en impose à tout ce qui l'approche. Dorval, paroissez devant Rosalie ; et bientôt elle redeviendra pour moi ce qu'elle doit être, ce qu'elle étoit.

DORVAL, *posant la main sur l'épaule de Clairville.*

Ah ! malheureux !

CLAIRVILLE.

Mon ami, si je le suis !

DORVAL.

Vous exigez....

CLAIRVILLE.

J'exige....

DORVAL.

Vous serez satisfait.

SCÈNE VII.
DORVAL, seul.

Quels nouveaux embarras!.... le frère....
la sœur.... Ami cruel, amant aveugle, que me
proposez-vous?... Paroissez devant Rosalie! Moi,
paroître devant Rosalie; et je voudrois me cacher à moi-même.... Que deviens-je, si Rosalie
me devine? Et comment en imposerai-je à mes
yeux, à ma voix, à mon cœur?.... Qui me
répondra de moi?.... La vertu?.... M'en reste-
t-il encore?

FIN DU PREMIER ACTE.

ACTE II.

SCENE PREMIÈRE.

ROSALIE, JUSTINE.

ROSALIE.

Justine, approchez mon ouvrage.

(*Justine approche un métier à tapisserie. Rosalie est tristement appuyée sur ce métier. Justine est assise d'un autre côté. Elles travaillent. Rosalie n'interrompt son ouvrage, que pour essuyer des larmes qui tombent de ses yeux. Elle le reprend ensuite. Le silence dure un moment, pendant lequel Justine laisse l'ouvrage, et considère sa maîtrese.*)

JUSTINE.

Est-ce là la joie, avec laquelle vous attendez monsieur votre père ? sont-ce là les transports, que vous lui préparez ? Depuis un temps, je n'entends rien à votre ame. Il faut que ce qui s'y passe soit mal ; car vous le cachez ; et vous faites très-bien.

ROSALIE. (*Point de réponse de la part de Rosalie ; mais des soupirs, du silence, et des larmes.*)

ACTE II.

JUSTINE.

Perdez-vous l'esprit, mademoiselle ? au moment de l'arrivée d'un père ! à la veille d'un mariage ! Encore un coup, perdez-vous l'esprit ?

ROSALIE.

Non, Justine.

JUSTINE, *après une pause.*

Seroit-il arrivé quelque malheur à monsieur votre père ?

ROSALIE.

Non, Justine.

(*Toutes ces questions se font à différens intervalles, dans lesquels Justine quitte et reprend son ouvrage.*)

JUSTINE, *après une pause un peu plus longue.*

Par hazard, est-ce que vous n'aimeriez plus Clairville ?

ROSALIE.

Non, Justine.

JUSTINE *reste un peu stupéfaite. Elle dit ensuite:*

La voilà donc, la cause de ces soupirs, de ce silence et de ces larmes ? Oh ! pour le coup, les hommes n'ont qu'à dire que nous sommes folles ; que la tête nous tourne aujourd'hui pour un objet, que demain nous voudrions savoir à mille lieues. Qu'ils disent de nous tout ce qu'ils voudront, je veux mourir si je les en dédis.... Vous ne vous êtes pas attendue, mademoiselle, que j'approuverois ce caprice... Clairville vous aime éperduement. Vous n'avez aucun sujet de vous plaindre de lui. Si jamais femme a pu se flatter d'avoir un amant tendre, fidèle, honnête; de s'être attaché un homme qui eût de l'esprit, de la figure, des mœurs; c'est vous. Des mœurs! mademoiselle, des mœurs!... Je n'ai jamais pu concevoir, moi, qu'on cessât d'aimer; à plus forte raison, qu'on cessât sans sujet. Il y a là quelque chose où je n'entends rien.

(Justine s'arrête un moment. Rosalie continue de travailler et de pleurer. Justine reprend, d'un ton hypocrite et radouci, et dit tout en travaillant, et sans lever les yeux de dessus son ouvrage):

Après tout, si vous n'aimez plus Clairville, cela est fâcheux..; mais il ne faut pas s'en désespérer comme vous faites.... Quoi donc! après lui n'y aurait-il plus personne au monde que vous puissiez aimer?

ROSALIE.

Non, Justine.

JUSTINE.

Oh! pour celui-là, on ne s'y attend pas.

(Dorval entre ; Justine se retire. Rosalie quitte son métier, se hâte de s'essuyer les yeux, et de se composer un visage tranquille. Elle a dit auparavant):

ROSALIE.

O ciel! c'est Dorval.

SCÈNE II.
ROSALIE, DORVAL.

DORVAL, *un peu ému.*

PERMETTEZ, mademoiselle, qu'avant mon départ (*à ces mots, Rosalie paroît étonnée.*), j'obéisse à un ami, et que je cherche à lui rendre, auprès de vous, un service qu'il croit important. Personne ne s'intéresse plus que moi à votre bonheur et au sien, vous le savez. Souffrez donc que je vous demande en quoi Clairville a pu vous déplaire, et comment il a mérité la froideur avec laquelle il dit qu'il est traité.

ROSALIE.

C'est que je ne l'aime plus.

DORVAL.

Vous ne l'aimez plus !

ROSALIE.

Non, Dorval.

DORVAL.

Et qu'a-t-il fait pour s'attirer cette horrible disgrâce ?

ROSALIE.

Rien. Je l'aimois ; j'ai cessé : j'étois légère apparemment, sans m'en douter.

DORVAL.

Avez-vous oublié que Clairville est l'amant que votre cœur a préféré ?.... Songez-vous qu'il traîneroit des jours bien malheureux, si l'espérance de recouvrer votre tendresse lui étoit ôtée ?....

Mademoiselle, croyez-vous qu'il soit permis à une honnête femme, de se jouer du bonheur d'un honnête homme ?

ROSALIE.

Je sais, là-dessus, tout ce qu'on peut me dire. Je m'accable sans cesse de reproches ; je suis désolée ; je voudrois être morte !

DORVAL.

Vous n'êtes point injuste.

ROSALIE.

Je ne sais plus ce que je suis ; je ne m'estime plus.

DORVAL.

Mais pourquoi n'aimez-vous plus Clairville ? Il y a des raisons à tout.

ROSALIE.

C'est que j'en aime un autre.

DORVAL.

Rosalie ! Elle ! (*avec un étonnement mêlé de reproches.*)

ROSALIE.

Oui, Dorval.... Clairville sera bien vengé !

DORVAL.

Rosalie..... si par malheur il étoit arrivé.... que votre cœur surpris.... fût entraîné par un penchant..... dont votre raison vous fît un crime.... J'ai connu cet état cruel !... Que je vous plaindrois !

ROSALIE.

Plaignez-moi donc.

(*Dorval ne lui répond que par le geste de commisération.*)

ROSALIE.

J'aimois Clairville; je n'imaginois pas que je pusse en aimer un autre, lorsque je rencontrai l'écueil de ma constance et de notre bonheur.... Les traits, l'esprit, le regard, le son de la voix; tout, dans cet objet doux et terrible, sembloit répondre à je ne sais quelle image que la nature avoit gravée dans mon cœur. Je le vis; je crus y reconnoître la vérité de toutes ces chimères de perfection que je m'étois faites; et d'abord il eut ma confiance.... Si j'avois pu concevoir que je manquois à Clairville!.... Mais hélas! je n'en avois pas eu le premier soupçon, que j'étois toute accoutumée à aimer son rival.... Et comment ne l'aurois-je pas aimé?.... Ce qu'il disoit, je le pensois toujours. Il ne manquoit jamais de blâmer ce qui devoit me déplaire; je louois quelquefois d'avance ce qu'il alloit approuver. S'il exprimoit un sentiment, je croyois qu'il avoit deviné le mien.... Que vous dirai-je enfin? Je me voyois à-peine dans les autres; (*elle ajoute, en baissant les yeux et la voix*) et je me retrouvois sans cesse en lui.

DORVAL.

Et ce mortel heureux, connoît-il son bonheur?

ROSALIE.

Si c'est un bonheur, il doit le connoître.

DORVAL.

Si vous aimez, on vous aime sans-doute?

ROSALIE.

Dorval, vous le savez.

DORVAL, *vivement.*

Oui, je le sais; et mon cœur le sent.... Qu'ai-je entendu?.... Qu'ai-je dit?... qui me sauvera de moi-même?....

(Dorval et Rosalie se regardent un moment en silence. Rosalie pleure amèrement. On annonce Clairville.)

SYLVESTRE, *à Dorval.*

Monsieur Clairville demande à vous parler.

DORVAL, *à Rosalie.*

Rosalie..... Mais on vient.... Y pensez-vous.... C'est Clairville; c'est mon ami, c'est votre amant.

ROSALIE.

Adieu, Dorval. *(Elle lui tend une main; Dorval la prend, et laisse tomber tristement sa bouche sur cette main; et Rosalie ajoute)*: Adieu. Quel mot!

SCÈNE III.

DORVAL, *seul.*

DANS sa douleur, qu'elle m'a paru belle! Que ses charmes étoient touchans! J'aurois donné ma vie pour recueillir une des larmes qui couloient de ses yeux.... « Dorval, vous le savez »... Ces mots retentissent encore dans le fond de mon cœur.... Ils ne sortiront pas si-tôt de ma mémoire....

SCÈNE IV.
DORVAL, CLAIRVILLE.

CLAIRVILLE.

Excusez mon impatience. Eh bien ! Dorval....

(*Dorval est troublé. Il tâche de se remettre, mais il y réussit mal. Clairville, qui cherche à lire sur son visage, s'en apperçoit, se méprend, et dit :*

Vous êtes troublé ! vous ne me parlez point ! vos yeux se remplissent de larmes ! je vous entends ; je suis perdu !

(*Clairville, en achevant ces mots, se jette dans le sein de son ami. Il y reste un moment en silence. Dorval verse quelques larmes sur lui ; et Clairville dit, sans se déplacer, d'une voix basse et sanglottante :*

Qu'a-t-elle dit ? Quel est mon crime ? Ami, de grace, achevez-moi.

DORVAL.
Que je l'achève !

CLAIRVILLE.
Elle m'enfonce un poignard dans le sein ! et vous, le seul homme qui pût l'arracher peut-être, vous vous éloignez ! vous m'abandonnez à mon

désespoir !.... Trahi par ma maîtresse, abandonné de mon ami, que vais-je devenir ! Dorval, vous ne me dites rien ?

DORVAL.

Que vous dirai-je ?... Je crains de parler.

CLAIRVILLE.

Je crains bien plus de vous entendre ; parlez pourtant, je changerai du-moins de supplice.... Votre silence me semble en ce moment le plus cruel de tous.

DORVAL, *en hésitant.*

Rosalie....

CLAIRVILLE, *en hésitant.*

Rosalie....

DORVAL.

Vous me l'aviez bien dit..., ne me paroît plus avoir cet empressement qui vous promettoit un bonheur si prochain.

CLAIRVILLE.

Elle a changé !.... Que me reproche-t-elle ?

DORVAL.

Elle n'a pas changé, si vous voulez.... Elle ne vous reproche rien.... mais son père.

CLAIRVILLE.

Son père a-t-il repris son consentement ?

DORVAL.

Non ; mais elle attend son retour..... Elle craint.... Vous savez mieux que moi, qu'une fille bien née craint toujours.

CLAIRVILLE.

Il n'y a plus de crainte à avoir. Tous les obstacles sont levés. C'étoit sa mère qui s'opposoit à nos vœux, elle n'est plus ; et son père n'arrive que pour m'unir à sa fille, se fixer parmi nous, et finir ses jours tranquillement dans sa patrie, au sein de sa famille, au milieu de ses amis. Si j'en juge par ses lettres, ce respectable vieillard ne sera guère moins affligé que moi. Songez, Dorval, que rien n'a pu l'arrêter ; qu'il a vendu ses habitations, qu'il s'est embarqué avec toute sa fortune, à l'âge.... de quatre-vingts ans, je crois, sur des mers couvertes de vaisseaux ennemis.

DORVAL.

Clairville, il faut l'attendre. Il faut tout espérer des bontés du père, de l'honnêteté de la fille, de votre amour et de mon amitié. Le ciel ne permettra pas que des êtres qu'il semble avoir formés pour servir de consolation et d'encouragement à la vertu, soient tous malheureux sans l'avoir mérité.

CLAIRVILLE.

Vous voulez donc que je vive ?

DORVAL.

Si je le veux!.... Si Clairville pouvoit lire au fond de mon ame !.... Mais j'ai satisfait à ce que vous exigiez.

CLAIRVILLE.

C'est à regret que je vous entends. Allez, mon ami. Puisque vous m'abandonnez dans la triste situation où je suis, je peux tout croire des motifs qui vous rappellent. Il ne me reste plus qu'à vous demander un moment. Ma sœur, allarmée de quelques bruits fâcheux qui se sont répandus ici sur la fortune de Rosalie et sur le retour de son père, est sortie malgré elle. Je lui ai promis que vous ne partiriez point qu'elle ne fût rentrée. Vous ne me refuserez pas de l'attendre.

DORVAL.

Y a-t-il quelque chose que Constance ne puisse obtenir de moi ?

CLAIRVILLE.

Constance, hélas ! j'ai pensé quelquefois...... Mais renvoyons ces idées à des temps plus heureux. Je sais où elle est, et je vais hâter son retour.

SCÈNE V.

DORVAL, *seul*.

Suis-je assez malheureux !.... J'inspire une passion secrète à la sœur de mon ami...... J'en prends une insensée pour sa maîtresse ; elle, pour moi.... Que fais-je encore dans une maison que je remplis de désordre ! Où est l'honnêteté ! Y en a-t-il dans ma conduite !.... (*Il appelle comme un forcené*): Charles, Charles... On ne vient point... Tout m'abandonne.... (*Il se renverse dans un fauteuil. Il s'abime dans la rêverie. Il jette ces mots par intervalles*).... Encore, si c'étoient là les premiers malheureux que je fais!.... Mais non; je traîne par-tout l'infortune.... Tristes mortels, misérables jouets des évènemens.... soyez bien fiers de votre bonheur, de votre vertu!.... Je viens ici, j'y porte une ame pure.... oui, car elle l'est encore.... J'y trouve trois êtres favorisés du ciel, une femme vertueuse et tranquille, un amant passionné et payé de retour, une jeune amante raisonnable et sensible... La femme vertueuse a perdu sa tranquillité. Elle nourrit dans son cœur une passion qui la tourmente. L'amant est désespéré. Sa maîtresse devient inconstante, et n'en est que plus malheureuse.... Quel plus grand mal eût fait un scélérat!..... O toi qui conduis tout, qui m'as conduit ici, te chargeras-tu de te justifier?.... Je ne sais où j'en suis. (*Il crie encore*) : Charles, Charles.

SCÈNE VI.

DORVAL, CHARLES, SYLVESTRE.

CHARLES.

Monsieur, les chevaux sont mis. Tout est prêt. (*Cela dit, il sort*).

SYLVESTRE *entre*.

Madame vient de rentrer. Elle va descendre.

DORVAL.

Constance ?

SYLVESTRE.

Oui, monsieur. (*Cela dit, il sort*).

CHARLES *rentre, et dit à Dorval, qui, l'air*
sombre et les bras croisés, l'écoute et le
regarde....

(*En cherchant dans ses poches*). Monsieur... vous me troublez aussi, avec vos impatiences.... Non, il semble que le bon sens se soit enfui de cette maison.... Dieu veuille que nous le rattrapions en route!.... Je ne pensois plus que j'avois une lettre; et maintenant que j'y pense, je ne la trouve plus. (*A force de chercher, il trouve la lettre, et la donne à Dorval*).

DORVAL.

Et donne donc. (*Charles sort*).

SCÈNE VII.

DORVAL, *seul.* (Il lit).

« La honte et le remords me poursuivent.....
» Dorval, vous connoissez les loix de l'innocence...
» Suis-je criminelle?.... Sauvez-moi!... Hélas!
» en est-il temps encore?.... Que je plains mon
» père!.... mon père!.... Et Clairville, je don-
» nerois ma vie pour lui.... Adieu, Dorval; je
» donnerois pour vous mille vies.... Adieu!....
» vous vous éloignez, et je vais mourir de dou-
» leur ».

(*Après avoir lu d'une voix entrecoupée, et dans*
un trouble extrême, il se jette dans un fauteuil.
Il garde un moment le silence. Tournant en-
suite des yeux égarés et distraits sur la lettre,

qu'il tient d'une main tremblante, il en relit quelques mots, et dit) :

« La honte et le remords me poursuivent ». C'est à moi de rougir, d'être déchiré.... « Vous » connoissez les loix de l'innocence ?.... Je les connus autrefois.... « Suis-je criminelle »? Non, c'est moi qui le suis.... « Vous vous éloignez, et » je vais mourir »... O ciel ! je succombe !..., (en se levant).... Arrachons-nous d'ici.... Je veux..., je ne puis.... ma raison se trouble.... Dans quelles ténèbres suis-je tombé ?.... O Rosalie! ô vertu! ô tourment !

(*Après un moment de silence, il se lève, mais avec peine. Il s'approche lentement d'une table. Il écrit quelques lignes pénibles; mais tout au travers de son écriture, arrive Charles, en criant*).

SCÈNE VIII.
DORVAL, CHARLES.

DORVAL.

Monsieur, au secours. On assassine....., Clairville....

(*Dorval quitte la table où il écrit, laisse sa lettre à moitié, se jette sur son épée, qu'il trouve sur un fauteuil, et vole au secours de son ami. Dans ces mouvemens, Constance survient, et demeure fort surprise de se voir laisser seule par le maître et par le valet.*

SCÈNE IX.

CONSTANCE, *seule*.

Que veut dire cette fuite ?.... Il a dû m'attendre. J'arrive, il disparoît.... Dorval, vous me connoissez mal.... J'en peux guérir.... (*Elle approche de la table, et apperçoit la lettre à demi écrite*). Une lettre! (*Elle prend la lettre et la lit.*) « Je vous aime, et je fuis.... hélas! beaucoup
» trop tard.... je suis l'ami de Clairville.... Les
» devoirs de l'amitié, les loix sacrées de l'hospita-
» lité »?....

Ciel! quel est mon bonheur!.... Il m'aime....
Dorval, vous m'aimez.... (*Elle se promène, agitée*).... Non, vous ne partirez point... Vos craintes sont frivoles.... votre délicatesse est vaine....
Vous avez ma tendresse.... Vous ne connoissez ni Constance, ni votre ami.... Non, vous ne les connoissez pas.... Mais peut-être qu'il s'éloigne, qu'il fuit au moment où je parle. (*Elle sort de la scène avec quelque précipitation.*

FIN DU SECOND ACTE.

ACTE III.

SCÈNE PREMIÈRE.

DORVAL, CLAIRVILLE.

(Ils rentrent, le chapeau sur la tête. Dorval remet le sien avec son épée sur le fauteuil).

CLAIRVILLE.

Soyez assuré que ce que j'ai fait, tout autre l'eût fait à ma place.

DORVAL.

Je le crois. Mais je connois Clairville ; il est vif.

CLAIRVILLE.

J'étois trop affligé pour m'offenser légèrement.... Mais que pensez-vous de ces bruits qui avoient appelé Constance chez son amie ?

DORVAL.

Il ne s'agit pas de cela.

CLAIRVILLE.

Pardonnez-moi. Les noms s'accordent : on parle d'un vaisseau pris, d'un vieillard appelé Merian....

B*

DORVAL.

De grace, laissons pour un moment ce vaisseau, ce vieillard ; et venons à votre affaire. Pourquoi me taire une chose, dont tout le monde s'entretient à-présent, et qu'il faut que j'apprenne.

CLAIRVILLE.

J'aimerois mieux qu'un autre vous la dît.

DORVAL.

Je n'en veux croire que vous.

CLAIRVILLE.

Puisqu'absolument vous voulez que je parle ; il s'agissoit de vous.

DORVAL.

De moi ?

CLAIRVILLE.

De vous. Ceux contre lesquels vous m'avez secouru, sont deux méchans et deux lâches. L'un s'est fait chasser de chez Constance pour des noirceurs ; l'autre eut pour quelque temps des vues sur Rosalie. Je les trouve chez cette femme que ma sœur venoit de quitter. Ils parloient de votre départ ; car tout se sait ici. Ils doutoient s'il falloit m'en féliciter ou m'en plaindre. Ils en étoient également surpris.

DORVAL.

Pourquoi surpris ?

CLAIRVILLE.

C'est, disoit l'un, que ma sœur vous aime.

ACTE III.

DORVAL.

Ce discours m'honore.

CLAIRVILLE.

L'autre, que vous aimez ma maîtresse.

DORVAL.

Moi ?

CLAIRVILLE.

Vous.

DORVAL.

Rosalie ?

CLAIRVILLE.

Rosalie.

DORVAL.

Clairville, vous croiriez....

CLAIRVILLE.

Je vous crois incapable d'une trahison. (*Dorval s'agite*). Jamais un sentiment bas n'entra dans l'ame de Dorval, ni un soupçon injurieux dans l'esprit de Clairville.

DORVAL.

Clairville, épargnez-moi.

CLAIRVILLE.

Je vous rends justice. Aussi, tournant sur eux des regards d'indignation et de mépris, (*Clairville regardant Dorval avec ces yeux; Dorval ne peut les soutenir. Il détourne la tête, et se couvre le visage avec les mains*), je leur fis entendre qu'on portoit en soi le germe des bassesses (*Dorval est tourmenté*), dont on étoit si prompt à soupçonner autrui; et que par-tout où j'étois, je prétendois qu'on respectât ma maîtresse, ma sœur et mon ami.... Vous m'approuvez, je pense.

DORVAL.

Je ne peux vous blâmer.... Non.... mais.

CLAIRVILLE.

Ce discours ne demeura pas sans réponse. Ils sortent; je sors, ils m'attaquent....

DORVAL.

Et vous périssiez, si je n'étois accouru?...

CLAIRVILLE.

Il est certain que je vous dois la vie.

DORVAL.

C'est-à-dire qu'un moment plus tard je devenois votre assassin.

CLAIRVILLE.

Vous n'y pensez pas; vous perdiez votre ami, mais vous restiez toujours vous-même. Pouviez-vous prévenir un indigne soupçon?

DORVAL.

Peut-être.

CLAIRVILLE.

Empêcher d'injurieux propos?

DORVAL.

Peut-être.

CLAIRVILLE.

Que vous êtes injuste envers vous!

DORVAL.

Que l'innocence et la vertu sont grandes, et que le vice obscur est petit devant elles!

SCÈNE II.

DORVAL, CLAIRVILLE, CONSTANCE.

CONSTANCE.

Dorval.... mon frère.... dans quelles inquiétudes vous nous jetez!.... Vous m'en voyez encore toute tremblante ; et Rosalie en est à moitié morte.

DORVAL et CLAIRVILLE.

Rosalie ! (*Dorval se contraint subitement*).

CLAIRVILLE.

J'y vais ; j'y cours.

CONSTANCE, *l'arrêtant par le bras*.

Elle est avec Justine ; je l'ai vue, je la quitte ; n'en soyez point inquiet.

CLAIRVILLE.

Je le suis d'elle.... je le suis de Dorval.... il est d'un sombre qui ne se conçoit pas.... au moment où il sauve la vie à son ami !.... Mon ami, si vous avez quelques chagrins, pourquoi ne pas les répandre dans le sein d'un homme qui partage tous vos sentimens ; qui, s'il étoit heureux, ne vivroit que pour Dorval et pour Rosalie.

CONSTANCE, *tirant une lettre de son sein, la donne à son frère, et lui dit :*

Tenez, mon frère, voilà son secret, le mien ; et le sujet apparemment de sa mélancolie.

(*Clairville prend la lettre et la lit. Dorval, qui reconnoît cette lettre pour celle qu'il écrivoit à Rosalie, s'écrie*):

DORVAL.

Juste ciel! c'est ma lettre!

CONSTANCE.

Oui, Dorval, vous ne partez plus. Je sais tout; tout est arrangé.... Quelle délicatesse vous rendoit ennemi de notre bonheur?.... Vous m'aimiez!.... vous m'écriviez!.... vous fuyez!.....

(*A chacun de ces mots, Dorval s'agite et se tourmente*).

DORVAL.

Il le falloit; il le faut encore; un sort cruel me poursuit. Madame, cette lettre.... (*bas*) Ciel! qu'allois-je dire?

CLAIRVILLE.

Qu'ai-je lu? Mon ami, mon libérateur va devenir mon frère! Quel surcroît de bonheur et de reconnoissance!

CONSTANCE.

Aux transports de sa joie, reconnoissez enfin la vérité de ses sentimens, et l'injustice de votre inquiétude. Mais quel motif ignoré peut encore suspendre les vôtres? Dorval, si j'ai votre tendresse, pourquoi n'ai-je pas aussi votre confiance?

DORVAL, *d'un ton triste et avec un air abattu.*
Clairville.

ACTE III.

CLAIRVILLE.

Mon ami, vous êtes triste.

DORVAL.

Il est vrai.

CONSTANCE.

Parlez, ne vous contraignez plus.... Dorval, prenez quelque confiance en votre ami. (*Dorval continuant toujours de se taire, Constance ajoute*):

Mais je vois que ma présence vous gêne; je vous laisse avec lui.

SCENE III.

DORVAL, CLAIRVILLE.

CLAIRVILLE.

Dorval, nous sommes seuls.... Auriez-vous douté si j'approuverois l'union de Constance avec vous?.... Pourquoi m'avoir fait un mystère de votre penchant? J'excuse Constance, c'est une femme... mais vous!... vous ne me répondez pas. (*Dorval écoute la tête penchée, et les bras croisés*).

Auriez-vous craint que ma sœur, instruite des circonstances de votre naissance....

DORVAL, *sans changer de posture, seulement en tournant la tête vers Clairville.*

Clairville, vous m'offensez. Je porte une ame trop haute pour concevoir de pareilles craintes. Si Constance étoit capable de ce préjugé, j'ose le dire, elle ne seroit pas digne de moi.

CLAIRVILLE.

Pardonnez, mon cher Dorval; la tristesse opiniâtre où je vous vois plongé, quand tout paroît seconder vos vœux....

DORVAL, *bas, et avec amertume.*

Oui, tout me réussit singulièrement.

CLAIRVILLE.

Cette tristesse m'agite, me confond, et porte mon esprit sur toutes sortes d'idées. Un peu plus de confiance de votre part m'en épargneroit beaucoup de fausses.... Mon ami, vous n'avez jamais eu d'ouverture avec moi.... Dorval ne connoît point ces doux épanchemens.... son ame renfermée.... Mais enfin, vous aurois-je compris ? Auriez-vous appréhendé que, privé, par un second mariage de Constance, de la moitié d'une fortune, à-la-vérité peu considérable, mais qu'on me croyoit assurée, je ne fusse plus assez riche pour épouser Rosalie ?

DORVAL, *tristement.*

La voilà, cette Rosalie !... Clairville, songez à soutenir l'impression que votre péril a dû faire sur elle.

SCÈNE IV.

DORVAL, CLAIRVILLE, ROSALIE, JUSTINE.

CLAIRVILLE, *se hâtant d'aller au-devant de Rosalie.*

EST-IL bien vrai que Rosalie ait craint de me perdre; qu'elle ait tremblé pour ma vie ? Que l'instant où j'allois périr me seroit cher, s'il avoit rallumé dans son cœur une étincelle d'intérêt !

ROSALIE.

Il est vrai que votre imprudence m'a fait frémir.

CLAIRVILLE.

Que je suis fortuné ! (*Il veut baiser la main de Rosalie, qui la retire*).

ROSALIE.

Arrêtez, monsieur. Je sens toute l'obligation que nous avons à Dorval. Mais je n'ignore pas que, de quelque manière que se terminent ces évènemens pour un homme, les suites en sont toujours fâcheuses pour une femme.

DORVAL.

Mademoiselle, le hasard nous engage ; et l'honneur a ses loix.

CLAIRVILLE.

Rosalie, je suis au désespoir de vous avoir déplu. Mais n'accablez pas l'amant le plus soumis et le plus tendre. Ou si vous l'avez résolu, du-moins n'affligez pas davantage un ami qui seroit heureux sans votre injustice. Dorval aime Constance. Il en est aimé. Il partoit. Une lettre surprise a tout découvert.... Rosalie, dites un mot, et nous allons tous être unis d'un lien éternel, Dorval à Constance, Clairville à Rosalie ; un mot ! et le ciel reverra ce séjour avec complaisance.

ROSALIE, *tombant dans un fauteuil*.

Je me meurs.

Théâtre.

DORVAL et CLAIRVILLE.

O ciel! elle se meurt.

(*Clairville tombe aux genoux de Rosalie*).

DORVAL *appelle les domestiques.*

Charles, Sylvestre, Justine.

JUSTINE, *secourant sa maîtresse.*

Vous voyez, mademoiselle... Vous avez voulu sortir.... Je vous l'avois prédit.....

ROSALIE, *revenant à elle et se levant, dit:*

Allons, Justine.

CLAIRVILLE *veut lui donner le bras et la soutenir.* Rosalie....

ROSALIE.

Laissez-moi... je vous hais... Laissez-moi, vous dis-je.

SCÈNE V.

DORVAL, CLAIRVILLE.

(*Clairville quitte Rosalie. Il est comme un fou. Il va, il vient, il s'arrête. Il soupire de douleur, de fureur. Il s'appuye les coudes sur le dos d'un fauteuil, la tête sur ses mains, et les poings dans les yeux. Le silence dure un moment. Enfin il dit*):

CLAIRVILLE.

EN est-ce assez?.... Voilà donc le prix de mes inquiétudes! Voilà le fruit de toute ma tendresse! Laissez-moi. Je vous hais. Ah! (*il pousse l'accent inarticulé du désespoir; il se promène avec agitation, et il repète sous différentes sortes de déclamations violentes*, laissez-moi, je vous hais. (*Il se jette dans un fauteuil. Il y demeure un moment en silence. Puis il dit, d'un ton sourd et bas*): Elle me hait!... et qu'ai-je fait pour qu'elle me haïsse? je l'ai trop aimée. (*Il se tait encore un moment. Il se lève, il se promène. Il paroît s'être un peu tranquillisé. Il dit*): Oui, je lui suis odieux. Je le vois. Je le sens. Dorval, vous êtes mon ami. Faut-il se détacher d'elle... et mourir? Parlez. Décidez de mon sort. (*Charles entre. Clairville se promène*).

SCÈNE VI.

DORVAL, CLAIRVILLE, CHARLES.

CHARLES, *en tremblant, à Clairville qu'il voit agité.*

Monsieur...

CLAIRVILLE, *le regardant de côté.*

Eh bien?

CHARLES.

Il y a là-bas un inconnu qui demande à parler à quelqu'un.

CLAIRVILLE, *brusquement.*

Qu'il attende.

CHARLES, *toujours en tremblant, et fort bas.*

C'est un malheureux, et il y a long-temps qu'il attend.

CLAIRVILLE, *avec impatience.*

Qu'il entre.

SCÈNE VII.

DORVAL, CLAIRVILLE, JUSTINE, SYLVESTRE, ANDRÉ, *et les autres Domestiques de la maison, attirés par la curiosité, et diversement répandus sur la scène. Justine arrive un peu plus tard que les autres.*

CLAIRVILLE, *un peu brusquement.*

Qui êtes-vous ? Que voulez-vous ?

ANDRÉ.

Monsieur, je m'appelle André. Je suis au service d'un honnête vieillard. J'ai été le compagnon de ses infortunes ; et je venois annoncer son retour à sa fille.

CLAIRVILLE.

A Rosalie ?

ANDRÉ.

Oui, monsieur.

CLAIRVILLE.

Encore des malheurs ! Où est votre maître ? Qu'en avez-vous fait ?

ANDRÉ.

Rassurez-vous, monsieur. Il vit. Il arrive. Je vous instruirai de tout, si j'en ai la force, et si vous avez la bonté de m'entendre.

CLAIRVILLE.

Parlez.

ACTE III.

ANDRÉ.

Nous sommes partis, mon maître et moi, sur le vaisseau l'*Apparent*, de la rade du Fort-royal, le six du mois de juillet. Jamais mon maître n'avoit eu plus de santé ni montré tant de joie. Tantôt le visage tourné où les vents sembloient nous porter, il élevoit ses mains au ciel, et lui demandoit un prompt retour. Tantôt me regardant avec des yeux remplis d'espérance, il me disoit : « André, encore » quinze jours, et je verrai mes enfans, et je les » embrasserai ; et je serai heureux une fois du- » moins avant que de mourir ».

CLAIRVILLE *touché, à Dorval.*

Vous entendez. Il m'appeloit déjà du doux nom de fils. Eh bien ! André ?

ANDRÉ.

Monsieur, que vous dirai-je ? Nous avions eu la navigation la plus heureuse. Nous touchions aux côtes de la France. Echappés aux dangers de la mer, nous avions salué la terre par mille cris de joie ; et nous nous embrassions les uns les autres, commandans, officiers, passagers, matelots, lorsque nous sommes approchés par des vaisseaux qui nous crient, *la paix, la paix*, abordés à la faveur de ces cris perfides, et faits prisonniers.

DORVAL et CLAIRVILLE, *en marquant leur surprise et leur douleur, chacun par l'action qui convient à son caractère.*

Prisonniers !

ANDRÉ.

Que devint alors mon maître ! Des larmes couloient de ses yeux. Il poussoit de profonds soupirs. Il tournoit ses regards, il étendoit ses bras, son ame sembloit s'élancer vers les rivages d'où nous nous éloignions. Mais à-peine les eûmes-nous perdus de vue, que ses yeux se séchèrent, son cœur se serra, sa vue s'attacha sur les eaux; il tomba dans une douleur sombre et morne qui me fit trembler pour sa vie. Je lui présentai plusieurs fois du pain et de l'eau, qu'il repoussa. (*André s'arrête ici un moment pour pleurer*). Cependant nous arrivons dans le port ennemi.... Dispensez-moi de vous dire le reste.... Non, je ne pourrai jamais.

CLAIRVILLE.

André, continuez.

ANDRÉ.

On me dépouille. On charge mon maître de liens. Ce fut alors que je ne pus retenir mes cris. Je l'appelai plusieurs fois : « Mon maître, mon » cher maître ». Il m'entendit, me regarda, laissa tomber ses bras tristement, se retourna, et suivit, sans parler, ceux qui l'environnoient.... Cependant on me jette, à moitié nud, dans le lieu le plus profond d'un bâtiment, pêle-mêle avec une foule de malheureux abandonnés impitoyablement, dans la ange, aux extrémités terribles de la faim, de la soif et des maladies. Et pour vous peindre en un mot toute l'horreur du lieu, je vous dirai qu'en un instant j'y entendis tous les accens de la douleur, toutes les voix du désespoir, et que de quelque côté que je regardasse, je voyois mourir.

CLAIRVILLE.

Voilà donc ces peuples dont on nous vante la sagesse, qu'on nous propose sans cesse pour modèles ! C'est ainsi qu'ils traitent les hommes !

DORVAL.

Combien l'esprit de cette nation généreuse a changé !

ANDRÉ.

Il y avoit trois jours que j'étois confondu dans cet amas de morts et de mourans, tous Français, tous victimes de la trahison, lorsque j'en fus tiré. On me couvrit de lambeaux déchirés, et l'on me conduisit avec quelques-uns de mes malheureux compagnons, dans la ville, à travers des rues pleines d'une populace effrénée, qui nous accabloit d'imprécations et d'injures, tandis qu'un monde tout-à-fait différent, que le tumulte avoit attiré aux fenêtres, faisoit pleuvoir sur nous l'argent et les secours.

DORVAL.

Quel mélange incroyable d'humanité, de bienfaisance et de barbarie !

ANDRÉ.

Je ne savois si l'on nous conduisoit à la liberté, ou si l'on nous conduisoit au supplice.

CLAIRVILLE.

Et votre maître, André ?

ANDRÉ.

J'allois à lui ; c'étoit le premier des bons offices d'un ancien correspondant qu'il avoit informé de notre malheur. J'arrivai à une des prisons de la ville. On ouvrit les portes d'un cachot obscur où je descendis. Il y avoit déjà quelque temps que j'étois immobile dans ces ténèbres, lorsque je fus frappé d'une voix mourante qui se faisoit entendre ; et qui disoit en s'éteignant : « André, est-ce toi ? » Il y a long-temps que je t'attends ». Je courus à l'endroit d'où venoit cette voix ; et je rencontrai des bras nuds qui cherchoient dans l'obscurité. Je les saisis. Je les baisai. Je les baignai de larmes. C'étoient ceux de mon maître. (*Une petite pause*).

Il étoit nud. Il étoit étendu sur la terre humide... « Les malheureux qui sont ici, me dit-il à voix » basse, ont abusé de mon âge et de ma foiblesse, » pour m'arracher le pain, et pour m'ôter ma » paille ».

(*Ici les Domestiques poussent un cri de douleur. Clairville ne peut plus contenir la sienne. Dorval fait signe à André de s'arrêter un moment. André s'arrête. Puis il continue, en sanglotant*).

Cependant je me dépouille de mes lambeaux, et je les étends sous mon maître, qui bénissoit d'une voix expirante la bonté du ciel....

DORVAL, *bas, à part, et avec amertume.*

Qui le faisoit mourir dans le fond d'un cachot, sur les haillons de son valet !

ANDRÉ.

Je me souvins alors des aumônes que j'avois reçues. J'appelai du secours, et je ranimai mon vieux et respectable maître. Lorsqu'il eut un peu repris de ses forces, « André, me dit-il, aie bon » courage ; tu sortiras d'ici. Pour moi, je sens, à » ma foiblesse, qu'il faut que j'y meure ». Alors je sentis ses bras se passer autour de mon cou, son visage s'approcher du mien, et ses pleurs couler sur mes joues. « Mon ami, me dit-il, (et ce fut » ainsi qu'il m'appela souvent) tu vas recevoir » mes derniers soupirs ; tu porteras mes dernières » paroles à mes enfans. Hélas ! c'étoit de moi » qu'ils devoient les entendre » !

CLAIRVILLÉ, *regardant Dorval, et pleurant.*

Ses enfans !

ANDRÉ.

Il m'avoit dit, pendant la traversée, qu'il étoit né français ; qu'il ne s'appeloit point Mérian ; qu'en s'éloignant de sa patrie, il avoit quitté son nom de famille, pour des raisons que je saurois un jour. Hélas ! il ne croyoit pas ce jour si prochain ! Il soupiroit, et j'en allois apprendre davantage, lorsque nous entendîmes notre cachot s'ouvrir. On nous appela ; c'étoit cet ancien correspondant qui nous avoit réunis, et qui venoit nous délivrer. Quelle fut sa douleur ! lorsqu'il jeta ses regards sur un vieillard qui ne lui paroissoit plus qu'un cadâvre palpitant. Des larmes tombèrent de ses yeux ; il se dépouilla ; il le couvrit de ses vêtemens, et nous allâmes nous établir chez cet hôte, et y recevoir toutes les marques possibles d'humanité. On eût dit que cette honnête famille rougissoit en secret de la cruauté et de l'injustice de sa nation.

DORVAL.

Rien n'humilie donc autant que l'injustice !

ANDRÉ, *s'essuyant les yeux, et reprenant un air tranquille.*

Bientôt mon maître reprit de la santé et des forces. On lui offrit des secours ; et je présume qu'il en accepta ; car au sortir de la prison, nous n'avions pas de quoi avoir un morceau de pain.

Tout s'arrangea pour notre retour ; et nous étions prêts à partir, lorsque mon maître me tirant à l'écart (non, je ne l'oublierai de ma vie !) me dit : « André, n'as-tu plus rien à faire ici »? Non, monsieur, lui répondis-je.... « Et nos compa-
« triotes que nous avons laissés dans la misère d'où
» la bonté du ciel nous a tirés, tu n'y penses donc
» plus? Tiens, mon enfant ; va leur dire adieu ».
J'y courus. Hélas! de tant de misérables, il n'en restoit qu'un petit nombre, si exténués, si proches de leur fin, que la plupart n'avoient pas la force de tendre la main pour recevoir.

Voilà, monsieur, tout le détail de notre malheureux voyage.

(*On garde ici un assez long silence, après lequel André dit ce qui suit. Cependant Dorval, rêveur, se promène vers le fond du salon.*

J'ai laissé mon maître à Paris pour y prendre un

peu de repos. Il s'étoit fait une grande joie d'y retrouver un ami. (*Ici Dorval se retourne du côté d'André, et lui donne attention*).

Mais cet ami est absent depuis plusieurs mois; et mon maître comptoit me suivre de près.

(*Dorval continue de se promener en rêvant*)

CLAIRVILLE.

Avez-vous vu Rosalie ?

ANDRÉ.

Non, monsieur. Je ne lui apporte que de la douleur, et je n'ai pas osé paroître devant elle.

CLAIRVILLE.

André, allez vous reposer. Sylvestre, je vous le recommande.... Qu'il ne lui manque rien.

(*Tous les domestiques s'emparent d'André et l'emmènent.*)

SCÈNE VIII.

DORVAL, CLAIRVILLE.

Après un silence, pendant lequel Dorval est resté immobile, la tête baissée, l'air pensif et les bras croisés (c'est assez son attitude ordinaire), et Clairville s'est promené avec agitation, Clairville dit :)

CLAIRVILLE.

Eh bien! mon ami, ce jour n'est-il pas fatal pour la probité ? et croyez-vous qu'à l'heure que je vous parle, il y ait un seul honnête-homme heureux sur la terre ?

DORVAL.

Vous voulez dire un seul méchant ; mais, Clairville, laissons la morale ; on en raisonne mal, quand on croit avoir à se plaindre du ciel.... Quels sont maintenant vos desseins ?

CLAIRVILLE.

Vous voyez toute l'étendue de mon malheur : j'ai perdu le cœur de Rosalie. Hélas ! c'est le seul bien que je regrette.

Je n'ose soupçonner que la médiocrité de ma fortune soit la raison secrète de son inconstance ; mais si cela est, à quelle distance n'est-elle pas de moi, à-présent qu'elle est réduite elle-même à une fortune assez bornée ? S'exposera-t-elle, pour un homme qu'elle n'aime plus, à toutes les suites d'un état presqu'indigent ? Moi-même, irai-je l'en solliciter ? Le puis-je ? le dois-je ? Son père va devenir pour elle un surcroit onéreux. Il est incertain qu'il veuille m'accorder sa fille. Il est presqu'évident qu'en l'acceptant, j'achèverois de la ruiner. Voyez et décidez.

DORVAL.

Cet André a jeté le trouble dans mon ame. Si vous saviez les idées qui me sont venues pendant son récit.... Ce vieillard.... ses discours.... son caractère.... ce changement de nom..... Mais laissez-moi dissiper un soupçon qui m'obsède, et penser à votre affaire.

CLAIRVILLE.

Songez, Dorval, que le sort de Clairville est entre vos mains.

SCÈNE IX.

DORVAL, seul.

Quel jour d'amertume et de trouble ! Quelle variété de tourmens ! Il semble que d'épaisses ténèbres se forment autour de moi, et couvrent ce cœur accablé sous mille sentimens douloureux !.... O ciel ! ne m'accorderas-tu pas un moment de repos !.... Le mensonge, la dissimulation me sont en horreur; et dans un instant, j'en impose à mon ami, à sa sœur, à Rosalie... Que doit-elle penser de moi ?..... Que déciderai-je de son amant ?.... Quel parti prendre avec Constance ?... Dorval, cesseras-tu, continueras-tu d'être homme de bien ? ... Un évènement imprévu a ruiné Rosalie; elle est indigente, je suis riche; je l'aime, j'en suis aimé : Clairville ne peut l'obtenir..... Sortez de mon esprit, éloignez-vous de mon cœur, illusions honteuses ! Je peux être le plus malheureux des hommes, mais je ne me rendrai pas le plus vil..... Vertu ! douce et cruelle idée ! chers et barbares devoirs ! amitié, qui m'enchaîne et me déchire, vous serez obéie ! O vertu ! qu'es-tu, si tu n'exiges aucun sacrifice ? Amitié, tu n'es qu'un vain nom, si tu n'imposes aucune loi.... Clairville épousera donc Rosalie (*Il tombe presque sans sentiment dans un fauteuil; il se relève ensuite, et il dit*) : Non, je n'enleverai point à mon ami sa maîtresse; je ne me dégraderai point jusques-là, mon cœur m'en répond. Malheur à celui qui n'écoute point la voix de son cœur !.... Mais Clairville n'a point de fortune; Rosalie n'en a plus... il faut écarter ces obstacles. Je le puis; je le veux. Y a-t-il quelque peine, dont un acte généreux ne console ? Ah ! je commence à respirer !...

Si je n'épouse point Rosalie, qu'ai-je besoin de fortune ? Quel plus digne usage que d'en disposer en faveur de deux êtres qui me sont chers ? Hélas ! à bien juger, ce sacrifice si peu commun n'est rien... Clairville me devra son bonheur ! Rosalie me devra son bonheur ! le père de Rosalie me devra son bonheur !.... Et Constance ?.... elle entendra de moi la vérité; elle me connoîtra; elle tremblera pour la femme qui oseroit s'attacher à ma destinée.... En rendant le calme à tout ce qui m'environne, je trouverai sans-doute un repos qui me fuit ?... (*Il soupire*)... Dorval, pourquoi souffres-tu donc ? pourquoi suis-je déchiré ? O vertu ! n'ai-je point encore assez fait pour toi !

Mais Rosalie ne voudra point accepter de moi sa fortune. Elle connoît trop le prix de cette grace, pour l'accorder à un homme qu'elle doit haïr, mépriser.... Il faudra donc la tromper.!... Et si je m'y résous, comment y réussir ? Prévenir l'arrivée de son père ?.... faire répandre, par les papiers publics, que le vaisseau qui portoit sa fortune étoit assuré ?... lui envoyer par un inconnu la valeur de ce qu'elle a perdu ?... Pourquoi non ?... Le moyen est naturel ; il me plaît ; il ne faut qu'un peu de célérité. (*Il appelle Charles*) : Charles. (*Il se met à une table, et il écrit.*)

SCENE. X.

DORVAL CHARLES.

DORVAL. *lui donne un billet. et dit :*
A Paris, chez mon banquier.

FIN DU TROISIÈME ACTE.

ACTE IV.

SCÈNE PREMIÈRE.
ROSALIE, JUSTINE.

JUSTINE.

Eh bien ! mademoiselle, vous avez voulu voir André ; vous l'avez vu. Monsieur votre père arrive ; mais vous voilà sans fortune.

ROSALIE, *un mouchoir à la main.*

Que puis-je contre le sort ? Mon père survit. Si la perte de sa fortune n'a pas altéré sa santé, le reste n'est rien.

JUSTINE.

Comment, le reste n'est rien ?

ROSALIE.

Non, Justine ; je connoîtrai l'indigence ; il y a de plus grands maux.

JUSTINE.

Ne vous y trompez pas, mademoiselle ; il n'y en a point qui lasse plus vîte.

ROSALIE.

Avec des richesses, serois-je moins à plaindre ?.... C'est dans une ame innocente et tran-

quille que le bonheur habite; et cette ame, Justine,
je l'avois.

JUSTINE.

Et Clairville y régnoit.

ROSALIE, *assise et pleurant.*

Amant qui m'étois alors si cher ! Clairville que
j'estime et que je désespère ! ô toi à qui un bien
moins digne a ravi toute ma tendresse, te voilà
bien vengé ! Je pleure; et l'on se rit de mes larmes.
Justine, que penses-tu de ce Dorval ?.... Le
voilà donc, cet ami si tendre, cet homme si vrai,
ce mortel si vertueux ! Il n'est, comme les autres,
qu'un méchant qui se joue de ce qu'il y a de plus
sacré, l'amour, l'amitié, la vertu, la vérité !....
Que je plains Constance ! il m'a trompée; il peut
bien la tromper aussi.... (*En se levant.*) Mais
j'entends quelqu'un.... Justine, si c'étoit lui.

JUSTINE.

Mademoiselle, ce n'est personne.

ROSALIE *se rassied, et dit*:

Qu'ils sont méchans, ces hommes ! et que nous
sommes simples !... Vois, Justine, comme dans
leur cœur la vérité est à côté du parjure; comme
l'élévation y touche à la bassesse !.... Ce Dorval
qui expose sa vie pour son ami, c'est le même qui
le trompe, qui trompe sa sœur, qui se prend pour
moi de tendresse. Mais pourquoi lui reprocher de
la tendresse ? c'est mon crime ; le sien est une
fausseté qui n'eut jamais d'exemple.

C*

SCÈNE II.

ROSALIE, CONSTANCE.

ROSALIE, *allant au-devant de Constance.*

Ah ! madame, en quel état vous me surprenez !
CONSTANCE.
Je viens partager votre peine.
ROSALIE.
Puissiez-vous toujours être heureuse !

CONSTANCE *s'assied, fait asseoir Rosalie à côté d'elle, et lui prend les deux mains.*

Rosalie, je ne demande que la liberté de m'affliger avec vous. J'ai long-temps éprouvé l'incertitude des choses de la vie ; et vous savez si je vous aime.
ROSALIE.
Tout a changé, tout s'est détruit en un moment.
CONSTANCE.
Constance vous reste.... et Clairville.
ROSALIE.
Je ne peux m'éloigner trop tôt d'un séjour, où ma douleur est importune.
CONSTANCE.
Mon enfant, prenez garde ; le malheur vous rend injuste et cruelle ; mais ce n'est point à vous que j'en dois faire le reproche. Dans le sein du bonheur, j'oubliai de vous préparer aux revers.

Heureuse, j'ai perdu de vue les malheureux. J'en suis bien punie ; c'est vous qui m'en rapprochez... Mais votre père ?

ROSALIE.

Je lui ai déjà coûté bien des larmes !.... Madame, vous serez mère un jour...... Que je vous plains !...

CONSTANCE.

Rosalie, rappelez-vous la volonté de votre tante ; ses dernières paroles me confioient votre bonheur.... Mais ne parlons point de mes droits ; c'est une marque d'estime que j'attends : jugez combien un refus pourroit m'offenser !.... Rosalie, ne détachez point votre sort du mien. Vous connoissez Dorval. Il vous aime. Je lui demanderai Rosalie. Je l'obtiendrai ; et ce gage sera pour moi le premier et le plus doux de sa tendresse.

ROSALIE *dégage avec vivacité ses mains de celles de Constance, se lève avec une sorte d'indignation et dit :*

Dorval !

CONSTANCE.

Vous avez toute son estime.—

ROSALIE.

Un étranger !... un inconnu !..... un homme qui n'a paru qu'un moment parmi nous !... dont on n'a jamais nommé les parens !... dont la vertu peut être feinte !.... Madame, pardonnez... j'oubliois.... vous le connoissez bien sans doute ?...

CONSTANCE.

Il faut vous pardonner; vous êtes dans la nuit; mais souffrez que je vous fasse luire un rayon d'espérance.

ROSALIE.

J'ai espéré, j'ai été trompée, je n'espérerai plus. (*Constance sourit tristement.*)

Hélas! si Constance eût été seule, retirée comme autrefois; peut-être... encore, n'est-ce qu'une idée vaine qui nous auroit trompées toutes deux. Notre amie devient malheureuse; on craint de se manquer à soi-même ; un premier mouvement de générosité nous emporte. Mais le temps! le temps!... Madame, les malheureux sont fiers, importuns, ombrageux; on s'accoutume peu-à-peu au spectacle de leur douleur; bientôt on s'en lasse; épargnons-nous des torts réciproques. J'ai tout perdu : sauvons du-moins notre amitié du naufrage.... Il me semble que je dois quelque chose à l'infortune... Toujours soutenue de vos conseils, Rosalie n'a rien fait encore dont elle puisse s'honorer à ses propres yeux. Il est temps qu'elle apprenne ce dont elle sera capable, instruite par Constance et par les malheurs. Lui envierez-vous le seul bien qui lui reste, celui de se connoître elle-même!

CONSTANCE.

Rosalie, vous êtes dans l'enthousiasme; méfiez-vous de cet état. Le premier effet du malheur est de roidir une ame; le dernier est de la briser...

Vous qui craignez tout du temps pour vous et pour moi, n'en craignez-vous rien pour vous seule?... Songez, Rosalie, que l'infortune vous rend sacrée. S'il m'arrivoit jamais de manquer de respect au malheur, rappelez-moi, dites-moi, faites-moi rougir pour la première fois.... Mon enfant, j'ai vécu, j'ai souffert ; je crois avoir acquis le droit de présumer quelque chose de moi : cependant je ne vous demande que de compter autant sur mon amitié que sur votre courage.... Si vous vous promettez tout de vous-même, et que vous n'attendiez rien de Constance, ne serez-vous pas injuste?... Mais les idées de bienfait et de reconnoissance vous effraieraient-elles ?... Rendez votre tendresse à mon frère, et c'est moi qui vous devrai tout.

ROSALIE.

Madame, voilà Dorval.... permettez que je m'éloigne... j'ajouterois si peu de chose à son triomphe. (*Dorval entre.*)

CONSTANCE.

Rosalie... Dorval, retenez cette enfant.... Mais, elle nous échappe.

SCÈNE III.

CONSTANCE, DORVAL.

DORVAL.

Madame, laissons-lui le triste plaisir de s'affliger sans témoins.

CONSTANCE.

C'est à vous à changer son sort. Dorval, le jour de mon bonheur peut devenir le commencement de son repos.

DORVAL.

Madame, souffrez que je vous parle librement; qu'en vous confiant ses plus secrètes pensées, Dorval s'efforce d'être digne de ce que vous faisiez pour lui; et que du-moins il soit plaint et regretté.

CONSTANCE.

Quoi, Dorval! mais parlez.

DORVAL.

Je vais parler. Je vous le dois, je le dois à votre frère, je me le dois à moi-même... Vous voulez le bonheur de Dorval; mais connoissez-vous bien Dorval?... De foibles services dont un jeune homme bien né s'est exagéré le merite; ses transports à l'apparence de quelques vertus, sa sensibilité pour quelques-uns de mes malheurs; tout a préparé et établi en vous des préjugés, que la vérité m'ordonne de détruire. L'esprit de Clairville est jeune. Constance doit porter de moi d'autres jugemens. (*une pause.*) J'ai reçu du ciel un cœur droit ; c'est le seul avantage qu'il ait voulu m'accorder... Mais ce cœur est flétri, et je suis, comme vous voyez... sombre et mélancolique. J'ai... de la vertu, mais elle est austère ; des mœurs, mais sauvages... une ame tendre, mais aigrie par de longues disgraces. Je peux encore verser des larmes, mais elles sont rares et cruelles... Non, un homme de ce caractère n'est point l'epoux qui convient à Constance.

CONSTANCE.

Dorval, rassurez-vous. Lorsque mon cœur céda aux impressions de vos vertus, je vous vis tel que vous vous peignez. Je reconnus le malheur et ses effets terribles. Je vous plaignis ; et ma tendresse commença peut-être par ce sentiment.

DORVAL.

Le malheur a cessé pour vous ; il s'est appesanti sur moi..... Combien je suis malheureux, et qu'il y a de temps ! Abandonné presqu'en naissant, entre le désert et la société, quand j'ouvris les yeux, afin de reconnoître les liens qui pouvoient m'attacher aux hommes, à-peine en retrouvois-je des débris. Il y avoit trente ans, madame, que j'errois parmi eux, isolé, inconnu, négligé, sans avoir éprouvé la tendresse de personne, ni rencontré personne qui recherchât la mienne, lorsque votre frère vint à moi. Mon âme attendoit la sienne. Ce fut dans son sein que je versai un torrent de sentimens qui cherchoient depuis si long-temps à s'épancher ; et je n'imaginois pas qu'il pût y avoir dans ma vie un moment plus doux, que celui où je me délivrai du long ennui d'exister seul... Que j'ai payé cher cet instant de bonheur !... Si vous saviez...

CONSTANCE.

Vous avez été malheureux ; mais tout a son terme ; et j'ose croire que vous touchez au moment d'une révolution durable et fortunée.

DORVAL.

Nous nous sommes assez éprouvés, le sort et moi. Il ne s'agit plus de bonheur.... Je hais le commerce des hommes ; et je sens que c'est loin de ceux mêmes qui me sont chers, que le repos m'attend... Madame, puisse le ciel vous accorder sa faveur qu'il me refuse, et rendre Constance la plus heureuse des femmes !... (*Un peu attendri.*) Je l'apprendrai peut-être dans ma retraite ; et j'en ressentirai de la joie.

CONSTANCE.

Dorval, vous vous trompez. Pour être tranquille, il faut avoir l'approbation de son cœur, et peut-être celle des hommes. Vous n'obtiendrez point celle-ci ; et vous n'emporterez point la première, si vous quittez le poste qui vous est marqué. Vous avez reçu les talens les plus rares ; et vous en devez compte à la société. Que cette

foule d'êtres inutiles, qui s'y meuvent sans objet,
et qui l'embarrassent sans la servir, s'en éloignent
s'ils veulent. Mais vous, j'ose vous le dire, vous
ne le pouvez sans crime. C'est à une femme qui
vous aime, à vous arrêter parmi les hommes;
c'est à Constance à conserver à la vertu opprimée,
un appui; au vice arrogant, un fléau; un
frère, à tous les gens de bien; à tant de malheureux,
un père qu'ils attendent; au genre humain,
son ami; à mille projets honnêtes, utiles et grands,
cet esprit libre de préjugés et cette ame forte
qu'ils exigent, et que vous avez.... Vous, renoncer
à la société! J'en appelle à votre cœur; interrogez-le;
et il vous dira que l'homme de bien
est dans la société, et qu'il n'y a que le méchant
qui soit seul.

DORVAL.

Mais le malheur me suit, et se répand sur
tout ce qui m'approche. Le ciel qui veut que
je vive dans les ennuis, veut-il aussi que j'y
plonge les autres? On étoit heureux ici, quand
j'y vins.

CONSTANCE.

Le ciel s'obscurcit quelquefois; et si nous
sommes sous le nuage, un instant l'a formé, ce
nuage; un instant le dissipera. Mais, quoi qu'il
en arrive, l'homme sage reste à sa place, et y
attend la fin de ses peines.

DORVAL.

Mais ne craindra-t-il pas de l'éloigner, en multipliant les objets de son attachement?.... Constance, je ne suis point étranger à cette pente si générale et si douce, qui entraîne tous les êtres, et qui les porte à éterniser leur espèce. J'ai senti dans mon cœur que l'univers ne seroit jamais pour moi qu'une vaste solitude, sans une compagne qui partageât mon bonheur et ma peine... Dans mes accès de mélancolie, je l'appelois cette compagne.

CONSTANCE.

Et le ciel vous l'envoie.

DORVAL.

Trop tard pour mon malheur! Il a effarouché une ame simple, qui auroit été heureuse de ses moindres faveurs. Il l'a remplie de craintes, de terreurs, d'une horreur secrète... Dorval oseroit se charger du bonheur d'une femme!... il seroit père!... il auroit des enfans!... Des enfans!... quand je pense que nous sommes jetés, tout en naissant, dans un chaos de préjugés, d'extravagances, de vices et de misères, l'idée m'en fait frémir.

CONSTANCE.

Vous êtes obsédé de fantômes; et je n'en suis pas étonnée. L'histoire de la vie est si peu connue, celle de la mort est si obscure, et l'apparence du mal dans l'univers est si claire... Dorval,

vos enfans ne sont point destinés à tomber dans
le chaos que vous redoutez. Ils passeront sous
vos yeux les premières années de leur vie ; et c'en
est assez pour vous répondre de celles qui suivront. Ils apprendront de vous à penser comme
vous. Vos passions, vos goûts, vos idées passeront en eux. Ils tiendront de vous ces notions si
justes que vous avez de la grandeur et de la
bassesse réelles ; du bonheur véritable et de la
misère apparente. Il ne dépendra que de vous,
qu'ils ayent une conscience toute semblable à la
vôtre. Ils vous verront agir ; il m'entendront
parler quelquefois. (*En souriant avec dignité,
elle ajoute*) : Dorval, vos filles seront honnêtes et décentes ; vos fils seront nobles et fiers.
Tous vos enfans seront charmans.

D O R V A L *prend la main de Constance, la
presse entre les deux siennes, lui sourit
d'un air touché, et lui dit :*

Si par malheur Constance se trompoit.... Si
j'avois des enfans comme j'en vois tant d'autres, malheureux et méchans. Je me connois ;
j'en mourrois de douleur.

C O N S T A N C E , *d'un ton pathétique et d'un
air pénétré.*

Mais auriez-vous cette crainte, si vous pen-
siez que l'effet de la vertu sur notre ame n'est
ni moins nécessaire, ni moins puissant que celui
de la beauté sur nos sens ; qu'il est dans le cœur

de l'homme un goût de l'ordre, plus ancien qu'aucun sentiment réfléchi ; que c'est ce goût qui nous rend sensibles à la honte, la honte qui nous fait redouter le mépris au-delà même du trépas ; que l'imitation nous est naturelle ; et qu'il n'y a point d'exemple qui captive plus fortement que celui de la vertu, pas même l'exemple du vice!.. Ah! Dorval, combien de moyens de rendre les hommes bons!

DORVAL.

Oui, si nous savions en faire usage.... Mais je veux qu'avec des soins assidus, secondés d'heureux naturels, vous puissiez les garantir du vice ; en seront-ils beaucoup moins à plaindre ? Comment écarterez-vous d'eux la terreur et les préjugés qui les attendent à l'entrée dans ce monde, et qui les suivront jusqu'au tombeau? La folie et la misère de l'homme m'épouvantent. Combien d'opinions monstrueuses, dont il est tour-à-tour l'auteur et la victime! Ah! Constance, qui ne trembleroit d'augmenter le nombre de ces malheureux qu'on a comparés à des forçats qu'on voit dans un cachot funeste,

Pouvant se secourir, l'un sur l'autre acharnés,
Combattre avec les fers dont ils sont enchaînés?

CONSTANCE.

Je connois les maux que le fanatisme a causés, et ceux qu'il en faut craindre.... Mais s'il paroissoit aujourd'hui.... parmi nous.... un monstre tel qu'il en produit dans les temps de ténèbres, où sa fureur et ses illusions arrosoient de sang cette terre.... qu'on vît ce monstre s'avancer au plus grand des crimes, en invoquant le secours du ciel.... et tenant la loi de son Dieu d'une main et de l'autre un poignard, préparer aux peuples de longs regrets.... Croyez, Dorval, qu'on en auroit autant d'étonnement que d'horreur.... Il y a sans-doute encore des barbares; et quand n'y en aura-t-il plus! Mais les temps de barbarie sont passés; le siècle s'est éclairé; la raison s'est épurée; ses préceptes remplissent les ouvrages de la nation: ceux où l'on inspire aux hommes la bienveillance générale, sont presque les seuls qui soient lus. Voilà les leçons dont nos théâtres retentissent, et dont ils ne peuvent retentir trop souvent; et le philosophe dont vous m'avez rappelé les vers, doit principalement ses succès aux sentimens d'humanité qu'il a répandus dans ses poëmes, et au pouvoir qu'ils ont sur nos ames. Non, Dorval, un peuple qui vient s'attendrir tous les jours sur la vertu malheureuse, ne peut être ni méchant, ni farouche. C'est vous-même, ce sont les hommes qui vous ressemblent, que la nation honore, et que le gouvernement doit protéger plus que jamais, qui affranchiront vos enfans de cette chaîne terrible, dont votre mélancolie vous montre leurs mains innocentes chargées.

Et quel sera mon devoir et le vôtre, si-non de les accoûtumer à n'admirer, même dans l'auteur de toutes choses, que les qualités qu'ils chériront en nous ! Nous leur représenterons sans cesse que les loix de l'humanité sont immuables ; que rien n'en peut dispenser : et nous verrons germer dans leurs ames ce sentiment de bienfaisance universelle qui embrasse toute la nature.... Vous m'avez dit cent fois qu'une ame tendre n'envisageoit point le système général des êtres sensibles, sans en désirer fortement le bonheur, sans y participer ; et je ne crains pas qu'une ame cruelle soit jamais formée dans mon sein, et de votre sang.

DORVAL.

Constance, une famille demande une grande fortune ; et je ne vous cacherai pas que la mienne vient d'être réduite à la moitié.

CONSTANCE.

Les besoins réels ont une limite ; ceux de la fantaisie sont sans bornes. Quelque fortune que vous accumuliez, Dorval, si la vertu manque à vos enfans, ils seront toujours pauvres.

DORVAL.

La vertu ! on en parle beaucoup.

CONSTANCE.

C'est la chose dans l'univers la mieux connue et la plus révérée. Mais, Dorval, on s'y attache plus encore par les sacrifices qu'on lui fait, que par les charmes qu'on lui croit ; et malheur à celui qui ne lui a pas assez sacrifié pour la préférer à tout ; ne vivre, ne respirer que pour elle ; s'enivrer de sa douce vapeur ; et trouver la fin de ses jours dans cette ivresse.

DORVAL.

Quelle femme ! (*Il est étonné ; il garde le silence un moment. Il dit ensuite*) : Femme adorable et cruelle, à quoi me réduisez-vous ! Vous m'arrachez le mystère de ma naissance : sachez donc qu'à-peine ai-je connu ma mère. Une jeune infortunée, trop tendre, trop sensible, me donna la vie, et mourut peu de temps après. Ses parens irrités et puissans avoient forcé mon père de passer aux isles. Il y apprit la mort de ma mère, au moment où il pouvoit se flatter de devenir son époux. Privé de cet espoir, il s'y fixa ; mais il n'oublia point l'enfant qu'il avoit eu d'une femme chérie. Constance, je suis cet enfant... Mon père a fait plusieurs voyages en France : je l'ai vu. J'espérois le revoir encore ; mais je ne l'espère plus. Vous voyez ; ma naissance est abjecte aux yeux des hommes, et ma fortune a disparu.

CONSTANCE.

La naissance nous est donnée ; mais nos vertus sont à nous. Pour ces richesses, toujours embarrassantes et souvent dangereuses, le ciel, en les répandant indifféremment sur la surface de la terre, en les faisant tomber sans distinction sur le bon et sur le méchant, dicte lui-même le jugement qu'on doit en porter. Naissance, dignités, fortune, grandeurs, le méchant peut tout avoir, excepté la faveur du ciel.

Voilà ce qu'un peu de raison m'avoit appris, long-temps avant qu'on m'eût confié vos secrets; et il ne me restoit à savoir que le jour de mon bonheur et de ma gloire.

DORVAL.

Rosalie est malheureuse; Clairville est au désespoir.

CONSTANCE.

Je rougis du reproche. Dorval, voyez mon frère; je reverrai Rosalie; sans-doute c'est à nous à rapprocher ces deux êtres si dignes d'être unis. Si nous y réussissons, j'ose espérer qu'il ne manquera plus rien à nos vœux.

SCÈNE IV.

DORVAL, seul.

Voilà la femme par qui Rosalie a été élevée! voilà les principes qu'elle a reçus!

SCÈNE V.

DORVAL, CLAIRVILLE.

CLAIRVILLE.

Dorval, que deviens-je? Qu'avez-vous résolu de moi?

ACTE IV.

DORVAL.

Que vous vous attachiez plus fortement que jamais à Rosalie.

CLAIRVILLE.

Vous me le conseillez ?

DORVAL.

Je vous le conseille.

CLAIRVILLE, *en lui sautant au col.*

Ah ! mon ami, vous me rendez la vie : je vous la dois deux fois en un jour ; je venois en tremblant apprendre mon sort. Combien j'ai souffert, depuis que je vous ai quitté ! Jamais je n'ai si bien connu que j'étois destiné à l'aimer, toute injuste qu'elle est. Dans un instant de désespoir, on forme un projet violent ; mais l'instant passe, le projet se dissipe, et la passion reste.

DORVAL, *en souriant.*

Je savois tout cela. Mais votre peu de fortune ? la médiocrité de la sienne ?

CLAIRVILLE.

L'état le plus misérable à mes yeux, est de vivre sans Rosalie : j'y ai pensé ; et mon parti est pris. S'il est permis de supporter impatiemment l'indigence, c'est aux amans, aux pères de famille, à tous les hommes bienfaisans ; et il est toujours des voies pour en sortir.

DORVAL.

Que ferez-vous ?

CLAIRVILLE.

Je commercerai.

DORVAL.

Avec le nom que vous portez, auriez-vous ce courage ?

CLAIRVILLE.

Qu'appelez-vous courage ? Je n'en trouve point à cela. Avec une ame fière, un caractère inflexible, il est trop incertain que j'obtienne de la faveur, la fortune dont j'ai besoin. Celle qu'on fait par l'intrigue, est prompte, mais vile ; par les armes, glorieuse, mais lente ; par les talens, toujours difficile et médiocre. Il est d'autres états qui mènent rapidement à la richesse ; mais le commerce est presque le seul, où les grandes fortunes soient proportionnées au travail, à l'industrie, aux dangers qui les rendent honnêtes. Je commercerai, vous disje ; il ne me manque que des lumières et des expédiens ; et j'espère les trouver en vous.

DORVAL.

Vous pensez juste ; je vois que l'amour est sans préjugé ; mais ne songez qu'à fléchir Rosalie, et vous n'aurez point à changer d'état. Si le vaisseau qui portoit sa fortune est tombé entre les mains des ennemis, il étoit assuré ; et la perte n'est rien. La nouvelle en est dans les papiers publics ; et je vous conseille de l'annoncer à Rosalie.

CLAIRVILLE.

J'y cours.

ACTE IV.

SCÈNE VI.
DORVAL, CHARLES, *encore botté.*

DORVAL. (*Il se promène*).

IL ne la fléchira point.... Non.... Mais pourquoi, si je veux ?.... Un exemple d'honnêteté, de courage, un dernier effort sur soi-même.... sur elle....

CHARLES *entre, et reste debout sans mot dire, jusqu'à ce que son maître l'apperçoive; alors il dit:*

Monsieur, j'ai fait remettre à Rosalie.

DORVAL.

J'entends.

CHARLES.

En voilà la preuve. (*Il donne à son maître le reçu de Rosalie.*)

DORVAL.

Il suffit. (*Charles sort. Dorval se promène encore; et après une courte pause, il dit*):

SCÈNE VII.
DORVAL, *seul.*

J'AURAI donc tout sacrifié. La fortune! (*Il répète avec dédain*): la fortune! ma passion! la liberté!.... Mais le sacrifice de ma liberté est-il bien résolu!.... O raison! qui peut te résister, quand tu prends l'accent enchanteur et la voix de la femme!.... Homme petit et borné, assez simple pour imaginer que tes erreurs et ton infortune sont de quelqu'importance dans l'univers; qu'un concours de hasards infinis préparoit de tout temps ton malheur; que ton attachement à un être mène la chaîne de sa destinée, viens entendre Constance, et reconnois la vanité de tes pensées!.... Ah! si je pouvois trouver en moi la force de sens et la supériorité de lumières avec laquelle cette femme s'emparoit de mon ame et la dominoit, je verrois Rosalie; elle m'entendroit, et Clairville seroit heureux.... Mais pourquoi n'obtiendrois-je pas sur cette ame tendre et flexible le même ascendant, que Constance a su prendre sur moi? Depuis quand a vertu a-t-elle perdu son empire?.... Voyons-la; parlons-lui; et espérons tout de la vérité de son caractère, et du sentiment qui m'anime. C'est moi qui ai égaré ses pas innocens; c'est moi qui l'ai plongée dans la douleur et dans l'abattement : c'est à moi à lui tendre la main, et à la ramener dans la voie du bonheur.

FIN DU QUATRIÈME ACTE.

ACTE V.

SCENE PREMIÈRE.

ROSALIE, JUSTINE.

(Rosalie, sombre, se promène ou reste immobile, sans attention pour ce que Justine lui dit).

JUSTINE.

Votre père échappe à mille dangers ! votre fortune est réparée ! Vous devenez maîtresse de votre sort, et rien ne vous touche ! En vérité, mademoiselle, vous ne méritez guère le bien qui vous arrive.

ROSALIE.

... Un lien éternel va les unir !... Justine, André est-il instruit ? Est-il parti ? Revient-il ?

JUSTINE.

Mademoiselle, qu'allez-vous faire ?

ROSALIE.

Ma volonté... Non, mon père n'entrera point dans cette maison fatale !... Je ne serai point le témoin de leur joie... J'échapperai du-moins à des amitiés qui me tuent.

SCÈNE II.

ROSALIE, JUSTINE, CLAIRVILLE.

CLAIRVILLE *arrive précipitamment ; et tout en approchant de Rosalie, il se jette à ses genoux, et lui dit :*

Eh bien ! cruelle, ôtez-moi donc la vie ! Je sais tout. André m'a tout dit. Vous éloignez d'ici votre père. Et de qui l'éloignez-vous ? D'un homme qui vous adore, qui quittoit sans regret son pays, sa famille, ses amis, pour traverser les mers, pour aller se jeter aux genoux de vos inflexibles parens, y mourir ou vous obtenir... Alors Rosalie, tendre, sensible, fidèle, partageoit mes ennuis ; aujourd'hui, c'est elle qui les cause.

ROSALIE, *émue et déconcertée.*
Cet André est un imprudent. Je ne voulois pas que vous sussiez mon projet.

CLAIRVILLE.
Vous voulez me tromper.

ROSALIE *vivement.*
Je n'ai jamais trompé personne.

CLAIRVILLE.
Dites-moi donc pourquoi vous ne m'aimez plus ? M'ôter votre cœur, c'est me condamner à mourir. Vous voulez ma mort ; vous la voulez, je le vois.

ROSALIE.

Non, Clairville. Je voudrois bien que vous fussiez heureux.

CLAIRVILLE.

Et vous m'abandonnez !

ROSALIE.

Mais ne pourriez-vous pas être heureux sans moi ?

CLAIRVILLE.

Vous me percez le cœur. (*Il est toujours aux genoux de Rosalie. En disant ces mots, il tombe la tête appuyée contre elle, et garde un moment le silence.*)... Vous ne deviez jamais changer !.... Vous le jurâtes !... Insensé que j'étois, je vous crus..... Ah ! Rosalie, cette foi donnée et reçue chaque jour avec de nouveaux transports, qu'est-elle devenue ? Que sont devenus vos sermens ? Mon cœur, fait pour recevoir et garder éternellement l'impression de vos vertus et de vos charmes, n'a rien perdu de ses sentimens ; il ne vous reste rien des vôtres... Qu'ai-je fait, pour qu'ils se soient détruits ?

ROSALIE.

Rien.

CLAIRVILLE.

Et pourquoi donc ne sont-ils plus, ni ces instans si doux où je lisois mes sentimens dans vos yeux ?... où ces mains (*Il en prend une*) daignoient essuyer mes larmes, ces larmes tantôt amères, tantôt délicieuses, que la crainte et la tendresse faisoient couler tour-à-tour !...Rosalie, ne me désespérez pas !... par pitié pour vous-même. Vous ne connoissez pas votre cœur. Non, vous ne le connoissez pas. Vous ne savez pas tout le chagrin que vous vous préparez.

ROSALIE.

J'en ai déjà beaucoup souffert.

CLAIRVILLE.

Je laisserai au fond de votre ame une image terrible qui y entretiendra le trouble et la douleur. Votre injustice vous suivra.

ROSALIE.

Clairville, ne m'effrayez pas. (*En le regardant fixement.*) Que voulez-vous de moi ?

CLAIRVILLE.

Vous fléchir, ou mourir.

ROSALIE, *après une pause.*

Dorval est votre ami ?

CLAIRVILLE.

Il sait ma peine. Il la partage.

ROSALIE.

Il vous trompe.

CLAIRVILLE.

Je périssois par vos rigueurs. Ses conseils m'ont conservés. Sans Dorval, je ne serois plus,

ROSALIE.

Il vous trompe, vous dis-je. C'est un méchant.

CLAIRVILLE.

Dorval un méchant! Rosalie, y pensez-vous? Il est au monde deux êtres que je porte au fond de mon cœur ; c'est Dorval et Rosalie. Les attaquer dans cet asyle, c'est me causer une peine mortelle. Dorval un méchant! C'est Rosalie qui le dit! Elle!.... Il ne lui restoit plus, pour m'accabler, que d'accuser mon ami! (*Dorval entre*).

SCÈNE III.

ROSALIE, JUSTINE, CLAIRVILLE, DORVAL.

CLAIRVILLE.

Venez, mon ami, venez. Cette Rosalie, autrefois si sensible, maintenant si cruelle, vous accuse sans sujet, et me condamne à un désespoir sans fin ; moi qui mourrois plutôt que de lui causer la peine la plus légère.
(*Cela dit, il cache ses larmes ; il s'éloigne, et il va se mettre sur un canapé, au fond du salon, dans l'attitude d'un homme désolé*).
DORVAL, *montrant Clairville à Rosalie, lui dit :*
Mademoiselle, considérez votre ouvrage et le mien. Est-ce là le sort qu'il devoit attendre de nous ? Un désespoir funeste sera donc le fruit

amer de mon amitié et de votre tendresse ; et nous le laisserons périr ainsi !

(*Clairville se lève, et s'en va comme un homme qui erre. Rosalie le suit des yeux ; et Dorval, après avoir un peu rêvé, continue d'un ton bas, sans regarder Rosalie*).

S'il s'afflige, c'est du-moins sans contrainte. Son ame honnête peut montrer toute sa douleur... Et nous, honteux de nos sentimens, nous n'osons les confier à personne ; nous nous les cachons... Dorval et Rosalie, contens d'échapper aux soupçons, sont peut-être assez vils pour s'en applaudir en secret... (*Ici il se tourne subitement vers Rosalie.*)... Ah ! mademoiselle, sommes-nous faits pour tant d'humiliations ? Voudrons-nous plus long-temps d'une vie aussi abjecte ! Pour moi je ne pourrois me souffrir parmi les hommes, s'il y avoit sur tout l'espace qu'ils habitent, un seul endroit où j'eusse mérité le mépris.

Échappé au danger, je viens à votre secours. Il faut que je vous replace au rang où je vous ai trouvée, ou que je meure de regrets. (*Il s'arrête un peu, puis il dit :*) Rosalie, répondez-moi. La vertu a t-elle pour vous quelque prix ? L'aimez-vous encore ?

ROSALIE.

Elle m'est plus chère que la vie.

ACTE IV.

DORVAL.

Je vais donc vous parler du seul moyen de vous réconcilier avec vous, d'être digne de la société dans laquelle vous vivez, d'être appelée l'élève et l'amie de Constance, et d'être l'objet du respect et de la tendresse de Clairville.

ROSALIE.

Parlez ; je vous écoute.

(*Rosalie s'appuye sur le dos d'un fauteuil, la tête penchée sur une main, et Dorval continue*) :

Songez, mademoiselle, qu'une seule idée fâcheuse qui nous suit, suffit pour anéantir le bonheur ; et que la conscience d'une mauvaise action est la plus fâcheuse de toutes les idées. (*Vivement et rapidement.*) Quand nous avons connus le mal, il ne nous quitte plus ; il s'établit au fond de notre ame avec la honte et le remords ; nous le portons avec nous, et il nous tourmente.

Si vous suivez un penchant injuste, il y a des regards qu'il faut éviter pour jamais ; et ces regards sont ceux des deux personnes que nous révérons le plus sur la terre. Il faut s'éloigner, fuir devant eux, et marcher dans le monde la tête baissée. (*Rosalie soupire*).

Et loin de Clairville et de Constance, où irions-nous ? que deviendrions-nous ? quelle seroit notre société ?... Être méchant, c'est se condamner à vivre, à se plaire avec les méchans ; c'est vouloir demeurer confondus dans une foule d'êtres sans principes, sans mœurs et sans caractère ; vivre dans un mensonge continuel, d'une vie incertaine et troublée ; louer, en rougissant, la vertu qu'on a abandonnée ; entendre, dans la bouche des autres, le blâme des actions qu'on a faites ; chercher le repos dans des systêmes, que le souffle d'un homme de bien renverse ; se fermer pour toujours la source des véritables joies, des seules qui soient honnêtes, austères et sublimes ; et se livrer, pour se fuir, à l'ennui de tous ces amusemens frivoles où le jour s'écoule dans l'oubli de soi-même, et où la vie s'échappe et se perd... Rosalie, je n'exagère point. Lorsque le fil du labyrinthe se rompt, on n'est plus maître de son sort ; on ne sait jusqu'où l'on peut s'égarer.

Vous êtes effrayée ! et vous ne connoissez encore qu'une partie de votre péril.

Rosalie, vous avez été sur-le-point de perdre le plus grand bien qu'une femme puisse posséder sur la terre ; un bien qu'elle doit incessamment demander au ciel, qui en est avare ; un époux vertueux ! Vous alliez marquer par une injustice le jour le plus solemnel de votre vie, et vous condamner à rougir au souvenir d'un instant qu'on ne doit se rappeler qu'avec un sentiment délicieux.... Songez qu'aux pieds de ces autels où vous auriez reçu mes sermens, où j'aurois exigé les vôtres, l'idée de Clairville trahi et désespéré vous auroit suivie : vous eussiez vu le regard sévère de Constance attaché sur vous. Voilà quels auroient été les témoins effrayans de notre union.... Et ce mot, si doux à prononcer et à entendre lorsqu'il assure et qu'il comble le bonheur de deux êtres dont l'innocence et la vertu consacroient les désirs ; ce mot fatal eût scellé pour jamais notre injustice et notre malheur... Oui, mademoiselle, pour jamais. L'ivresse passe ; on se voit tel qu'on est ; on se méprise ; on s'accuse ; et la misère commence. (*Il échappe ici à Rosalie quelques larmes qu'elle essuye furtivement*).

En effet, quelle confiance avoir en une femme, lorsqu'elle a pu trahir son amant ; en un homme, lorsqu'il a pu tromper son ami ?... Mademoiselle, il faut que celui qui ose s'engager en des liens indissolubles, voye dans sa compagne la première des femmes ; et, malgré elle, Rosalie ne verroit en moi que le dernier des hommes... Cela ne peut être... Je ne saurois trop respecter la mère de mes enfans ; et je ne saurois en être trop considéré.

Vous rougissez. Vous baissez les yeux... Quoi donc ! seriez-vous offensée qu'il y eût dans la nature quelque chose pour moi de plus sacré que vous ? Voudriez-vous me revoir encore dans ces instans humilians et cruels, où vous me méprisiez sans-doute, où je me haïssois, où je craignois de vous rencontrer, où vous trembliez de m'entendre, et où nos ames, flottantes entre le vice et la vertu, étoient déchirées...

Que nous avons été malheureux, mademoiselle ! Mais mon malheur a cessé au moment où j'ai commencé d'être juste. J'ai remporté sur moi la victoire la plus difficile, mais la plus entière. Je suis rentré dans mon caractère. Rosalie ne m'est plus redoutable ; et je pourrois, sans crainte, lui avouer tout le désordre qu'elle avoit jeté dans mon ame, lorsque, dans le plus grand trouble de sentimens et d'idées qu'aucun mortel ait jamais éprouvé, je répondois... Mais un événement imprévu, l'erreur de Constance, la vôtre, mes efforts m'ont affranchi... Je suis libre...

(*A ces mots, Rosalie paroit accablée. Dorval, qui s'en apperçoit, se tourne vers elle, et la regardant d'un air plus doux, il continue*) :

Mais, qu'ai-je exécuté que Rosalie ne le puisse mille fois plus facilement ! son cœur est fait pour sentir ; son esprit, pour penser ; sa bouche, pour annoncer tout ce qui est honnête. Si j'avois différé d'un instant, j'aurois entendu de Rosalie tout ce qu'elle vient d'entendre de moi. Je l'aurois écoutée. Je l'aurois regardée comme une divinité bienfaisante qui me tendoit la main, et qui rassuroit mes pas chancelans. A sa voix, la vertu se seroit rallumée dans mon cœur.

ROSALIE, *d'une voix tremblante.*

Dorval...

DORVAL, *avec humanité.*

Rosalie.

ROSALIE.

Que faut-il que je fasse ?

DORVAL.

Nous avons placé l'estime de nous-mêmes un haut prix !

ROSALIE.

Est-ce mon désespoir que vous voulez ?

DORVAL.

Non. Mais il est des occasions où il n'y a qu'une action forte qui nous relève.

ROSALIE.

Je vous entends. Vous êtes mon ami... Oui, j'en aurai le courage...... Je brûle de voir Constance... Je sais enfin où le bonheur m'attend.

DORVAL.

Ah, Rosalie ! je vous reconnois. C'est vous, mais plus belle, plus touchante à mes yeux que jamais ! Vous voilà digne de l'amitié de Constance, de la tendresse de Clairville, et de toute mon estime ; car j'ose à-présent me nommer.

SCÈNE IV.

ROSALIE, JUSTINE, DORVAL, CONSTANCE.

ROSALIE *court au-devant de Constance.*

Venez, Constance venez recevoir de la main de votre pupille le seul mortel qui soit digne de vous.

CONSTANCE.

Et vous, mademoiselle, courez embrasser votre père. Le voilà.

SCÈNE V et dernière.

ROSALIE, JUSTINE, DORVAL, CONSTANCE, *le vieux* LYSIMOND, *tenu sous les bras, par* CLAIRVILLE, *et par* ANDRÉ, CHARLES, SYLVESTRE; *toute la maison.*

ROSALIE.

Mon père!

DORVAL.

Ciel! que vois-je? C'est Lysimond! c'est mon père!

LYSIMOND.

Oui, mon fils, oui, c'est moi. (*A Dorval et à Rosalie.*) Approchez, mes enfans, que je vous embrasse.... Ah! ma fille! Ah! mon fils!... (*Il les regarde.*) Du-moins, je les ai

ACTE V.

vus... (*Dorval et Rosalie sont étonnés; Lysimond s'en apperçoit*). Mon fils, voilà ta sœur... Ma fille, voilà ton frere.

Ces mots se disent avec toute la vitesse de la surprise, et se font entendre presqu'au même instant.

ROSALIE.
Mon frère!

DORVAL.
Ma sœur!

ROSALIE.
Dorval!

DORVAL.
Rosalie!

LYSIMOND *est assis.*

Oui, mes enfans; vous saurez tout... Approchez, que je vous embrasse encore... (*Il lève ses mains au Ciel*)... Que le ciel, qui me rend à vous, qui vous rend à moi, vous bénisse... qu'il nous bénisse tous... (*à Clairville*): Clairville, (*à Constance*): Madame, pardonnez à un père qui retrouve ses enfans; je les croyois perdus pour moi... Je me suis dit centfois: je ne les reverrai jamais; ils ne me reverront plus. Peut-être, hélas! ils s'ignoreront toujours!... Quand je partis, ma chère Rosalie, mon espérance la plus douceétoit de te montrer un fils digne de moi, un frère digne de toute ta tendresse, qui te servît d'appui quand je ne serai plus... Et, mon enfant, ce sera bientôt.. Mais, mes enfans, pourquoi ne vois-je

Théâtre.

point encore sur vos visages ces transports que je m'étois promis ?... Mon âge, mes infirmités, ma mort prochaine vous afflige... Ah ! mes enfans, j'ai tant travaillé, tant souffert... Dorval, Rosalie.

(En disant ces mots, le vieillard tient ses bras étendus vers ses enfans, qu'il regarde alternativement, et qu'il invite à se reconnoître).

(Dorval et Rosalie se regardent, tombent dans les bras l'un de l'autre, et vont ensemble embrasser les genoux de leur père, en s'écriant) :

DORVAL, ROSALIE.

Ah ! mon père !

LYSIMOND, *leur imposant ses mains, et levant les yeux au ciel, dit :*

O ciel ! je te rends graces ! mes enfans se sont vus ; ils s'aimeront, je l'espère ; et je mourrai content.... Clairville, Rosalie vous étoit chère... Rosalie, tu aimois Clairville ; tu l'aimes toujours : approchez que je vous unisse.

(Clairville, sans oser approcher, se contente de tendre les bras à Rosalie, avec tout le mouvement du désir et de la passion. Il attend. Rosalie le regarde un instant, et s'avance. Clairville se précipite, et Lysimond les unit).

ACTE V.

ROSALIE *en interrogation.*

Mon père ?...

LYSIMOND.

Mon enfant ?...

ROSALIE.

Constance... Dorval... ils sont dignes l'un de l'autre.

LYSIMOND *à Constance et à Dorval.*

Je t'entends. Venez, mes chers enfans ; venez, vous doublez mon bonheur.

(*Constance et Dorval s'approchent gravement de Lysimond. Le bon vieillard prend la main de Constance, la baise, et lui présente celle de son fils que Constance reçoit*).

LYSIMOND, *pleurant et s'essuyant les yeux avec la main, dit :*

Celles-ci sont de joie ; et ce seront les dernières. Je vous laisse une grande fortune ; jouissez-en comme je l'ai acquise : ma richesse ne coûta jamais rien à ma probité. Mes enfans, vous la pourrez posséder sans remords... Rosalie, tu regardes ton frère, et tes yeux baignés de larmes reviennent sur moi.... Mon enfant, tu sauras tout, je te l'ai déjà dit... épargne cet aveu à ton père, à un frère sensible et délicat.... Le ciel qui a trempé d'amertumes toute ma vie, ne m'a réservé de purs que ces derniers instans.

Chère enfant, laisse-m'en jouir... tout est arrangé entre vous.... Ma fille, voilà l'état de mes biens.....

ROSALIE.

Mon père...

LYSIMOND.

Prends, mon enfant, j'ai vécu; il est temps que vous viviez, et que je cesse : demain, si le ciel le veut, ce sera sans regret.... Tiens, mon fils, c'est le précis de mes dernières volontés; tu les respecteras : sur-tout, n'oubliez pas André. C'est à lui que je devrai la satisfaction de mourir au milieu de vous. Rosalie, je me ressouviendrai d'André, lorsque ta main me fermera les yeux.... Vous verrez, mes enfans, que je n'ai consulté que ma tendresse, et que je vous aimois tous deux également. La perte que j'ai faite est peu de chose; vous la supporterez en commun.

ROSALIE.

Qu'entends-je, mon père?... on m'a remis... (*Elle présente à son père le porte-feuille envoyé par Dorval*).

LYSIMOND.

On t'a remis... Voyons... (*Il ouvre le porte-feuille, il examine ce qu'il contient, et dit*) :... Dorval, tu peux éclaircir ce mystère; ces effets

ACTE V.

t'appartenoient. Parle : dis-nous comment ils se trouvent entre les mains de ta sœur.

CLAIRVILLE, *vivement.*

J'ai tout compris. Il exposa sa vie pour moi ; il me sacrifioit sa fortune !

Ces mots se disent avec beaucoup de vitesse, et sont presque entendus en-même-temps.

ROSALIE *à Clairville.*
Sa passion !
CONSTANCE *à Clairville.*
Sa liberté !
CLAIRVILLE.
Ah ! mon ami ! (*Il l'embrasse*).

ROSALIE, *en se jetant dans le sein de son frère, et baissant la vue.*

Mon frère...

DORVAL, *en souriant.*

J'étois un insensé, vous étiez un enfant.

LYSIMOND.

Mon fils, que te veulent-ils ? il faut que tu leur ayes donné quelque grand sujet d'admiration et de joie, que je ne comprends pas, que ton père ne peut partager.

DORVAL.

Mon père, la joie de vous revoir nous a tous transportés.

LYSIMOND.

Puisse le ciel, qui bénit les enfans par les pères, et les pères par les enfans, vous en accorder qui vous ressemblent, et qui vous rendent la tendresse que vous avez pour moi!

FIN DU FILS NATUREL.

ENTRETIENS

SUR LE FILS NATUREL.

INTRODUCTION.

J'ai promis de dire pourquoi je n'entendis pas la dernière scène; et le voici. Lysimond n'étoit plus. On avoit engagé un de ses amis, qui étoit à-peu-près de son âge, et qui avoit sa taille; sa voix et ses cheveux blancs, à le remplacer dans la pièce.

Ce vieillard entra dans le salon, comme Lysimond y étoit entré la première fois, tenu sous les bras par Clairville et par André, et couvert des habits que son ami avoit apportés des prisons. Mais à-peine y parut-il, que, ce moment de l'action remettant sous les yeux de toute la famille un homme qu'elle venoit de perdre, et qui lui avoit été si respectable et si cher, personne ne put retenir ses larmes. Dorval pleuroit; Constance et Clairville pleuroient; Rosalie étouffoit ses sanglots, et détournoit ses regards. Le vieillard qui représentoit Lysimond, se troubla, et se mit à pleurer aussi. La douleur, passant des maîtres aux domestiques, devint générale; et la pièce ne finit pas.

Lorsque tout le monde fut retiré, je sortis de mon coin, et je m'en retournai comme j'étois venu. Chemin faisant, j'essuyois mes yeux, et je me disois pour me consoler, car j'avois l'ame triste: « Il faut que je sois bien bon de m'affliger ainsi. » Tout ceci n'est qu'une comédie. Dorval en a » pris le sujet dans sa tête. Il l'a dialoguée à sa fan- » taisie, et l'on s'amusoit aujourd'hui à la repré- » senter ».

Cependant, quelques circonstances m'embarrassoient. L'histoire de Dorval étoit connue dans le pays. La représentation en avoit été si vraie, qu'oubliant en plusieurs endroits que j'étois spectateur, et spectateur ignoré, j'avois été sur-le-point de sortir de ma place, et d'ajouter un personnage réel à la scène. Et puis, comment arranger avec mes idées ce qui venoit de se passer ? Si cette pièce étoit une comédie comme une autre, pourquoi n'avoient-ils pu jouer la dernière scène ? Quelle étoit la cause de la douleur profonde dont ils avoient été pénétrés à la vue du vieillard qui faisoit Lysimond ?

Quelques jours après, j'allai remercier Dorval

de la soirée délicieuse et cruelle que je devois à sa complaisance....

= Vous avez donc été content de cela ?....

= J'aime à dire la vérité. Cet homme aimoit à l'entendre ; et je lui répondis que le jeu des acteurs m'en avoit tellement imposé, qu'il m'étoit impossible de prononcer sur le reste : d'ailleurs, que n'ayant point entendu la dernière scène, j'ignorois le dénouement ; mais que s'il vouloit me communiquer l'ouvrage, je lui en dirois mon sentiment....

= Votre sentiment ! et n'en sais-je pas à-présent ce que j'en veux savoir ? Une pièce est moins faite pour être lue, que pour être représentée ; la représentation de celle-ci vous a plu, il ne m'en faut pas davantage. Cependant la voilà ; lisez-la, et nous en parlerons.

= Je pris l'ouvrage de Dorval ; je le lus à tête reposée, et nous en parlâmes le lendemain et les deux jours suivans.

Voici nos entretiens. Mais quelle différence entre ce que Dorval me disoit, et ce que j'écris !.... Ce sont peut-être les mêmes idées ; mais le génie de l'homme n'y est plus.... C'est en-vain que je cherche en moi l'impression que le spectacle de la nature et la présence de Dorval y faisoient. Je ne la retrouve point ; je ne vois plus Dorval ; je ne l'entends plus. Je suis seul, parmi la poussière des livres et dans l'ombre d'un cabinet.... et j'écris des lignes foibles, tristes et froides.

DORVAL ET MOI.

PREMIER ENTRETIEN.

Ce jour, Dorval avoit tenté sans succès de terminer une affaire qui divisoit depuis long-temps deux familles du voisinage, et qui pouvoit ruiner l'une et l'autre. Il en étoit chagrin, et je vis que la disposition de son ame alloit répandre une teinte obscure sur notre entretien. Cependant je lui dis :

« Je vous ai lu ; mais je suis bien trompé, ou
» vous ne vous êtes pas attaché à répondre scru-
» puleusement aux intentions de monsieur votre
» père. Il vous avoit recommandé, ce me semble,
» de rendre les choses comme elles s'étoient pas-
» sées ; et j'en ai remarqué plusieurs qui ont un
» caractère de fiction qui n'en impose qu'au théâ-
» tre, où l'on diroit qu'il y a une illusion et des
» applaudissemens de convention.

» D'abord vous vous êtes asservi à la loi des
» unités. Cependant il est incroyable que tant d'é-
» vènemens se soient passés dans un même lieu ;
» qu'ils n'aient occupé qu'un intervalle de vingt-
» quatre heures, et qu'ils se soient succédés dans

» votre histoire, comme ils sont enchaînés dans
» votre ouvrage ».

= Vous avez raison. Mais, si le fait a duré quinze jours, croyez-vous qu'il fallût accorder la même durée à la représentation ? Si les évènemens en ont été séparés par d'autres, qu'il étoit à-propos de rendre cette confusion ? Et s'ils se sont passés en différens endroits de la maison, que je devois aussi les répandre sur le même espace ?

Les loix des trois unités sont difficiles à observer; mais elles sont sensées.

Dans la société, les affaires ne durent que par de petits incidens, qui donneroient de la vérité à un roman, mais qui ôteroient tout l'intérêt à un ouvrage dramatique : notre attention s'y partage sur une infinité d'objets différens ; mais au théâtre, où l'on ne représente que des instans particuliers de la vie réelle, il faut que nous soyons tout entiers à la même chose.

J'aime mieux qu'une pièce soit simple, que chargée d'incidens. Cependant je regarde plus à leur liaison qu'à leur multiplicité. Je suis moins disposé à croire deux évènemens que le hasard a rendus successifs ou simultanés, qu'un grand nombre qui, rapprochés de l'expérience journalière, la règle invariable des vraisemblances dramatiques, me paroîtroient s'attirer les uns les autres par des liaisons nécessaires.

L'art d'intriguer consiste à lier les évènemens,

de manière que le spectateur sensé y apperçoive toujours une raison qui le satisfasse. La raison doit être d'autant plus forte, que les évènemens sont plus singuliers. Mais il n'en faut pas juger par rapport à soi. Celui qui agit et celui qui regarde, sont deux êtres très-différens.

Je serois fâché d'avoir pris quelque licence contraire à ces principes généraux de l'unité de temps et de l'unité d'action; et je pense qu'on ne peut être trop sévère sur l'unité de lieu. Sans cette unité, la conduite d'une pièce est presque toujours embarrassée, louche. Ah! si nous avions des théâtres, où la décoration changeât toutes les fois que le lieu de la scène doit changer!

= Et quel si grand avantage y trouveriez-vous ?

= Le spectateur suivroit sans peine tout le mouvement d'une pièce; la représentation en deviendroit plus variée, plus intéressante et plus claire. La décoration ne peut changer, que la scène ne reste vide; la scène ne peut rester vide, qu'à la fin d'un acte. Ainsi, toutes les fois que deux incidens feroient changer la décoration, ils se passeroient dans deux actes différens. On ne verroit point une assemblée de sénateurs succéder à une assemblée de conjurés, à-moins que la scène ne fût assez étendue pour qu'on y distinguât des espaces fort différens. Mais, sur de petits théâtres, tels que les nôtres, que doit penser un homme raisonnable, lorsqu'il entend des courtisans, qui savent si bien que les murs ont des oreilles, conspirer contre leur souverain dans l'endroit même où il vient de les consulter sur l'affaire la plus importante, sur l'abdication de l'empire? Puisque les personnages demeurent, il suppose apparemment que c'est le lieu qui s'en va.

Au reste, sur ces conventions théâtrales, voici ce que je pense. C'est que celui qui ignorera la raison poëtique, ignorant aussi le fondement de la règle, ne saura ni l'abandonner, ni la suivre à propos. Il aura pour elle trop de respect ou trop de mépris, deux écueils opposés, mais également dangereux. L'un réduit à rien les observations et l'expérience des siècles passés, et ramène l'art à son enfance; l'autre l'arrête tout court où il est, et l'empêche d'aller en avant.

Ce fut dans l'appartement de Rosalie, que je m'entretins avec elle, lorsque je détruisis dans son cœur le penchant injuste que je lui avois inspiré, et que je fis renaître sa tendresse pour Clairville. Je me promenois avec Constance dans cette grande allée, sous les vieux maronniers que vous voyez, lorsque je demeurai convaincu qu'elle étoit la seule femme qu'il y eût au monde pour moi. Pour moi! qui m'étois proposé dans ce moment de lui faire entendre que je n'étois point l'époux qui lui convenoit. Au premier bruit de l'arrivée de mon père, nous descendîmes, nous accourûmes tous; et la dernière scène se passa en autant d'endroits différens que cet honnête vieillard fit de pauses, depuis la porte d'entrée jusques dans ce salon. Je les vois encore, ces endroits.... Si j'ai renfermé toute l'action dans un lieu, c'est que je le pouvois sans gêner la conduite de la pièce, et sans ôter de la vraisemblance aux évènemens.

= Voilà qui est à merveilles. Mais en disposant des lieux, du temps, et de l'ordre des évènemens, vous n'auriez pas dû en imaginer qui ne sont ni dans nos mœurs, ni dans votre caractère.

= Je ne crois pas l'avoir fait.

= Vous me persuaderez donc que vous avez eu avec votre valet la seconde scène du premier acte ? Quoi ! lorsque vous lui dites : *Ma chaise, des chevaux*, il ne partit pas ? il ne vous obéit pas ? il vous fit des remontrances que vous écoutâtes tranquillement ? le sévère Dorval, cet homme renfermé même avec son ami Clairville, s'est entretenu familièrement avec son valet Charles ? Cela n'est ni vraisemblable, ni vrai.

= Il faut en convenir. Je me dis à moi-même à-peu-près ce que j'ai mis dans la bouche de Charles ; mais ce Charles est un bon domestique, qui m'est attaché. Dans l'occasion, il feroit pour moi tout ce qu'André a fait pour mon père. Il a été témoin de la chose. J'ai vu si peu d'inconvénient à l'introduire un moment dans la pièce ; et cela lui a fait tant de plaisir !... Parce qu'ils sont nos valets, ont-ils cessé d'être des hommes ?...

S'ils nous servent, il en est un autre que nous servons.

= Mais si vous composiez pour le théâtre ?

= Je laisserois là ma morale, et je me garderois bien de rendre importans sur la scène des êtres qui sont nuls dans la société. Les daves ont été les pivots de la comédie ancienne, parce qu'ils étoient en effet les moteurs de tous les troubles domestiques. Sont-ce les mœurs qu'on avoit il y a deux mille ans, ou les nôtres, qu'il faut imiter ? Nos valets de comédie sont toujours plaisans, preuve certaine qu'ils sont froids. Si le poëte les laisse dans l'antichambre, où ils doivent être, l'action se passant entre les principaux personnages en sera plus intéressante et plus forte. Molière, qui savoit si bien en tirer parti, les a exclus du Tartuffe et du Misanthrope. Ces intrigues de valets et de soubrettes, dont on coupe l'action principale, sont un moyen sûr d'anéantir l'intérêt. L'action théâtrale ne se repose point ; et mêler deux intrigues, c'est les arrêter alternativement l'une et l'autre.

= Si j'osois, je vous demanderois grace pour les soubrettes. Il me semble que les jeunes personnes, toujours contraintes dans leur conduite et dans leurs discours, n'ont que ces femmes à qui elles puissent ouvrir leur ame, confier des sentimens qui la pressent, et que l'usage, la bienséance, la crainte et les préjugés y tiennent renfermés,

= Qu'elles restent donc sur la scène jusqu'à ce que notre éducation devienne meilleure, et que les pères et mères soient les confidens de leurs enfans.... Qu'avez-vous encore observé ?

= La déclaration de Constance ?....

= Eh bien ?

= Les femmes n'en font guère....

= D'accord. Mais supposez qu'une femme ait l'ame, l'élévation et le caractère de Constance ; qu'elle ait su choisir un honnête homme : et vous verrez qu'elle avouera ses sentimens sans conséquence. Constance m'embarrassa.... beaucoup.... Je la plaignis, et l'en respectai davantage.

= Cela est bien étonnant ! vous étiez occupé d'un autre côté....

= Et ajoutez que je n'étois pas un fat.

= On trouvera dans cette déclaration quelques endroits peu ménagés.... Les femmes s'attacheront à donner du ridicule à ce caractère....

= Quelles femmes, s'il vous plaît ! Des femmes perdues, qui avouoient un sentiment honteux toutes les fois qu'elles ont dit : je vous aime. Ce n'est pas là Constance ; et l'on seroit bien à plaindre dans la société, s'il n'y avoit aucune femme qui lui ressemblât.

= Mais ce ton est bien extraordinaire au théâtre !....

= Et laissez là les tréteaux ; rentrez dans le salon ; et convenez que le discours de Constance ne vous offensa pas, quand vous l'entendîtes là.

= Non.

= C'est assez. Cependant il faut tout vous dire. Lorsque l'ouvrage fut achevé, je le communiquai à tous les personnages, afin que chacun ajoutât à son rôle, en retranchât, et se peignît encore plus au vrai. Mais il arriva une chose à laquelle je ne m'attendois guère, et qui est cependant bien naturelle. C'est que, plus à leur état présent qu'à leur situation passée, ici, ils adoucirent l'expression; là, ils pallièrent un sentiment; ailleurs, ils préparèrent un incident. Rosalie voulut paroître moins coupable aux yeux de Clairville; Clairville, se montrer encore plus passionné pour Rosalie; Constance, marquer un peu plus de tendresse à un homme qui est maintenant son époux; et la vérité des caractères en a souffert en quelques endroits. La déclaration de Constance est un de ces endroits. Je vois que les autres n'échapperont pas à la finesse de votre goût.

Ce discours de Dorval m'obligea d'autant plus, qu'il est peu dans son caractère de louer. Pour y répondre, je relevai une minutie que j'aurois négligée sans cela.

= Et le thé de la même scène, lui dis-je?

= Je vous entends; cela n'est pas de ce pays. J'en conviens; mais j'ai voyagé long-temps en Hollande; j'ai beaucoup vécu avec des étrangers; j'ai pris d'eux cet usage; et c'est moi que j'ai peint.

= Mais au théâtre !

= Ce n'est pas là. C'est dans le salon, qu'il faut juger mon ouvrage.... Cependant ne passez aucun des endroits, où vous croirez qu'il pèche contre l'usage du théâtre.... Je serai bien aise d'examiner si c'est moi qui ai tort, ou l'usage.

Tandis que Dorval parloit, je cherchois les coups de crayon que j'avois donnés à la marge de son manuscrit, par-tout où j'avois trouvé quelque chose à reprendre. J'apperçus une de ces marques vers le commencement de la seconde scène du second acte, et je lui dis :

= Lorsque vous vîtes Rosalie, selon la parole que vous en aviez donnée à votre ami, ou elle étoit instruite de votre départ, ou elle l'ignoroit. Si c'est le premier, pourquoi n'en dit-elle rien à Justine ? Est-il naturel qu'il ne lui échappe pas un mot sur un évènement, qui doit l'occuper toute entière ? Elle pleure, mais ses larmes coulent sur elle. Sa douleur est celle d'une ame délicate qui s'avoue des sentimens, qu'elle ne pouvoit empêcher de naître, et qu'elle ne peut approuver. *Elle l'ignoroit,* me direz-vous. *Elle en parut étonnée ; je l'ai écrit, et vous l'avez vu.* Cela est vrai. Mais comment a-t-elle pu ignorer ce qu'on savoit dans toute la maison ?....

= Il étoit matin ; j'étois pressé de quitter un séjour que je remplissois de trouble, et de me délivrer de la commission la plus inattendue et la plus cruelle ; et je vis Rosalie aussi-tôt qu'il fut jour chez elle. La scène a changé de lieu, mais sans rien perdre de sa vérité. Rosalie vivoit retirée ; elle n'espéroit dérober ses pensées secrètes à la pénétration de Constance et à la passion de Clairville, qu'en les évitant l'un et l'autre ; elle ne faisoit que de descendre de son appartement ; elle n'avoit encore vu personne, quand elle entra dans le salon.

= Mais pourquoi annonce-t-on Clairville, tandis que vous vous entretenez avec Rosalie ? Jamais on ne s'est fait annoncer chez soi ; et ceci a tout l'air d'un coup de théâtre ménagé à plaisir.

= Non ; c'est le fait comme il a été, et comme il devoit être. Si vous y voyez un coup de théâtre, à-la-bonne heure ; il s'est placé là de lui-même.

Clairville sait que je suis avec sa maîtresse ; il n'est pas naturel qu'il entre tout au travers d'un entretien qu'il a désiré. Cependant il ne peut résister à l'impatience d'en apprendre le résultat ; il me fait appeler : eussiez-vous fait autrement ?

Dorval s'arrêta ici un moment ; ensuite il dit : J'aimerois bien mieux des tableaux sur la scène où il y en a si peu et où ils produiroient un effet si agréable et si sûr, que ces coups de théâtre qu'on amène d'une manière si forcée, et qui sont fondés sur tant de suppositions singulières, que pour une de ces combinaisons d'évènemens qui soit heureuse et naturelle, il y en a mille qui doivent déplaire à un homme de goût.

= Mais quelle différence mettez-vous entre un coup de théâtre et un tableau ?

= J'aurai bien plus-tôt fait de vous en donner des exemples que des définitions. Le second acte de la pièce s'ouvre par un tableau, et finit par un coup de théâtre.

= J'entends. Un incident imprévu qui se passe en action, et qui change subitement l'état des personnages, est un coup de théâtre. Une disposition de ces personnages sur la scène, si naturelle et si vraie, que, rendue fidèlement par un peintre, elle me plairoit sur la toile, est un tableau.

= A-peu-près.

= Je gagerois presque que, dans la quatrième scène du second acte, il n'y a pas un mot qui ne soit vrai. Elle m'a désolé dans le salon, et j'ai pris un plaisir infini à la lire. Le beau tableau ; car c'en est un, ce me semble, que le malheureux Clairville, renversé sur le sein de son ami, comme dans le seul asyle qui lui reste !...

= Vous pensez bien à sa peine, mais vous oubliez la mienne. Que ce moment fut cruel pour moi !

= Je le sais, je le sais. Je me souviens que tandis qu'il exhaloit sa plainte et sa douleur, vous versiez des larmes sur lui. Ce ne sont pas là de ces circonstances qui s'oublient.

= Convenez que ce tableau n'auroit point eu lieu sur la scène ; que les deux amis n'auroient osé se regarder en face, tourner le dos au spectateur, se groupper, se séparer, se rejoindre ; et que toute leur action auroit été bien compassée, bien empesée, bien maniérée, et bien froide.

= Je le crois.

= Est-il possible qu'on ne sentira point que l'effet du malheur est de rapprocher les hommes ; et qu'il est ridicule, sur-tout dans les momens de tumulte, lorsque les passions sont portées à l'excès, et que l'action est la plus agitée, de se tenir en rond, séparés, à une certaine distance les uns des autres, et dans un ordre symétrique.

Il faut que l'action théâtrale soit bien imparfaite encore, puisqu'on ne voit sur la scène presqu'aucune situation, dont on pût faire une composition supportable en peinture. Quoi donc ! la vérité y est-elle moins essentielle que sur la toile ? Seroit-ce une règle, qu'il faut s'éloigner de la chose à mesure que l'art en est plus voisin, et mettre moins de vraisemblance dans une scène vivante, où les hommes mêmes agissent, que dans une scène colorée, où l'on ne voit, pour ainsi dire, que leurs ombres ?

Je pense, pour moi, que si un ouvrage dramatique étoit bien fait et bien représenté, la scène offriroit au spectateur autant de tableaux réels, qu'il y auroit dans l'action de momens favorables au peintre.

= Mais la décence ! la décence !

= Je n'entends répéter que ce mot. La maîtresse de Barnevelt entre échevelée dans la prison de son amant. Les deux amis s'embrassent et tombent à terre. Philoctète se rouloit autrefois à l'entrée de sa caverne. Il y faisoit entendre les cris inarticulés de la douleur. Ces cris formoient un vers peu nombreux. Mais les entrailles du spectateur en étoient déchirées. Avons-nous plus de délicatesse et plus de génie que les Athéniens?.....
Quoi donc, pourroit-il y avoir rien de trop véhément dans l'action d'une mère dont on immole la fille? Qu'elle coure sur la scène comme une femme furieuse ou troublée; qu'elle remplisse de cris son palais; que le désordre ait passé jusques dans ses vêtemens, ces choses conviennent à son désespoir. Si la mère d'Iphigénie se montroit un moment reine d'Argos et femme du général des Grecs, elle ne me paroîtroit que la dernière des créatures. La véritable dignité, celle qui me frappe, qui me renverse, c'est le tableau de l'amour maternel dans toute sa vérité.

En feuilletant le manuscrit, j'apperçus un petit coup de crayon que j'avois passé. Il étoit à l'endroit de la scène seconde du second acte, où Rosalie dit de l'objet qui l'a séduite, qu'*elle croyoit y reconnoître la vérité de toutes les chimères de perfection qu'elle s'étoit faites.* Cette réflexion m'avoit semblé un peu forte pour un enfant; et *les chimères de perfection,* s'écarter de son ton ingénu. J'en fis l'observation à Dorval. Il me renvoya, pour toute réponse, au manuscrit. Je le considérai avec attention ; je vis que ces mots avoient été ajoutés après coup, de la main même de Rosalie ; et je passai à d'autres choses.

= Vous n'aimez pas les coups de théâtre, lui dis-je ?

= Non.

= En voici pourtant un, et des mieux arrangés.

= Je le sais ; et je vous l'ai cité.

= C'est la base de toute votre intrigue.

= J'en conviens.

= Et c'est une mauvaise chose ?

= Sans-doute.

= Pourquoi donc l'avoir employée ?

= C'est que ce n'est pas une fiction, mais un fait. Il seroit à souhaiter, pour le bien de l'ouvrage, que la chose fût arrivée tout autrement.

= Rosalie vous déclare sa passion. Elle apprend qu'elle est aimée. Elle n'espère plus ; elle n'ose plus vous revoir. Elle vous écrit.

= Cela est naturel.

= Vous lui répondez.

= Il le falloit.

= Clairville a promis à sa sœur que vous ne partiriez pas sans l'avoir vue. Elle vous aime. Elle vous l'a dit. Vous connoissez ses sentimens.

= Elle doit chercher à connoître les miens.

= Son frère va la trouver chez une amie, où des

bruits fâcheux qui se sont répandus sur la fortune de Rosalie et sur le retour de son père, l'ont appelée. On y savoit votre départ. On en est surpris. On vous accuse d'avoir inspiré de la tendresse à sa sœur, et d'en avoir pris pour sa maîtresse.

= La chose est vraie.

= Mais Clairville n'en croit rien. Il vous défend avec vivacité. Il se fait une affaire. On vous appelle à son secours, tandis que vous répondez à la lettre de Rosalie. Vous laissez votre réponse sur la table.

= Vous en eussiez fait autant, je pense.

= Vous volez au secours de votre ami. Constance arrive. Elle se croit attendue. Elle se voit laissée. Elle ne comprend rien à ce procédé. Elle apperçoit la lettre, que vous écriviez à Rosalie. Elle la lit et la prend pour elle.

= Toute autre s'y seroit trompée.

= Sans-doute; elle n'a aucun soupçon de votre passion pour Rosalie, ni de la passion de Rosalie pour vous; la lettre répond à une déclaration, et elle en a fait une.

= Ajoutez que Constance a appris de son frère le secret de ma naissance, et que la lettre est d'un homme qui croiroit manquer à Clairville, s'il prétendoit à la personne dont il est épris. Ainsi Constance croit et doit se croire aimée; et de là, tous les embarras où vous m'avez vu.

Que trouvez-vous donc à redire à cela ? il n'y a rien qui soit faux.

= Ni rien qui soit assez vraisemblable. Ne voyez-vous pas qu'il faut des siècles, pour combiner un si grand nombre de circonstances ? Que les artistes se félicitent tant qu'ils voudront du talent d'arranger de pareilles rencontres ; j'y trouverai de l'invention, mais sans goût véritable. Plus la marche d'une pièce est simple, plus elle est belle.

= Un poëte qui auroit imaginé ce coup de théâtre et la situation du cinquième acte, où, m'approchant de Rosalie, je lui montre Clairville au fond du salon, sur un canapé, dans l'attitude d'un homme au désespoir, auroit bien peu de sens, s'il préféroit le coup de théâtre au tableau. L'un est presque un enfantillage ; l'autre est un trait de génie. J'en parle sans partialité. Je n'ai inventé ni l'un ni l'autre. Le coup de théâtre est un fait ; le tableau, une circonstance heureuse que le hasard fit naître, et dont je sus profiter.

= Mais, lorsque vous sûtes la méprise de Constance, que n'en avertissiez-vous Rosalie ? L'expédient étoit simple, et il remédioit à tout.

= Oh ! pour le coup, vous voilà bien loin du théâtre ; et vous examinez mon ouvrage avec une sévérité à laquelle je ne connois pas de pièce qui résistât. Vous m'obligeriez de m'en citer une qui allât jusqu'au troisième acte, si chacun y faisoit à la rigueur ce qu'il doit faire. Mais cette réponse, qui seroit bonne pour un artiste, ne l'est pas pour moi. Il s'agit ici d'un fait, et non d'une fiction. Ce n'est point à un auteur, que vous demandez raison d'un incident ; c'est à Dorval, que vous demandez compte de sa conduite.

Je n'instruisis point Rosalie de l'erreur de Constance et de la sienne, parce qu'elle répondoit à mes vues. Résolu de tout sacrifier à l'honnêteté, je regardai ce contre-temps qui me séparoit de Rosalie, comme un événement qui m'éloignoit du danger. Je ne voulois point que Rosalie prît une fausse opinion de mon caractère ; mais il m'importoit bien davantage de ne manquer ni à moi-même, ni à mon ami. Je souffrois à le tromper, à tromper Constance ; mais il le falloit.

= Je le sens. A qui écriviez-vous, si ce n'étoit pas à Constance ?

= D'ailleurs, il se passa si peu de temps entre ce moment et l'arrivée de mon père ; et Rosalie vivoit si renfermée. Il n'étoit pas question de lui écrire. Il est fort incertain qu'elle eût voulu recevoir ma lettre ; et il est sûr qu'une lettre qui l'auroit convaincue de mon innocence, sans lui ouvrir les yeux sur l'injustice de nos sentimens, n'auroit fait qu'augmenter le mal.

= Cependant vous entendez de la bouche de Clairville mille mots qui vous déchirent. Constance lui remet votre lettre. Ce n'est pas assez de cacher le penchant réel que vous avez ; il faut en simuler un que vous n'avez pas. On arrange votre mariage avec Constance, sans que vous puissiez vous y opposer. On annonce cette agréable nouvelle à Rosalie, sans que vous puissiez la nier. Elle se meurt à vos yeux; et son amant, traité avec une dureté incroyable, tombe dans un état tout voisin du désespoir.

= C'est la vérité; mais que pouvois-je à tout cela?

= A-propos de cette scène de désespoir, elle est singulière. J'en avois été vivement affecté dans le salon. Jugez combien je fus surpris, à la lecture, d'y trouver des gestes et point de discours.

= Voici une anecdote que je me garderois bien de vous dire, si j'attachois quelque mérite à cet ouvrage, et si je m'estimois beaucoup de l'avoir fait. C'est qu'arrivé à cet endroit de notre histoire et de la pièce, et ne trouvant en moi qu'une impression profonde sans la moindre idée de discours, je me rappelai quelques scènes de comédie, d'après lesquelles je fis de Clairville un désespéré très-discret. Mais lui, parcourant son rôle légèrement, me dit: *Mon frère, voilà qui ne vaut rien. Il n'y a pas un seul mot de vérité dans toute cette rhétorique.* Je le sais. Mais voyez, et tâchez de faire mieux. *Je n'aurai pas de peine. Il ne s'agit que de se remettre dans la situation, et que de s'écouter.* Ce fut apparemment ce qu'il fit. Le lendemain il m'apporta la scène que vous connoissez, telle qu'elle est, mot pour mot. Je la lus et relus plusieurs fois. J'y reconnus le ton de la nature; et demain, si vous voulez, je vous dirai quelques réflexions qu'elle m'a suggérées sur les passions, leur accent, la déclamation et la pantomime. Je vous reconduirai, ce soir, jusqu'au pied de la colline qui coupe en deux la distance de nos demeures; et nous y marquerons le lieu de notre rendez-vous.

Chemin faisant, Dorval observoit les phénomènes de la nature, qui suivent le coucher du soleil; et il disoit : Voyez comme les ombres particulières s'affoiblissent à mesure que l'ombre universelle se fortifie... Ces larges bandes de pourpre nous promettent une belle journée.... Voilà toute la région du ciel opposée au soleil couchant, qui commence à se teindre de violet... On n'entend plus dans la forêt que quelques oiseaux, dont le ramage tardif égaie encore le crépuscule.... Le bruit des eaux courantes, qui commence à se séparer du bruit général, nous annonce que les travaux ont cessé dans plusieurs endroits, et qu'il se fait tard.

Cependant nous arrivâmes au pied de la colline. Nous y marquâmes le lieu de notre rendez-vous; et nous nous séparâmes.

SECOND ENTRETIEN.

Le lendemain, je me rendis au pied de la colline. L'endroit étoit solitaire et sauvage. On avoit en perspective quelques hameaux répandus dans la plaine; au-delà, une chaîne de montagnes inégales et déchirées qui terminoient en partie l'horison. On étoit à l'ombre des chênes, et l'on entendoit le bruit sourd d'une eau souterraine qui couloit aux environs. C'étoit la saison où la terre est couverte des biens qu'elle accorde au travail et à la sueur des hommes. Dorval étoit arrivé le premier. J'approchai de lui sans qu'il m'apperçût. Il s'étoit abandonné au spectacle de la nature. Il avoit la poitrine élevée. Il respiroit avec force. Ses yeux attentifs se portoient sur tous les objets. Je suivois sur son visage les impressions diverses qu'il en éprouvoit; et je commençois à partager son transport, lorsque je m'écriai, presque sans le vouloir: « Il est sous le charme ».

Il m'entendit, et me répondit d'une voix altérée: Il est vrai. C'est ici qu'on voit la nature. Voici le séjour sacré de l'enthousiasme. Un homme a-t-il reçu du génie? il quitte la ville et ses habitans. Il aime, selon l'attrait de son cœur, à mêler ses pleurs au cristal d'une fontaine; à porter des fleurs sur un tombeau; à fouler d'un pied léger l'herbe tendre de la prairie; à traverser, à pas lents, des campagnes fertiles; à contempler les travaux des hommes; à fuir au fond des forêts. Il aime leur horreur secrète. Il erre. Il cherche un antre qui l'inspire. Qui est-ce qui mêle sa voix au torrent qui tombe de la montagne? Qui est-ce qui sent le sublime d'un lieu désert? Qui est-ce qui s'écoute dans le silence de la solitude? C'est lui. Notre poëte habite sur les bords d'un lac. Il promène sa vue sur les eaux, et son génie s'étend. C'est là qu'il est saisi de cet esprit, tantôt tranquille et tantôt violent, qui soulève son ame ou qui l'appaise à son gré.... O Nature, tout ce qui est bien est renfermé dans ton sein! Tu es la source féconde de toutes vérités.... Il n'y a dans ce monde que la vertu et la vérité qui soient dignes de m'occuper.... L'enthousiasme naît d'un objet de la nature. Si l'esprit l'a vu sous des aspects frappans et divers, il en est occupé, agité, tourmenté. L'imagination s'échauffe; la passion s'émeut. On est successivement étonné, attendri, indigné, courroucé. Sans l'enthousiasme, ou l'idée véritable ne se présente point; ou si, par hazard, on la rencontre, on ne peut la poursuivre... Le poëte sent le moment de l'enthousiasme; c'est après qu'il a médité. Il s'annonce en lui par un frémissement qui part de sa poitrine, et qui passe, d'une manière délicieuse et rapide, jusqu'aux extrémités de son corps. Bientôt ce n'est plus un frémissement ; c'est une chaleur forte et permanente qui l'embrâse, qui le fait haleter, qui le consume, qui le tue, mais qui donne l'ame, la vie à tout ce qu'il touche. Si cette chaleur s'accroissoit encore, les spectres se multiplieroient devant lui. Sa passion s'élèveroit presqu'au dégré de la fureur. Il ne connoîtroit de soulagement qu'à verser au-dehors un torrent d'idées qui se pressent, se heurtent et se chassent.

Dorval éprouvoit à l'instant l'état qu'il peignoit. Je ne lui répondis point. Il se fit entre nous un silence, pendant lequel je vis qu'il se tranquillisoit. Bientôt il me demanda, comme un homme qui sortiroit d'un sommeil profond : Qu'ai-je dit ? Qu'avois-je à vous dire ? Je ne m'en souviens plus.

= Quelques idées, que la scène de Clairville, désespéré vous avoit suggérées sur les passions, leur accent, la déclamation, la pantomime.

= La première, c'est qu'il ne faut point donner d'esprit à ses personnages ; mais savoir les placer dans des circonstances qui leur en donnent....

Dorval sentit, à la rapidité avec laquelle il venoit de prononcer ces mots, qu'il restoit encore de l'agitation dans son ame ; il s'arrêta : et pour laisser le temps au calme de renaître, ou plutôt pour opposer à son trouble une émotion plus violente, mais passagère, il me raconta ce qui suit :

Une paysanne du village que vous voyez entre ces deux montagnes, et dont les maisons élèvent leurs faîtes au-dessus des arbres, envoya son mari chez ses parens, qui demeurent dans un hameau voisin. Ce malheureux y fut tué par un de ses beaux-frères. Le lendemain, j'allai dans la maison où l'accident étoit arrivé. J'y vis un tableau, et j'y entendis un discours que je n'ai point oubliés. Le mort étoit étendu sur un lit. Ses jambes nues pendoient hors du lit. Sa femme échevelée étoit à terre. Elle tenoit les pieds de son mari ; et elle disoit en fondant en larmes, et avec une action qui en arrachoit à tout le monde : « Hélas ! quand je t'en » voyai ici, je ne pensois pas que ces pieds te me- » noient à la mort ». Croyez-vous qu'une femme d'un autre rang auroit été plus pathétique ? Non. La même situation lui eût inspiré le même discours. Son ame eût été celle du moment ; et ce qu'il faut que l'artiste trouve, c'est ce que tout le monde diroit en pareil cas ; ce que personne n'entendra, sans le reconnoître aussi-tôt en soi.

Les grands intérêts, les grandes passions. Voilà la source des grands discours, des discours vrais. Presque tous les hommes parlent bien en mourant.

Ce que j'aime dans la scène de Clairville, c'est qu'il n'y a précisément que ce que la passion inspire, quand elle est extrême. La passion s'attache à une idée principale. Elle se tait, et elle revient à cette idée, presque toujours par exclamation.

La pantomime, si négligée parmi nous, est employée dans cette scène; et vous avez éprouvé vous-même avec quel succès !

Nous parlons trop dans nos drames; et, conséquemment, nos acteurs n'y jouent pas assez. Nous avons perdu un art, dont les anciens connoissoient bien les ressources. Le pantomime jouoit autrefois toutes les conditions, les rois, les héros, les tyrans, les riches, les pauvres, les habitans des villes, ceux de la campagne; choisissant dans chaque état ce qui lui est propre; dans chaque action, ce qu'elle a de frappant. Le philosophe Timocrate qui assistoit un jour à ce spectacle, d'où la sévérité de son caractère l'avoit toujours éloigné, disoit : *Quali spectaculo me philosophiæ verecundia privavit !* « Timocrate avoit une mauvaise honte; et elle » a privé le philosophe d'un grand plaisir ». Le cynique Démétrius en attribuoit tout l'effet aux instrumens, aux voix et à la décoration, en présence d'un pantomime qui lui répondit : « Re- » garde-moi jouer seul; et dis après cela de mon » art tout ce que tu voudras » ? Les flûtes se taisent. Le pantomime joue, et le philosophe,

transporté, s'écrie : *Je ne te vois pas seulement.*
Je t'entends. Tu me parles des mains.

Quel effet cet art, joint au discours, ne produiroit-il pas ? Pourquoi avons-nous séparé ce que la nature a joint ? A tout moment, le geste ne répond-il pas au discours ? Je ne l'ai jamais si bien senti, qu'en écrivant cet ouvrage. Je cherchois ce que j'avois dit, ce qu'on m'avoit répondu ; et ne trouvant que des mouvemens, j'écrivois le nom du personnage, et au-dessous son action. Je dis à Rosalie, acte II, scène 2 : *S'il étoit arrivé que votre cœur surpris... fût entraîné par un penchant... dont votre raison vous fît un crime... J'ai connu cet état cruel... Que je vous plaindrois !*

Elle me répond :... *Plaignez-moi donc....*
Je la plains, mais c'est par le geste de la commisération ; et je ne pense pas qu'un homme, qui sent, eût fait autre chose. Mais combien d'autres circonstances, où le silence est forcé ? Votre conseil exposeroit-il celui qui le demande, à perdre la vie, s'il le suit ; l'honneur, s'il ne le suit pas ? Vous ne serez ni cruel ni vil. Vous marquerez votre perplexité par le geste ; et vous laisserez l'homme se déterminer.

Ce que je vis encore dans cette scène. C'est qu'il y a des endroits, qu'il faudroit presque abandonner à l'acteur. C'est à lui à disposer de la scène écrite, à répéter certains mots, à revenir sur certaines idées, à en retrancher quelques-unes, et à en ajouter d'autres. Dans les *cantabile*, le musicien laisse à un grand chanteur un libre exercice de son goût et de son talent ; il se contente de lui marquer les intervalles principaux d'un beau chant. Le poëte en devroit faire autant, quand il connoît bien son acteur. Qu'est-ce qui nous affecte dans le spectacle de l'homme animé de quelques grandes passions ? Sont-ce ses discours ? Quelquefois. Mais ce qui émeut toujours, se sont des cris, des mots inarticulés, des voix rompues, quelques monosyllabes qui s'échappent par intervalles, je ne sais quel murmure dans la gorge, entre les dents. La violence du sentiment coupant la respiration et portant le trouble dans l'esprit, les syllabes des mots se séparent, l'homme passe d'une idée à une autre ; il commence une multitude de discours ; il n'en finit aucun : et à l'exception de quelques sentimens qu'il rend dans le premier accès, et auxquels il revient sans cesse, le reste n'est qu'une suite de bruits foibles et confus, de sons expirans, d'accens étouffés que l'acteur connoît mieux que le poëte. La voix, le ton, le geste, l'action, voilà ce qui appartient à l'acteur ; et c'est ce qui nous frappe sur-tout dans le spectacle des grandes passions. C'est l'acteur qui donne au discours tout ce qu'il a d'énergie. C'est lui qui porte aux oreilles la force et la vérité de l'accent.

= J'ai pensé quelquefois que les discours des amans bien épris, n'étoient pas des choses à lire, mais des choses à entendre. Car, me disois-je, ce n'est pas l'expression *je vous aime*, qui a triomphé des rigueurs d'une prude, des projets d'une coquette, de la vertu d'un femme sensible ; c'est le tremblement de voix avec lequel il fut prononcé ; les larmes, les regards qui l'accompagnèrent. Cette idée revient à la vôtre.

C'est la même. Un ramage opposé à ces vraies voix de la passion, c'est ce que nous appelons des *tirades*. Rien n'est plus applaudi, et de plus mauvais goût. Dans une représentation dramatique, il ne s'agit non plus du spectateur que s'il n'existoit pas. Y a-t-il quelque chose qui s'adresse à lui ? L'auteur est sorti de son sujet, l'acteur entraîné hors de son rôle. Ils descendent tous les deux du théâtre. Je les vois dans le parterre ; et tant que dure la tirade, l'action est suspendue pour moi, et la scène reste vide.

Il y a, dans la composition d'une pièce dramatique, une unité de discours qui correspond à une unité d'accens dans la déclamation. Ce sont deux systèmes qui varient, je ne dis pas de la comédie à la tragédie, mais d'une comédie ou d'une tragédie à une autre. S'il en étoit autrement, il y auroit un vice, ou dans le poëme, ou dans la représentation. Les personnages n'auroient pas entre eux la liaison, la convenance à laquelle ils doivent être assujettis, même dans les contrastes. On sentiroit, dans la déclamation, des dissonances qui blesseroient. On reconnoîtroit, dans le poëme, un être qui ne seroit pas fait pour la société dans laquelle on l'auroit introduit.

C'est à l'acteur à sentir cette unité d'accent. Voilà le travail de toute sa vie. Si ce tact lui manque, son jeu sera tantôt foible, tantôt outré, rarement juste, bon par endroits, mauvais dans l'ensemble.

Si la fureur d'être applaudi s'empare d'un acteur, il exagère. Le vice de son action se répand sur l'action d'un autre. Il n'y a plus d'unité dans la déclamation de son rôle. Il n'y en a plus dans la déclamation de la pièce. Je ne vois, bientôt sur la scène, qu'une assemblée tumultueuse où chacun prend le ton qui lui plaît; l'ennui s'empare de moi; mes mains se portent à mes oreilles, et je m'enfuis.

Je voudrois bien vous parler de l'accent propre à chaque passion. Mais cet accent se modifie en tant de manières; c'est un sujet si fugitif et si délicat, que je n'en connois aucun qui fasse mieux sentir l'indigence de toutes les langues qui existent et qui ont existé. On a une idée juste de la chose; elle est présente à la mémoire. Cherche-t-on l'expression ? on ne la trouve point. On combine les mots de grave et d'aigu ; de prompt et de lent, de doux et de fort ; mais le réseau, toujours trop lâche, ne retient rien. Qui est-ce qui pourroit décrire la déclamation de ces deux vers ?

Les a-t-on vus souvent se parler ? se chercher ?
Dans le fond des forêts alloient-ils se cacher ?

C'est un mélange de curiosité, d'inquiétude, de douleur, d'amour et de honte, que le plus mauvais tableau me peindroit mieux que le meilleur discours.

= C'est une raison de plus, pour écrire la pantomime.

Sans-doute, l'intonation et le geste se déterminent réciproquement.

= Mais l'intonation ne peut se noter ; et il est facile d'écrire le geste.

Dorval fit une pause en cet endroit. Ensuite il dit :

Heureusement une actrice, d'un jugement borné, d'une pénétration commune, mais d'une grande sensibilité, saisit sans peine une situation d'ame, et trouve, sans y penser, l'accent qui convient à plusieurs sentimens différens qui se fondent ensemble, et qui constituent cette situation que toute la sagacité du philosophe n'analyseroit pas.

Les poëtes, les acteurs, les musiciens, les peintres, les chanteurs du premier ordre, les grands danseurs, les amans tendres, les vrais dévots, toute cette troupe enthousiaste et passionnée sent vivement, et réfléchit peu.

Ce n'est pas le précepte ; c'est autre chose de plus immédiat, de plus intime, de plus obscur et de plus certain qui les guide et qui les éclaire. Je ne peux vous dire quel cas je fais d'un grand acteur, d'une grande actrice ; combien je serois vain de ce talent, si je l'avois. Isolé sur la surface de la terre, maître de mon sort, libre de préjugés, j'ai voulu une fois être comédien ; et qu'on me réponde du succès de Quinault-Dufresne, et je le suis demain. Il n'y a que la médiocrité qui donne du dégoût au théâtre ; et dans quelqu'état que ce soit, que les mauvaises mœurs qui déshonorent. Au-dessous de Racine et de Corneille, c'est Baron, la Desmares, la de Seine, que je vois ; au-dessous de Molière et de Regnard, Quinault l'aîné et sa sœur.

J'étois chagrin, quand j'allois aux spectacles, et que je comparois l'utilité des théâtres avec le peu de soin qu'on prend à former les troupes. Alors je m'écriois : « Ah ! mes amis, si nous » allons jamais à la Lampedouse (*) fonder, loin

―――――――――

(*) La Lampedouse est une petite isle déserte de la mer d'Afrique, située à une distance presque égale de

» de la terre, au milieu des flots de la mer, un
» petit peuple d'heureux ! ce seront là nos pré-
» dicateurs ; et nous les choisirons, sans-doute,
» selon l'importance de leur ministère. Tous les
» peuples ont leurs sabbats, et nous aurons aussi
» les nôtres. Dans ces jours solemnels, on re-
» présentera une belle tragédie, qui apprenne aux
» hommes à redouter les passions ; une bonne

---

la côte de Tunis et de l'île de Malthe. La pêche y est
excellente. Elle est couverte d'oliviers sauvages. Le
terrein en seroit fertile. Le froment et la vigne y réus-
siroient. Cependant elle n'a jamais été habitée que par
un marabou et par un mauvais prêtre. Le marabou,
qui avoit enlevé la fille du bey d'Alger, s'y étoit refu-
gié avec sa maîtresse, et ils y accomplissoient l'œuvre
de leur salut. Le prêtre, appelé frère Clément, a
passé dix ans à la Lampedouse, et y vivoit encore il
n'y a pas long-temps. Il avoit des bestiaux. Il culti-
voit la terre. Il renfermoit sa provision dans un sou-
terrain ; et il alloit vendre le reste sur les côtes voi-
sines, où il se livroit au plaisir, tant que son argent
duroit. Il y a dans l'isle une petite église, divisée en
deux chapelles, que les Mahométans révèrent comme
les lieux de la sépulture du saint marabou et de sa
maîtresse. Frère Clément avoit consacré l'une à Mahomet, et l'autre à la sainte Vierge. Voyoit-il arriver un vaisseau chrétien, il allumoit la lampe de la
Vierge. Si le vaisseau étoit mahométan, vite il souf-
floit la lampe de la Vierge, et il allumoit pour Mahomet.

» comédie, qui les instruise de leurs devoirs, et
» qui leur en inspire le goût ».

= Dorval, jespère qu'on n'y verra pas la laideur jouer le rôle de la beauté.

= Je le pense. Quoi donc ! n'y a t-il pas dans un ouvrage dramatique assez de suppositions singulières auxquelles il faut que je me prête, sans éloigner encore l'illusion par celles qui contredisent et choquent mes sens ?

= A vous dire vrai, j'ai quelquefois regretté les masques des anciens ; et j'aurois, je crois, supporté plus patiemment les éloges donnés à un beau masque qu'à un visage déplaisant.

= Et le contraste des mœurs de la pièce avec celles de la personne, vous a-t-il moins choqué ?

= Quelquefois le spectateur n'a pu s'empêcher d'en rire, et l'actrice d'en rougir.

= Non, je ne connois point d'état qui demandât des formes plus esquises, ni des mœurs plus honnêtes que le théâtre.

= Mais nos sots préjugés ne nous permettent pas d'être bien difficiles.

= Mais nous voilà bien loin de ma pièce. Où en étions-nous ?

= A la scène d'André.

= Je vous demande grace pour cette scène. J'aime cette scène, parce qu'elle est d'une impartialité tout-à-fait honnête et cruelle.

= Mais elle coupe la marche de la pièce, et ralentit l'intérêt.

= Je ne la lirai jamais sans plaisir. Puissent nos ennemis la connoître, en faire cas, et ne la relire jamais sans peine ! Que je serois heureux, si l'occasion de peindre un malheur domestique avoit encore été pour moi celle de repousser l'injure d'un peuple jaloux, d'une manière à laquelle ma nation pût se reconnoître, et qui ne laissât pas même à la nation ennemie la liberté de s'en offenser !

= La scène est pathétique, mais longue.

= Elle eût été et plus pathétique et plus longue, si j'en avois voulu croire André. = « Monsieur,
» me dit-il après en avoir pris lecture, voilà qui
» est fort bien ; mais il y a un petit défaut : c'est
» que cela n'est pas tout-à-fait dans la vérité. Vous
» dites, par exemple, qu'arrivé dans le port en-
» nemi, lorsqu'on me sépara de mon maître, je
» l'appelai plusieurs fois, mon maître, mon cher
» maître ; qu'il me regarda fixement, laissa tom-
» ber ses bras, se retourna, et suivit, sans par-
» ler, ceux qui l'environnoient.

» Ce n'est pas cela. Il falloit dire que quand je
» l'eus appelé, mon maître, mon cher maître, il
» m'entendit, se retourna, me regarda fixement ;
» que ses mains se portèrent d'elles-mêmes à ses
» poches ; et que, n'y trouvant rien, car l'Anglois
» avide n'y avoit rien laissé, il laissa tomber ses

» bras tristement ; que sa tête s'inclina vers moi
» d'un mouvement de compassion froide ; qu'il se
» retourna, et suivit, sans parler, ceux qui l'envi-
» ronnoient. Voilà le fait.

» Ailleurs, vous passez de votre autorité une
» des choses qui marquent le plus la bonté de
» feu monsieur votre père ; cela est fort mal. Dans
» la prison, lorsqu'il sentit ses bras nus mouillés
» de mes larmes, il me dit : = Tu pleures, An-
» dré ! Pardonne, mon ami ; c'est moi qui t'ai
» entraîné ici : je le sais. Tu es tombé dans le mal-
» heur à ma suite. = Voilà-t-il pas que vous
» pleurez vous-même ! Cela étoit donc bon à
» mettre ?

» Dans un autre endroit, vous faites encore pis.
» Lorsqu'il m'eut dit : = Mon enfant, prends
» courage, tu sortiras d'ici : pour moi, je sens à
» ma foiblesse, qu'il faut que j'y meure. = Je
» m'abandonnai à toute ma douleur, et je fis re-
» tentir le cachot de mes cris. Alors votre père
» me dit : = André, cesse ta plainte, respecte la
» volonté du ciel et le malheur de ceux qui sont à
» tes côtés, et qui souffrent en silence. = Et où
» est-ce que cela est ?

» Et l'endroit du correspondant ? Vous l'avez si
» bien brouillé, que je n'y entends plus rien. Votre
» père me dit, comme vous l'avez rapporté, que
» cet homme avoit agi, et que ma présence auprès
» de lui étoit sans-doute le premier de ses bons

» offices. Mais il ajouta : = Oh ! mon enfant,
» quand Dieu ne m'auroit accordé que la conso-
» lation de t'avoir dans ces momens cruels, com-
» bien n'aurois-je pas de graces à lui rendre ?
» = Je ne trouve rien de cela dans votre papier.
» Monsieur, est-ce qu'il est défendu de prononcer
» sur la scène le nom de Dieu, ce nom saint que
» votre père avoit si souvent à la bouche ? = Je
» ne crois pas, André. = Est-ce que vous avez
» appréhendé qu'on ne sût que votre père étoit
» chrétien ? = Nullement, André. La morale du
» chrétien est si belle ! Mais pourquoi cette ques-
» tion ? = Entre nous on dit... = Quoi ? = Que
» vous êtes... un peu... esprit fort ; et sur les
» endroits que vous avez retranchés, j'en croirois
» quelque chose. = André, je serois obligé d'en
» être d'autant meilleur citoyen et plus honnête
» homme. = Monsieur, vous êtes bon ; mais n'al-
» lez pas vous imaginer que vous valiez monsieur
» votre père. Cela viendra peut-être un jour.
» = André, est-ce là tout ? = J'aurois bien en-
» core un mot à vous dire ; mais je n'ose. = Vous
» pouvez parler. = Puisque vous me le permettez,
» vous êtes un peu bref sur les bons procédés de
» l'Anglais qui vint à notre secours. Monsieur, il
» y a d'honnêtes gens par-tout.... Mais vous
» avez bien changé de ce que vous étiez, si ce
» qu'on dit encore de vous est vrai. = Et qu'est-
» ce qu'on dit encore ? = Que vous avez été fou

» de ces gens-là. = André ! = Que vous regardiez
» leur pays comme l'asyle de la liberté, la patrie
» de la vertu, de l'invention, de l'originalité.
» = André ! = A-présent cela vous ennuie. Eh
» bien !, n'en parlons plus. Vous avez dit que le
» correspondant, voyant monsieur votre père
» tout nu, se dépouilla et le couvrit de ses vête-
» mens. Cela est fort bien. Mais il ne falloit pas
» oublier qu'un de ses gens en fit autant pour moi.
» Ce silence, monsieur, retomberoit sur mon
» compte, et me donneroit un air d'ingratitude
» que je ne veux point avoir absolument ».

= Vous voyez qu'André n'étoit pas tout-à-fait de votre avis. Il vouloit la scène comme elle s'est passée : vous la voulez comme il convient à l'ouvrage ; et c'est moi seul qui ai tort de vous avoir mécontentés tous les deux.

= Qui le faisoit mourir dans le fond d'un cachot, sur les haillons de son valet, est un mot dur.

= C'est un mot d'humeur ; il échappe à un mélancolique qui a pratiqué la vertu toute sa vie, qui n'a pas encore eu un moment de bonheur, et à qui l'on raconte les infortunes d'un homme de bien.

= Ajoutez que cet homme de bien est peut-être son père ; et que ces infortunes détruisent les espérances de son ami, jettent sa maîtresse dans la misère, et ajoutent une amertume nouvelle à sa situation. Tout cela est vrai. Mais vos ennemis ?

S'ils ont jamais connoissance de mon ouvrage, le public sera leur juge et le mien. On leur citera cent endroits de Corneille, de Racine, de Voltaire et de Crébillon, où le caractère et la situation amènent des choses plus fortes, qui n'ont jamais scandalisé personne. Ils resteront sans réponse; et l'on verra ce qu'ils n'ont garde de déceler, que ce n'est point l'amour du bien qui les anime, mais la haine de l'homme qui les dévore.

= Mais, qu'est-ce que cet André ? Je trouve qu'il parle trop bien pour un domestique; et je vous avoue qu'il y a dans son récit des endroits qui ne seroient point indignes de vous.

= Je vous l'ai déjà dit; rien ne rend éloquent comme le malheur. André est un garçon qui a eu de l'éducation, mais qui a été je crois un peu libertin dans sa jeunesse. On le fit passer aux îles, où mon père, qui se connoissoit en hommes, se l'attacha, le mit à la tête de ses affaires, et s'en trouva bien. Mais suivons vos observations. Je crois appercevoir un petit trait à côté du monologue qui termine l'acte.

= Cela est vrai.

= Qu'est-ce qu'il signifie ?

= Qu'il est beau, mais d'une longueur insupportable.

Eh bien, raccourcissons-le. Voyons : que voulez-vous en retrancher ?

= Je n'en sais rien.

= Cependant il est long.

= Vous m'embarrasserez tant qu'il vous plaira, mais vous ne détruirez pas la sensation.

= Peut-être.

= Vous me ferez grand plaisir.

= Je vous demanderai seulement, comment vous l'avez trouvé dans le salon.

= Bien ; mais je vous demanderai à mon tour, comment il arrive que ce qui m'a paru court à la représentation, me parroisse long à la lecture.

= C'est que je n'ai point écrit la pantomime ; et que vous ne vous l'êtes point rappelée. Nous ne savons point encore jusqu'où la pantomime peut influer sur la composition d'un ouvrage dramatique, et sur la représentation.

= Cela peut être.

= Et puis, je gage que vous me voyez encore sur la scène française, au théâtre.

= Vous croyez donc que votre ouvrage ne réussiroit point au théâtre ?

= Difficilement. Il faudroit ou élaguer en quelques endroits le dialogue, ou changer l'action théâtrale et la scène.

= Qu'appelez-vous changer la scène ?

= En ôter tout ce qui resserre un lieu déjà trop étroit ; avoir des décorations ; pouvoir exécuter d'autres tableaux que ceux qu'on voit depuis cent ans ; en un mot, transporter au théâtre le salon de Clairville, comme il est.

= Il est donc bien important d'avoir une scène ?

= Sans-doute. Songez que le spectacle français comporte autant de décorations que le théâtre lyrique, et qu'il en offriroit de plus agréables; parce que le monde enchanté peut amuser des enfans, et qu'il n'y a que le monde réel qui plaise à la raison.... Faute de scène, on n'imaginera rien. Les hommes qui auront du génie se dégoûteront; les auteurs médiocres réussiront par une imitation servile; on s'attachera de plus en plus à de petites bienséances; et le goût national s'appauvrira..... Avez-vous vu la salle de Lyon ? Je ne demanderois qu'un pareil monument dans la capitale, pour faire éclore une multitude de poëmes, et produire peut-être quelques genres nouveaux.

= Je n'entends pas : vous m'obligerez de vous expliquer davantage.

= Je le veux.

Que ne puis-je rendre tout ce que Dorval me dit, et de la manière dont il le dit ? Il débuta gravement; il s'échauffa peu-à-peu; ses idées se pressèrent; et il marchoit sur la fin avec tant de rapidité, que j'avois peine à le suivre. Voici ce que j'ai retenu.

Je voudrois bien, dit-il d'abord, persuader à ces esprits timides, qui ne connoissent rien au-delà de ce qui est, que si les choses étoient autrement, ils les trouveroient également bien; et que l'autorité de la raison n'étant rien devant eux, en comparaison de l'autorité du temps, ils approuveroient ce qu'ils reprennent, comme il leur est souvent arrivé de reprendre ce qu'ils avoient approuvé... Pour bien juger dans les beaux-arts, il faut réunir plusieurs qualités rares.... Un grand goût suppose un grand sens ; une longue expérience, une ame honnête et sensible ; un esprit élevé, un tempérament un peu mélancolique, et des organes délicats....

Après un moment de silence, il ajouta :

Je ne demanderois, pour changer la face du genre dramatique, qu'un théâtre très-étendu, où l'on montrât, quand le sujet d'une pièce l'exigeroit, une grande place avec les édifices adjacens, tels que le péristyle d'un palais, l'entrée d'un temple, différens endroits distribués de manière que le spectateur vît toute l'action, et qu'il y en eût une partie de cachée pour les acteurs.

Telle fut, ou put être autrefois, la scène des Euménides d'Eschyle. D'un côté, c'étoit un espace sur lequel les furies déchaînées cherchoient Oreste qui s'étoit dérobé à leur poursuite, tandis qu'elles étoient assoupies ; de l'autre, on voyoit le coupable, le front ceint d'un bandeau, embrassant les pieds de la statue de Minerve, et implorant son assistance. Ici, Oreste adresse sa plainte à la déesse ; là, les furies s'agitent ; elles vont, elles viennent, elles courent. Enfin une d'entre elles s'écrie : « Voici la trace du sang, que le parricide a

» laissée sur ses pas... Je le sens... Je le sens »...
Elle marche. Ses sœurs impitoyables la suivent :
elles passent, de l'endroit où elles étoient, dans
l'asyle d'Oreste. Elles l'environnent, en poussant
des cris, en frémissant de rage, en secouant leurs
flambeaux. Quel moment de terreur et de pitié;
que celui où l'on entend la prière et les gémissemens du malheureux, percer à travers les cris
et les mouvemens effroyables des êtres cruels
qui le cherchent ! Exécuterons-nous rien de pareil
sur nos théâtres ? On n'y peut jamais montrer
qu'une action, tandis que dans la nature il y en a
presque toujours de simultanées, dont les représentations concomitantes, se fortifiant réciproquement, produiroient sur nous des effets terribles.
C'est alors qu'on trembleroit d'aller au spectacle,
et qu'on ne pourroit s'en empêcher; c'est alors
qu'au-lieu de ces petites émotions passagères, de
ces froids applaudissemens, de ces larmes rares
dont le poëte se contente, il renverseroit les esprits, il porteroit dans les ames le trouble et l'é-
pouvante; et que l'on verroit ces phénomènes de
la tragédie ancienne, si possibles et si peu crus, se
renouveler parmi nous. Ils attendent, pour se
montrer, un homme de génie qui sache combiner la pantomime avec le discours, entremêler
une scène parlée avec une scène muette, et tirer
parti de la réunion des deux scènes, et sur-tout
de l'approche ou terrible ou comique de cette

réunion qui se feroit toujours. Après que les Euménides se sont agitées sur la scène, elles arrivent dans le sanctuaire où le coupable s'est réfugié ; et les deux scènes n'en font qu'une.

= Deux scènes alternativement muettes et parlées. Je vous entends. Mais la confusion ?

= Une scène muette est un tableau ; c'est une décoration animée. Au théâtre lyrique, le plaisir de voir nuit-il au plaisir d'entendre ?

= Non.... Mais seroit-ce ainsi qu'il faudroit entendre ce qu'on nous raconte de ces spectacles anciens, où la musique, la déclamation et la pantomime étoient tantôt réunies et tantôt séparées ?

= Quelquefois ; mais cette discussion nous éloigneroit ; attachons-nous à notre sujet. Voyons ce qui seroit possible aujourd'hui ; et prenons un exemple domestique et commun.

Un père a perdu son fils dans un combat singulier : c'est la nuit. Un domestique, témoin du combat, vient annoncer cette nouvelle. Il entre dans l'appartement du père malheureux, qui dormoit ; il se promène ; le bruit d'un homme qui marche l'éveille ; il demande qui c'est. = C'est moi, monsieur, lui répond le domestique d'une voix altérée. = Eh bien ! qu'est-ce qu'il y a ? = Rien. = Comment, rien ? = Non, monsieur. = Cela n'est pas. Tu trembles ; tu détournes la tête ; tu évites ma vue. Encore un coup, qu'est-ce qu'il y a ? je veux le savoir ; parle ! je te l'ordonne.

= Je vous dis, monsieur, qu'il n'y a rien, lui répond encore le domestique, en versant des larmes. = Ah ! malheureux, s'écrie le père, en s'élançant du lit sur lequel il reposoit ; tu me trompes. Il est arrivé quelque grand malheur... Ma femme est-elle morte ? = Non, monsieur. = Ma fille ? = Non, monsieur. = C'est donc mon fils ?.... Le domestique se tait ; le père entend son silence ; il se jette à terre ; il remplit son appartement de sa douleur et de ses cris ; il fait, il dit tout ce que le désespoir suggère à un père qui perd son fils, l'espérance unique de sa famille.

Le même homme court chez la mère : elle dormoit aussi. Elle se réveille au bruit de ses rideaux tirés avec violence. Qu'y a-t-il ? demande-t-elle. = Madame, le malheur le plus grand ; voici le moment d'être chrétienne ; vous n'avez plus de fils. = Ah Dieu ! s'écrie cette mère affligée ; et prenant un christ qui étoit à son chevet, elle le serre entre ses bras ; elle y colle sa bouche ; ses yeux fondent en larmes ; et ces larmes arrosent son Dieu cloué sur une croix.

Voilà le tableau de la femme pieuse : bientôt nous verrons celui de l'épouse tendre et de la mère désolée. Il faut, à une ame où la religion domine les mouvemens de la nature, une secousse plus forte pour en arracher de véritables voix.

Cependant on avoit apporté, dans l'appartement du père, le cadavre de son fils ; et il s'y passoit une scène de désespoir, tandis qu'il se faisoit une pantomime de piété chez la mère.

Vous voyez combien la pantomime et la déclamation changent alternativement de lieu. Voilà ce qu'il faut substituer à nos *à parte*. Mais le moment de la réunion des scènes approche. La mère, conduite par le domestique, s'avance vers l'appartement de son époux... Je demande ce que devient le spectateur pendant ce mouvement ?... C'est un époux, c'est un père étendu sur le cadavre d'un fils, qui va frapper les regards d'une mère ! Mais elle a traversé l'espace qui sépare les deux scènes. Des cris lamentables ont atteint son oreille. Elle a vu ; elle se rejette en arrière ; la force l'abandonne, et elle tombe sans sentiment entre les bras de celui qui l'accompagne ; bientôt sa bouche se remplira de sanglots. *Tum veræ voces.*

Il y a peu de discours dans cette action ; mais un homme de génie, qui aura à remplir les intervalles vides, n'y répandra que quelques monosyllabes ; il jettera ici une exclamation ; là, un commencement de phrase ; il se permettra rarement un discours suivi, quelque court qu'il soit.

Voilà de la tragédie ; mais il faut, pour ce genre, des auteurs, des acteurs, un théâtre, et peut-être un peuple.

== Quoi ! vous voudriez, dans une tragédie, un lit de repos, une mère, un père endormis, un crucifix, un cadavre, deux scènes alternativement muettes et parlées ! Et les bienséances !

= Ah ! bienséances cruelles ! que vous rendez les ouvrages décens et petits !.... Mais, ajouta Dorval d'un sang-froid qui me surprit, ce que je propose ne se peut donc plus ?

= Je ne crois pas que nous en venions jamais là.

= Eh bien ! tout est perdu ! Corneille, Racine, Voltaire, Crébillon ont reçu les plus grands applaudissemens, auxquels des hommes de génie pouvoient prétendre ; et la tragédie est arrivée parmi nous au plus haut dégré de perfection.

Pendant que Dorval parloit ainsi, je faisois une réflexion singulière. C'est comment, à l'occasion d'une aventure domestique qu'il avoit mise en comédie, il établissoit des préceptes communs à tous les genres dramatiques, et étoit toujours entraîné par sa mélancolie à ne les appliquer qu'à la tragédie.

Après un moment de silence, il dit :

Il y a cependant une ressource : il faut espérer que quelque jour un homme de génie sentira l'impossibilité d'atteindre ceux qui l'ont précédé dans une route battue, et se jettera de dépit dans un autre ; c'est le seul événement qui puisse nous affranchir de plusieurs préjugés que la philosophie a vainement attaqués ; ce ne sont plus des raisons, c'est une production qu'il nous faut.

= Nous en avons une.

= Quelle ?

= Sylvie, tragédie en un acte et en prose.

= Je la connois : c'est le Jaloux, tragédie. L'ouvrage est d'un homme qui pense et qui sent.

= La scène s'ouvre par un tableau charmant : c'est l'intérieur d'une chambre dont on ne voit que les murs. Au fond de la chambre, il y a, sur une table, une lumière, un pot à l'eau et un pain : voilà le séjour et la nourriture qu'un mari jaloux destine, pour le reste de ses jours, à une femme innocente, dont il a soupçonné la vertu.

Imaginez, à-présent, cette femme en pleurs, devant cette table : mademoiselle Gaussin.

= Et vous, jugez de l'effet des tableaux par celui que vous me citez. Il y a dans la pièce d'autres détails qui m'ont plu. Elle suffit pour éveiller un homme de génie ; mais il faut un autre ouvrage pour convertir un peuple.

En cet endroit, Dorval s'écria : « O toi qui pos-
» sèdes toute la chaleur du génie à un âge où il
» reste à-peine aux autres une froide raison, que
» ne puis-je être à tes côtés, ton Euménide ? je
» t'agiterois sans relâche. Tu le ferois, cet ou-
» vrage ; je te rappellerois les larmes que nous a
» fait répandre la scène de l'Enfant prodigue et de
» son valet ; et en disparoissant d'entre nous, tu ne
» nous laisserois pas le regret d'un genre dont tu
» pouvois être le fondateur ».

= Et ce genre, comment l'appellerez-vous ?

= La tragédie domestique et bourgeoise. Les Anglais ont le Marchand de Londres, et le Joueur, tragédies en prose. Les tragédies de Shakespear sont moitié vers et moitié prose. Le premier poëte qui nous fit rire avec de la prose, introduisit la prose dans la comédie. Le premier poëte qui nous fera pleurer avec de la prose, introduira la prose dans la tragédie.

Mais dans l'art, ainsi que dans la nature, tout est enchaîné; si l'on se rapproche d'un côté de ce qui est vrai, on s'en rapprochera de beaucoup d'autres; c'est alors que nous verrons sur la scène des situations naturelles qu'une décence ennemie du génie et des grands effets a proscrites. Je ne me lasserai point de crier à nos Français: La Vérité! la Nature! les Anciens! Sophocle! Philoctète! Le poëte l'a montré sur la scène, couché à l'entrée de sa caverne, et couvert de lambeaux déchirés. Il s'y roule; il y éprouve une attaque de douleur; il y crie; il y fait entendre des voix inarticulées. La décoration étoit sauvage; la pièce marchoit sans appareil. Des habits vrais, des discours vrais, une intrigue simple et naturelle. Notre goût seroit bien dégradé, si ce spectacle ne nous affectoit pas davantage que celui d'un homme richement vêtu, apprêté dans sa parure,...

= Comme s'il sortoit de sa toilette.

Se promenant à pas comptés sur la scène, et battant nos oreilles de ce qu'Horace appelle *am-*

pullas et sesquipedalia verba, des sentences, des bouteilles soufflées, des mots longs d'un pied et demi.

Nous n'avons rien épargné pour corrompre le genre dramatique. Nous avons conservé des anciens l'emphase de la versification qui convenoit tant à des langues à quantité forte et à accent marqué, à des théâtres spacieux, à une déclamation notée et accompagnée d'instrumens; et nous avons abandonné la simplicité de l'intrigue et du dialogue, et la vérité des tableaux.

Je ne voudrois pas remettre sur la scène les grands socs et les hauts cothurnes, les habits colossals, les masques, les porte-voix, quoique toutes ces choses ne fussent que les parties nécessaires d'un système théâtral. Mais, n'y avoit-il pas dans ce système des côtés précieux? et croyez-vous qu'il fût à propos d'ajouter encore des entraves au génie, au moment où il se trouvoit privé d'une grande ressource?

= Quelle ressource?

= Le concours d'un grand nombre de spectateurs.

Il n'y a plus, à proprement parler, de spectacles publics. Quel rapport entre nos assemblées au théâtre dans les jours les plus nombreux, et celles du peuple d'Athènes ou de Rome? Les théâtres anciens recevoient jusqu'à quatre-vingt mille citoyens. La scène de Scaurus étoit décorée de trois cent soixante colonnes et de trois mille statues. On employoit, à la construction de ces édifices, tous les moyens de faire valoir les instrumens et les voix. On en avoit l'idée d'un grand instrument. *Uti enim organa œneis laminis aut corneis, etc... ad chordarum, sonituum claritatem perficiuntur. Sic theatrorum per harmonicen, ad augendam vocem, ratiocinationes ab antiquis sunt constitutœ.*

En cet endroit j'interrompis Dorval, et je lui dis : J'aurois une petite aventure à vous raconter sur nos salles de spectacles.

Je vous la demanderai, me répondit-il ; et il continua.

Jugez de la force d'un grand concours de spectateurs, par ce que vous savez vous-même de l'action des hommes les uns sur les autres, et de la communication des passions dans les émeutes populaires. Quarante à cinquante mille hommes ne se contiennent pas par décence. Et s'il arrivoit à un grand personnage de la république de verser une larme, quel effet croyez-vous que sa douleur dût produire sur le reste des spectateurs ? Y a-t-il rien de plus pathétique, que la douleur d'un homme vénérable ?

Celui qui ne sent pas augmenter sa sensation par le grand nombre de ceux qui la partagent, a quelque vice secret ; il y a dans son caractère je ne sais quoi de solitaire qui me déplaît.

Mais, si le concours d'un grand nombre d'hommes devoit ajouter à l'émotion du spectateur ; quelle influence ne devoit-il point avoir sur les auteurs, sur les acteurs ? Quelle différence, entre amuser tel jour, depuis telle jusqu'à telle heure, dans un petit endroit obscur, quelques centaines de personnes ; ou fixer l'attention d'une nation entière dans ses jours solemnels, occuper ses édifices les plus somptueux, et voir ces édifices environnés et remplis d'une multitude innombrable, dont l'amusement ou l'ennui va dépendre de notre talent ?

= Vous attachez bien de l'effet à des circonstances purement locales.

= Celui qu'elles auroient sur moi ; et je crois sentir juste.

= Mais on diroit, à vous entendre, que ce sont ces circonstances qui ont soutenu et peut-être introduit la poésie et l'emphase au théâtre.

= Je n'exige pas qu'on admette cette conjecture. Je demande qu'on l'examine. N'est-il pas assez vraisemblable que le grand nombre des spectateurs auxquels il falloit se faire entendre, malgré le murmure confus qu'ils excitent, même dans les momens attentifs, a fait élever la voix, détacher les syllabes, soutenir la pronouciation, et sentir l'utilité de la versification ? Horace dit du vers dramatique, *vincentem strepitus, et natum rebus agendis*. Il est commode pour l'intrigue, et il se fait entendre à travers le bruit. Mais ne falloit-il pas que l'exagération se répandît en-même-temps et par la même cause, sur la démarche, le geste et toutes les autres parties de l'action ? De-là vint un art qu'on appela la déclamation.

Quoi qu'il en soit ; que la poésie ait fait naître la déclamation théâtrale ; que la nécessité de cette déclamation ait introduit, ait soutenu sur la scène la poésie et son emphase ; ou que ce systême, formé peu-à-peu, ait duré par la convenance de ses parties, il est certain que tout ce que l'action dramatique a d'énorme, se produit et disparoît en-même-temps. L'acteur laisse et reprend l'exagération sur la scène.

Il y a une sorte d'unité qu'on cherche sans s'en appercevoir, et à laquelle on se fixe, quand on l'a trouvée. Cette unité ordonne des vêtemens, du ton, du geste, de la contenance, depuis la chaire placée dans les temples, jusqu'aux tréteaux élevés dans les carrefours. Voyez un charlatan au coin de la place Dauphine ; il est bigarré de toutes sortes de couleurs ; ses doigts sont chargés de bagues ; de longues plumes rouges flottent autour de son chapeau. Il mène avec lui un singe ou un ours ; il s'élève sur ses étriers ; il crie à pleine tête ; il gesticule de la manière la plus outrée : et toutes ces choses conviennent au lieu, à l'orateur et à son auditoire. J'ai un peu étudié le systême dramatique des anciens. J'espère vous en entretenir un jour, vous exposer, sans partialité, sa nature, ses défauts et ses avantages, et vous montrer que ceux qui l'ont attaqué ne l'avoient pas considéré d'assez près.... Et l'aventure que vous aviez à me raconter sur nos salles de spectacles.

= La voici. J'avois un ami un peu libertin. Il se fit une affaire sérieuse en province; il fallut se dérober aux suites qu'elle pouvoit avoir, en se réfugiant dans la capitale; et il vint s'établir chez moi. Un jour de spectacle, comme je cherchois à désennuyer mon prisonnier, je lui proposai d'aller au spectacle. Je ne sais auquel des trois. Cela est indifférent à mon histoire. Mon ami accepte. Je le conduis. Nous arrivons; mais à l'aspect de ces gardes répandus, de ces petits guichets obscurs qui servent d'entrée, et de ce trou fermé d'une grille de fer, par lequel on distribue les billets, le jeune homme s'imagine qu'il est à la porte d'une maison de force, et que l'on a obtenu un ordre pour l'y renfermer. Comme il est brave, il s'arrête de pied ferme; il met la main sur la garde de son épée; et, tournant sur moi des yeux indignés, il s'écrie, d'un ton mêlé de fureur et de mépris: *Ah, mon ami!* Je le compris. Je le rassurai; et vous conviendrez que son erreur n'étoit pas déplacée....

= Mais où en sommes-nous de notre examen? puisque c'est vous qui m'égarez, vous vous chargez sans-doute de me remettre dans la voie.

= Nous en sommes au quatrième acte, à votre

scène avec Constance.... Je n'y vois qu'un coup de crayon ; mais il s'étend depuis la première ligne jusqu'à la dernière.

= Qu'est-ce qui vous en a déplu ?

= Le ton d'abord ; il me paroît au-dessus d'une femme.

= D'une femme ordinaire, je le crois. Mais vous connoîtrez Constance ; et peut-être alors la scène vous paroîtra-t-elle au-dessous d'elle.

= Il y a des expressions, des pensées qui sont moins d'elle que de vous.

= Cela doit être. Nous empruntons nos expressions, nos idées, des personnes avec lesquelles nous conversons, nous vivons. Selon l'estime que nous en faisons (et Constance m'estime beaucoup), notre ame prend des nuances plus ou moins fortes de la leur. Mon caractère a dû refléter sur le sien ; et le sien, sur celui de Rosalie.

= Et la longueur ?

= Ah ! vous voilà remonté sur la scène. Il y a long-temps que cela ne vous étoit arrivé. Vous nous voyez, Constance et moi, sur le bord d'une planche, bien droits, nous regardant de profil, et récitant alternativement la demande et la réponse. Mais est-ce ainsi que cela se passoit dans le salon ? Nous étions tantôt assis, tantôt droits ; nous marchions quelquefois. Souvent nous étions arrêtés, et nullement pressés de voir la fin d'un entretien qui nous intéressoit tous deux également,

Que ne me dit-elle point ? que ne lui répondis-je pas ? Si vous saviez comment elle s'y prenoit, lorsque cette ame féroce se fermoit à la raison, pour y faire descendre les douces illusions et le calme !

= Dorval, vos filles seront honnêtes et décentes, vos fils seront nobles et fiers. Tous vos enfans seront charmans.... Je ne peux vous exprimer quel fut le prestige de ces mots accompagnés d'un souris plein de tendresse et de dignité.

= Je vous comprends. =

J'entends ces mots de la bouche de mademoiselle Clairon, et je la vois.

= Non, il n'y a que les femmes qui possèdent cet art secret. Nous sommes des raisonneurs durs et secs.

« Ne vaut-il pas mieux encore, me disoit-
» elle, faire des ingrats, que de manquer à faire
» le bien ?

« Les parens ont pour leurs enfans un amour
» inquiet et pusillanime, qui les gâte. Il en est
» un autre attentif et tranquille, qui les rend hon-
» nêtes ; et c'est celui-ci, qui est le véritable amour
» de père.

» L'ennui de tout ce qui amuse la multitude,
» est la suite du goût réel pour la vertu.

» Il y a un tact moral qui s'étend à tout, et
» que le méchant n'a point.

» L'homme le plus heureux est celui qui fait le
« bonheur d'un plus grand nombre d'autres.

» Je voudrois être mort, est un souhait fré-
» quent qui prouve du-moins quelquefois qu'il y
» a des choses plus précieuses que la vie.

» Un honnête homme est respecté de ceux
» même qui ne le sont pas, fût-il dans une autre
» planète.

» Les passions détruisent plus de préjugés que
» la philosophie. Et comment le mensonge leur
» résisteroit-il ? elles ébranlent quelquefois la
» vérité ».

= Elle me dit un autre mot, simple à-la-vérité,
mais si voisin de ma situation, que j'en fus effrayé.
C'est « qu'il n'y avoit point d'homme, quel-
» qu'honnête qu'il fût, qui, dans un violent accès
» de passion, ne desirât, au fond de son cœur, les
» honneurs de la vertu et les avantages du vice ».

= Je me rappelai bien ces idées; mais l'enchaînement ne me revint pas; et elles n'entrèrent
point dans la scène. Ce qu'il y en a, et ce que
je viens de vous en dire, suffit, je crois, pour
vous montrer que Constance a l'habitude de penser. Aussi m'enchaîna-t-elle, sa raison dissipant,
comme de la poussière, tout ce que je lui oppo-
sois dans mon humeur.

= Je vois, dans cette scène, un endroit que
j'ai souligné; mais je ne sais plus à quel propos.

= Lisez l'endroit.

= Je lus: « Rien ne captive plus fortement que

G*

» l'exemple de la vertu, pas même l'exemple du
» vice ».

= J'entends. La maxime vous a paru fausse.

= C'est cela.

= Je pratique trop peu la vertu, me dit Dorval; mais personne n'en a une plus haute idée que moi. Je vois la vérité et la vertu comme deux grandes statues élevées sur la surface de la Terre, et immobiles au milieu du ravage et des ruines de tout ce qui les environne. Ces grandes figures sont quelquefois couvertes de nuages. Alors les hommes se meuvent dans les ténèbres. Ce sont les temps de l'ignorance et du crime, du fanatisme et des conquêtes. Mais il vient un moment où le nuage s'entr'ouvre; alors les hommes prosternés reconnoissent la vérité et rendent hommage à la vertu. Tout passe; mais la vertu et la vérité restent.

Je définis la vertu, le goût de l'ordre dans les choses morales. Le goût de l'ordre en général nous domine dès la plus tendre enfance; il est plus ancien dans notre ame, me disoit Constance, qu'aucun sentiment réfléchi; et c'est ainsi qu'elle m'opposoit à moi-même; il agit en nous, sans que nous nous en appercevions; c'est le germe de l'honnêteté et du bon goût; il nous porte au bien, tant qu'il n'est point gêné par la passion; il nous suit jusques dans nos écarts; alors il dispose les moyens de la manière la plus avantageuse pour le mal. S'il pouvoit jamais être étouffé, il y auroit des hommes qui sentiroient le remords de la vertu, comme d'autres sentent le remords du vice. Lorsque je vois un scélérat capable d'une action héroïque, je demeure convaincu que les hommes de bien sont plus réellement hommes de bien, que les méchans ne sont vraiment méchans ; que la bonté nous est plus indivisiblement attachée que la méchanceté ; et, qu'en général, il reste plus de bonté dans l'ame d'un méchant, que de méchanceté dans l'ame des bons.

= Je sens d'ailleurs qu'il ne faut pas examiner la morale d'une femme, comme les maximes d'un philosophe.

= Ah ! si Constance vous entendoit !...

= Mais cette morale n'est-elle pas un peu forte pour le genre dramatique ?

= Horace vouloit qu'un poëte allât puiser sa science dans les ouvrages de Socrate : *Rem tibi socraticæ poterunt ostendere chartæ.* Or, je crois qu'en un ouvrage, quel qu'il soit, l'esprit du siècle doit se remarquer. Si la morale s'épure, si le préjugé s'affoiblit, si les esprits ont une pente à la bienfaisance générale, si le goût des choses utiles s'est répandu, si le peuple s'intéresse aux opérations du ministre, il faut qu'on s'en apperçoive, même dans une comédie.

= Malgré tout ce que vous me dites, je persiste. Je trouve la scène fort belle et fort longue ; je n'en respecte pas moins Constance ; je suis enchanté qu'il y ait au monde une femme comme elle, et que ce soit la vôtre....

Les coups de crayon commencent à s'éclaircir. En voici pourtant encore un.

Clairville a remis son sort entre vos mains ; il vient apprendre ce que vous avez décidé. Le sacrifice de votre passion est fait ; celui de votre fortune est résolu. Clairville et Rosalie redeviennent opulens par votre générosité. Célez à votre ami cette circonstance, je le veux ; mais pourquoi vous amuser à le tourmenter, en lui montrant des obstacles qui ne subsistent plus ? cela amène l'éloge du commerce, je le sais. Cet éloge est sensé, il étend l'instruction et l'utilité de l'ouvrage ; mais il alonge ; et je le supprimerois. *Ambitiosa recidet ornamenta.*

= Je vois, me répondit Dorval, que vous êtes heureusement né. Après un violent effort, il est une sorte de délassement auquel il est impossible de se refuser, et que vous connoîtriez, si l'exercice de la vertu vous avoit été pénible ; vous n'avez jamais eu besoin de respirer.... Je jouissois de ma victoire ; je faisois sortir du cœur de mon ami les sentimens les plus honnêtes ; je le voyois toujours plus digne de ce que je venois de faire pour lui. Et cette action ne vous paroît pas naturelle ! Reconnoissez au contraire, à ces caractères, la différence d'un évènement imaginaire et d'un évènement réel.

= Vous pouvez avoir raison. Mais dites-moi, Rosalie n'auroit-elle point ajouté après-coup cet endroit de la première scène du cinquième acte ? « Amant qui m'étois autrefois si cher ! Clairville que j'estime toujours, etc. ».

= Vous l'avez deviné.

= Il ne me reste presque plus que des éloges à vous faire. Je ne peux vous dire combien je suis content de la scène troisième du cinquième acte. Je me disois, avant que de la lire : Il se propose de détacher Rosalie. C'est un projet fou qui lui a mal réussi avec Constance, et qui ne lui réussira pas mieux avec l'autre. Que lui dira-t-il, qui ne doive encore augmenter son estime et sa tendresse ? Voyons cependant. Je lus ; et je demeurai convaincu qu'à la place de Rosalie, il n'y avoit point de femme en qui il restât quelques vestiges d'honnêteté, qui n'eût été détachée et rendue à son amant ; et je conçus qu'il n'y avoit rien qu'on ne pût sur le cœur humain, avec de la vérité, de l'honnêteté et de l'éloquence.

Mais comment est-il arrivé que votre pièce ne soit pas d'invention, et que les moindres évènemens y soient préparés ?

= L'art dramatique ne prépare les évènemens que pour les enchaîner ; et il ne les enchaîne dans ses productions, que parce qu'ils le sont dans la nature. L'art imite jusqu'à la manière subtile avec laquelle la nature nous dérobe la liaison de ses effets.

= La pantomime prépareroit, ce me semble, quelquefois d'une manière bien naturelle et bien déliée.

= Sans-doute ; et il y en a un exemple dans la pièce. Tandis qu'André nous annonçoit les malheurs arrivés à son maître, il me vint cent fois dans la pensée qu'il parloit de mon père; et je témoignai cette inquiétude par des mouvemens sur lesquels il eût été facile à un spectateur attentif de prendre le même soupçon.

= Dorval, je vous dis tout. J'ai remarqué de temps-en-temps des expressions qui ne sont pas d'usage au théâtre.

= Mais que personne n'oseroit relever, si un auteur de nom les eût employées.

= D'autres qui sont dans la bouche de tout le monde, dans les ouvrages des meilleurs écrivains, et qu'il seroit impossible de changer, sans gâter la pensée; mais vous savez que la langue du spectacle s'épure, à-mesure que les mœurs d'un peuple se corrompent; et que le vice se fait un idiôme qui s'étend peu-à-peu, et qu'il faut connoître, parce qu'il est dangereux d'employer les expressions dont il s'est une fois emparé.

= Ce que vous dites est bien vu. Il ne reste plus qu'à savoir où s'arrêtera cette sorte de condescendance qu'il faut avoir pour le vice. Si la langue de la vertu s'appauvrit à-mesure que celle du vice s'étend, bientôt on en sera réduit à ne pouvoir parler sans dire une sottise. Pour moi, je pense qu'il y a mille occasions où un homme feroit honneur à son goût et à ses mœurs, en méprisant cette espèce d'invasion du libertinage.

Je vois déjà dans la société, que si quelqu'un s'avise de montrer une oreille trop délicate, on en rougit pour lui. Le théâtre français attendrat-il, pour suivre cet exemple, que son dictionnaire soit aussi borné que le dictionnaire du théâtre lyrique, et que le nombre des expressions honnêtes soit égal à celui des expressions musicales.

= Voilà tout ce que j'avois à vous observer sur le détail de votre ouvrage. Quant à la conduite, j'y trouve un défaut ; peut-être est-il inhérent au sujet ; vous en jugerez ; l'intérêt change de nature : il est, du premier acte jusqu'à la fin du troisième, de la vertu malheureuse ; et dans le reste de la pièce, de la vertu victorieuse. Il falloit, et il eût été facile d'entretenir le tumulte, et de prolonger les épreuves et le mal-aise de la vertu.

Par exemple, que tout reste comme il est depuis le commencement de la pièce jusqu'à la quatrième scène du troisième acte : c'est le moment où Rosalie apprend que vous épousez Constance, s'évanouit de douleur, et dit à Clairville, dans son dépit : « Laissez-moi.... Je vous hais ».... ; qu'alors

Clairville conçoive des soupçons; que vous preniez de l'humeur contre un ami importun qui vous perce le cœur, sans s'en douter; et que le troisième acte finisse.

Voici maintenant comment j'arrangerois le quatrième. Je laisse la première scène à-peu-près comme elle est; seulement Justine apprend à Rosalie qu'il est venu un émissaire de son père; qu'il a vu Constance en secret; et qu'elle a tout lieu de croire qu'il apporte de mauvaises nouvelles. Après cette scène, je transporte la scène seconde du troisième acte, celle où Clairville se précipite aux genoux de Rosalie, et cherche à la fléchir. Constance vient ensuite; elle amène André; on l'interroge. Rosalie apprend les malheurs arrivés à son père : vous voyez à-peu-près la marche du reste. En irritant la passion de Clairville et celle de Rosalie, on vous eût préparé des embarras plus grands peut-être encore que les précédens. De temps-en-temps vous eussiez été tenté de tout avouer. A la fin, peut-être l'eussiez-vous fait.

== Je vous entends; mais ce n'est plus là notre histoire. Et mon père, qu'auroit-il dit? D'ailleurs, êtes-vous bien convaincu que la pièce y auroit gagné? En me réduisant à des extrémités terribles, vous auriez fait, d'une aventure assez simple, une pièce fort compliquée. Je serois devenu plus théâtral;

= Et plus ordinaire, il est vrai; mais l'ouvrage eût été d'un succès assuré.

= Je le crois, et d'un goût fort petit. Il y avoit certainement moins de difficulté; mais je pense qu'il y avoit encore moins de vérité et de beauté réelles à entretenir l'agitation, qu'à se soutenir dans le calme. Songez que c'est alors que les sacrifices de la vertu commencent et s'enchaînent. Voyez comme l'élévation du discours, et la force des scènes succèdent au pathétique de situation. Cependant, au milieu de ce calme, le sort de Constance, de Clairville, de Rosalie, et le mien, demeurent incertains. On sait ce que je me propose; mais il n'y a nulle apparence que je réussisse. En effet, je ne réussis point avec Constance; et il est bien moins vraisemblable que je sois plus heureux avec Rosalie. Quel événement assez important auroit remplacé ces deux scènes, dans le plan que vous venez de m'exposer? aucun.

= Il ne me reste plus qu'une question à vous faire: c'est sur le genre de votre ouvrage. Ce n'est pas une tragédie; ce n'est pas une comédie. Qu'est-ce donc? et quel nom lui donner?

= Celui qu'il vous plaira. Mais demain, si vous voulez, nous chercherons ensemble celui qui lui convient.

= Et pourquoi pas aujourd'hui?

= Il faut que je vous quitte. J'ai fait avertir

deux fermiers du voisinage ; et il y a peut-être une heure qu'ils m'attendent à la maison.

= Autre procès à accommoder ?

= Non : c'est une affaire un peu différente. L'un de ces fermiers a une fille ; l'autre, un garçon : ces enfans s'aiment ; mais la fille est riche ; le garçon n'a rien.

= Et vous voulez accorder les parens, et rendre les enfans contens. Adieu, Dorval. A demain, au même endroit.

TROISIÈME ENTRETIEN.

Le lendemain, le ciel se troubla; une nue qui amenoit l'orage, et qui portoit le tonnerre, s'arrêta sur la colline, et la couvrit de ténèbres. A la distance où j'étois, les éclairs sembloient s'allumer et s'éteindre dans ces ténèbres. La cime des chênes étoit agitée; le bruit des vents se mêloit au murmure des eaux; le tonnerre, en grondant, se promenoit entre les arbres; mon imagination, dominée par des rapports secrets, me montroit, au milieu de cette scène obscure, Dorval, tel que je l'avois vu la veille dans les transports de son enthousiasme, et que je croyois entendre sa voix harmonieuse s'élever au-dessus des vents et du tonnerre.

Cependant l'orage se dissipa; l'air en devint plus pur; le ciel, plus serein: et je serois allé chercher Dorval sous les chênes, mais je pensai que la terre y seroit trop fraîche, et l'herbe trop molle. Si la pluie n'avoit pas duré, elle avoit été forte. Je me rendis chez lui: il m'attendoit; car il avoit pensé, de son côté, que je n'irois point au rendez-vous de la veille; et ce fut dans son jardin, sur les bords sablés d'un large canal, où il avoit coutume de se promener, qu'il acheva de me développer ses idées. Après quelques discours généraux sur les actions de la vie, et sur l'imitation qu'on en fait au théâtre, il me dit :

On distingue dans tout objet moral un milieu et deux extrêmes. Il semble donc que, toute action dramatique étant un objet moral, il devroit y avoir un genre moyen et deux genres extrêmes. Nous avons ceux-ci ; c'est la comédie et la tragédie : mais l'homme n'est pas toujours dans la douleur ou dans la joie. Il y a donc un point qui sépare la distance du genre comique au genre tragique.

Térence à composé une pièce dont voici le sujet. Un jeune homme se marie. A-peine est-il marié, que des affaires l'appellent au loin : il est absent ; il revient ; il croit appercevoir dans sa femme des preuves certaines d'infidélité ; il en est au désespoir; il veut la renvoyer à ses parens. Qu'on juge de l'état du père, de la mère et de la fille. Il y a cependant un Dave, personnage plaisant par lui-même. Qu'en fait le poëte ? Il l'éloigne de la scène pendant les quatre premiers actes ; et il ne le rappelle, que pour égayer un peu son dénouement.

Je demande dans quel genre est cette pièce ? Dans le genre comique ? il n'y a pas le mot pour rire. Dans le genre tragique ? la terreur, la commisération et les autres grandes passions n'y sont point excitées. Cependant il y a de l'intérêt; et il y en aura, sans ridicule qui fasse rire, sans danger qui fasse frémir, dans toute composition dramatique où le sujet sera important, où le poëte prendra le ton que nous avons dans les affaires sérieuses, et où l'action s'avancera par la perplexité et par les embarras. Or, il me semble que ces actions étant les plus communes de la vie, le genre qui les aura pour objet doit être le plus utile et le plus étendu. J'appellerai ce genre *le genre sérieux*.

Ce genre établi, il n'y aura point de conditions dans la société ; point d'actions importantes dans la vie, qu'on ne puisse rapporter à quelque partie du système dramatique.

Voulez-vous donner à ce système toute l'étendue possible ; y comprendre la vérité et les chimères ; le monde imaginaire et le monde réel ; ajoutez le burlesque au-dessous du genre comique, et le merveilleux, au-dessus du genre tragique ?

= Je vous entends : « Le burlesque.... Le
» genre comique.... Le genre sérieux.....Le
» genre tragique.... Le merveilleux ».

= Une pièce ne se renferme jamais à la rigueur dans un genre. Il n'y a point d'ouvrage dans les genres tragique ou comique, où l'on ne trouvât des morceaux qui ne seroient point déplacés dans le genre sérieux ; et il y en aura réciproquement dans celui-ci, qui porteront l'empreinte de l'un et l'autre genre.

C'est l'avantage du genre sérieux, que, placé entre les deux autres, il a des ressources, soit qu'il s'élève, soit qu'il descende. Il n'en est pas ainsi du genre comique et du genre tragique : toutes les nuances du comique sont comprises entre ce genre même et le genre sérieux ; et toutes celles du tragique, le burlesque et le merveilleux sont également hors de la nature ; on n'en peut rien emprunter qui ne gâte. Les peintres et les poëtes ont le droit de tout oser ; mais ce droit ne s'étend pas jusqu'à la licence de fondre des espèces différentes dans un même individu. Pour un homme de goût, il y a la même absurdité dans Castor élevé au rang des dieux, et dans le Bourgeois gentilhomme, fait Mamamouchi.

Le genre comique et le genre tragique sont les bornes réelles de la composition dramatique. Mais, s'il est impossible au genre comique d'appeler à son aide le burlesque, sans se dégrader ; au genre tragique, d'empiéter sur le genre merveilleux, sans perdre de sa vérité ; il s'ensuit que, placés dans les extrémités, ces genres sont les plus frappans et les plus difficiles.

C'est dans le genre sérieux, que doit s'exercer d'abord tout homme de lettres qui se sent du talent pour la scène. On apprend à un jeune élève qu'on destine à la peinture, à dessiner le nu. Quand cette partie fondamentale de l'art lui est familière, il peut choisir un sujet. Qu'il le prenne ou dans les conditions communes, ou dans un rang élevé ; qu'il drape ses figures à son gré ; mais qu'on ressente toujours le nu sous la draperie : que celui qui aura fait une longue étude de l'homme dans l'exercice du genre sérieux, chausse, selon son génie, le cothurne ou le soc ; qu'il jette sur les épaules de son personnage, un manteau royal ou une robe de palais ; mais que l'homme ne diparoisse jamais sous le vêtement.

Si le genre sérieux est le plus facile de tous, c'est, en revanche, le moins sujet aux vicissitudes des temps et des lieux. Portez le nu en quelque lieu de la terre qu'il vous plaira ; il fixera l'attention, s'il est bien dessiné. Si vous excellez dans le genre sérieux, vous plairez dans tous les temps et chez tous les peuples. Les petites nuances qu'il empruntera d'un genre collatéral seront trop foibles pour le déguiser ; ce sont des bouts de draperie qui ne couvrent que quelques endroits, et qui laissent les grandes parties nues.

Vous voyez que la tragi-comédie ne peut être qu'un mauvais genre, parce qu'on y confond deux genres éloignés et séparés par une barrière naturelle. On n'y passe point par des nuances imperceptibles ; on tombe, à chaque pas, dans les contrastes ; et l'unité disparoît.

Vous voyez que cette espèce de drame, où les traits les plus plaisans du genre comique sont placés à côté des traits les plus touchans du genre sérieux, et où l'on saute alternativement d'un genre à un autre, ne sera pas sans défaut aux yeux d'un critique sévère.

Mais voulez-vous être convaincu du danger qu'il y a à franchir la barrière que la nature a mise entre les genres ? portez les choses à l'excès ; rapprochez deux genres fort éloignés, tels que la tragédie et le burlesque ; et vous verrez alternativement un grave sénateur jouer aux pieds d'une courtisanne le rôle du débauché le plus vil, et des factieux méditer la ruine d'une république (*).

La farce, la parade et la parodie ne sont pas des genres, mais des espèces de comique ou de burlesque, qui ont un objet particulier.

On a donné cent fois la poëtique du genre comique et du genre tragique. Le genre sérieux a la sienne ; et cette poëtique seroit aussi fort étendue ; mais je ne vous en dirai que ce qui s'est offert à mon esprit, tandis que je travaillois à ma pièce.

Puisque ce genre est privé de la vigueur de coloris des genres extrêmes entre lesquels il est placé, il ne faut rien négliger de ce qui peut lui donner de la force.

Que le sujet en soit important ; et l'intrigue, simple, domestique, et voisine de la vie réelle.

Je n'y veux point de valets: les honnêtes gens

(*) *Voyez* la Venise préservée d'Otway ; le Hamlet de Shakespear, et la plupart des pièces du théâtre anglais.

ne les admettent point à la connoissance de leurs affaires ; et si les scènes se passent toutes entre les maîtres, elles n'en seront que plus intéressantes. Si un valet parle sur la scène comme dans la société, il est maussade ; s'il parle autrement, il est faux.

Les nuances empruntées du genre comique sont-elles trop fortes ? L'ouvrage fera rire et pleurer ; et il n'y aura plus ni unité d'intérêt, ni unité de coloris.

Le genre sérieux comporte les monologues ; d'où je conclus qu'il penche plutôt vers la tragédie que vers la comédie ; genre dans lequel ils sont rares et courts.

Il seroit dangereux d'emprunter, dans une même composition, des nuances du genre comique et du genre tragique. Connoissez bien la pente de votre sujet et de vos caractères, et suivez-la.

Que votre morale soit générale et forte.

Point de personnages épisodiques ; ou, si l'intrigue en exige un, qu'il ait un caractère singulier qui le relève.

Il faut s'occuper fortement de la pantomime ; laisser là ces coups de théâtre dont l'effet est momentané, et trouver des tableaux. Plus on voit un beau tableau, plus il plaît.

Le mouvement nuit presque toujours à la dignité ; ainsi, que votre principal personnage soit rarement le machiniste de votre pièce.

Et sur-tout ressouvenez-vous qu'il n'y a point de principe général : je n'en connois aucun de ceux que je viens d'indiquer, qu'un homme de génie ne puisse enfreindre avec succès.

= Vous avez prévenu mon objection.

= Le genre comique est des espèces, et le genre tragique est des individus. Je m'explique. Le héros d'une tragédie est tel ou tel homme : c'est ou Régulus, ou Brutus, ou Caton ; et ce n'est point un autre. Le principal personnage d'une comédie doit au contraire représenter un grand nombre d'hommes. Si, par hasard, on lui donnoit une physionomie si particulière, qu'il n'y eût dans la société qu'un seul individu qui lui ressemblât, la comédie retourneroit à son enfance, et dégénéreroit en satyre.

Térence me paroît être tombé une fois dans ce défaut. Son Eautontimorumenos est un père affligé du parti violent auquel il a porté son fils par un excès de sévérité dont il se punit lui même, en se couvrant de lambeaux, se nourrissant durement, fuyant la société, chassant ses domestiques, et se condamnant à cultiver la terre de ses propres mains. On peut dire que ce père-là n'est pas dans la nature. Une grande ville fourniroit, à-peine dans un siècle, l'exemple d'une affliction aussi bizarre.

= Horace, qui avoit le goût d'une délicatesse singulière, me paroît avoir apperçu ce défaut, et l'avoir critiqué d'une façon bien légère.

— Je ne me rappelle pas l'endroit.

— C'est dans la satyre première ou seconde du premier livre, où il se propose de montrer que, pour éviter un excès, les fous se précipitent dans l'excès opposé. Fufidius, dit-il, craint de passer pour dissipateur. Savez-vous ce qu'il fait ? Il prête à cinq pour cent par mois, et se paye d'avance. Plus un homme est obéré, plus il exige : il sait par cœur les noms de tous les enfans de famille qui commencent à aller dans le monde, et qui ont des pères durs. Mais vous croiriez peut-être que cet homme dépense à proportion de son revenu ; erreur. Il est son plus cruel ennemi ; et ce père de la comédie, qui se punit de l'évasion de son fils, ne se tourmente pas plus méchamment. *Non se pejùs cruciaverit.*

— Oui, rien n'est plus dans le caractère de cet auteur, que d'avoir attaché deux sens à ce *méchamment*, dont l'un tombe sur Térence, et l'autre sur Fufidius.

Dans le genre sérieux, les caractères seront souvent aussi généraux que dans le genre comique; mais ils seront toujours moins individuels que dans le genre tragique.

On dit quelquefois, il est arrivé une aventure fort plaisante à la cour; un événement fort tragique à la ville : d'où il s'ensuit que la comédie et la tragédie sont de tous les états; avec cette différence, que la douleur et les larmes sont encore plus souvent sous les toits des sujets, que l'enjouement et la gaîté dans les palais des rois. C'est moins le sujet qui rend une pièce comique, sérieuse ou tragique, que le ton, les passions, les caractères et l'intérêt. Les effets de l'amour, de la jalousie, du jeu, du déréglement, de l'ambition, de la haine, de l'envie, peuvent faire rire, réfléchir, ou trembler. Un jaloux qui prend des mesures pour s'assurer de son déshonneur, est ridicule; un homme d'honneur qui le soupçonne et qui aime, en est affligé; un furieux qui le sait, peut commettre un crime. Un joueur portera chez un usurier le portrait d'une maîtresse; un autre joueur embarrassera sa fortune, la renversera, plongera une femme et des enfans dans la misère, et tombera dans le désespoir. Que vous dirai-je de plus? La pièce dont nous nous sommes entretenus, a presqu'été faite dans les trois genres.

= Comment?

= Oui.

= La chose est singulière!

= Clairville est d'un caractère honnête, mais impétueux et léger. Au comble de ses vœux, possesseur tranquille de Rosalie, il oublia ses peines passées; il ne vit plus dans notre histoire qu'une aventure commune. Il en fit des plaisanteries; il alla même jusqu'à parodier le troisième acte de la pièce. Son ouvrage étoit excellent: il avoit exposé mes embarras sous un jour tout-à-fait comique. J'en ris;

mais je fus secrètement offensé du ridicule que Clairville jetoit sur une des actions les plus importantes de notre vie ; car enfin, il y eut un moment qui pouvoit lui coûter, à lui, sa fortune et sa maîtresse ; à Rosalie, l'innocence et la droiture de son cœur ; à Constance, le repos ; à moi, la probité et peut-être la vie. Je me vengeai de Clairville, en mettant en tragédie les trois derniers actes de la pièce ; et je puis vous assurer que je le fis pleurer plus long-temps qu'il ne m'avoit fait rire.

= Et pourroit-on voir ces morceaux ?

= Non ; ce n'est point un refus ; mais Clairville a brûlé son acte, et il ne me reste que le canevas des miens.

= Et ce canevas ?

= Vous l'allez voir, si vous me le demandez. Mais faites-y réflexion : vous avez l'ame sensible, vous m'aimez ; et cette lecture pourra vous laisser des impressions, dont vous aurez de la peine à vous distraire.

= Donnez le canevas tragique, Dorval, donnez.

Dorval tira de sa poche quelques feuilles volantes, qu'il me tendit en détournant la tête, comme s'il eût craint d'y jeter les yeux ; et voici ce qu'elles contenoient.

Rosalie, instruite, au troisième acte, du mariage de Dorval et de Constance, et persuadée que ce Dorval est un ami perfide, un homme sans foi, prend un parti violent ; c'est de tout révéler. Elle voit Dorval; elle le traite avec le dernier mépris.

DORVAL.

Je ne suis point un ami perfide, un homme sans foi; je suis Dorval; je suis un malheureux.

ROSALIE.

Dis, un misérable.... Ne m'a-t-il pas laissé croire qu'il m'aimoit?

DORVAL.

Je vous aimois, et je vous aime encore.

ROSALIE.

Il m'aimoit! il m'aime! il épouse Constance! il en a donné sa parole à son frère! et cette union se consomme aujourd'hui!.... Allez, esprit pervers, éloignez-vous! permettez à l'innocence d'habiter un séjour d'où vous l'avez bannie. La paix et la vertu rentreront ici quand vous en sortirez: fuyez. La honte et les remords, qui ne manquent jamais d'atteindre le méchant, vous attendent à cette porte.

DORVAL.

On m'accable! on me chasse! je suis un scélérat! O vertu! voilà donc ta dernière récompense!

ROSALIE.

Il s'étoit promis sans-doute que je me tairois.... Non, non.... tout se saura.... Constance aura pitié de mon inexpérience, de ma jeunesse.... elle trouvera mon excuse et mon pardon dans son cœur... O Clairville! combien il faudra que je t'aime, pour expier mon injustice et réparer les maux que je t'ai faits !... Mais le moment approche, où le méchant sera connu.

DORVAL.

Jeune imprudente, arrêtez, ou vous allez devenir coupable du seul crime que j'aurai jamais commis, si c'en est un que de jeter loin de soi un fardeau qu'on ne peut plus porter.... Encore un mot, et je croirai que la vertu n'est qu'un fantôme vain; que la vie n'est qu'un présent fatal du sort; que le bonheur n'est nulle part; que le repos est sous la tombe; et j'aurai vécu.

Rosalie s'est éloignée : elle ne l'entend plus. Dorval se voit méprisé de la seule femme qu'il aime et qu'il ait jamais aimée; exposé à la haine de Constance, à l'indignation de Clairville; sur-le-point de perdre les seuls êtres qui l'attachoient au monde, et de retomber dans la solitude de l'univers.... où ira-t-il, à qui s'adressera-t-il?... qui aimera-t-il?... de qui sera-t-il aimé?.... Le désespoir s'empare de son ame : il sent le dégoût de la vie; il incline vers la mort. C'est le sujet d'un monologue, qui suit le troisième acte. Dès la fin de cet acte, il ne parle plus à ses domestiques; il leur commande de la main; et ils obéissent.

Rosalie exécute son projet au commencement du quatrième. Quelle est la surprise de Constance et de son frère! Ils n'osent voir Dorval; ni Dorval, aucun d'eux. Ils s'évitent tous; ils se fuient; et Dorval se trouve tout-à-coup, et naturellement, dans cet abandon général qu'il redoutoit. Son destin s'accomplit : il s'en apperçoit ; et le voilà résolu d'aller à la mort qui l'entraîne. Charles, son valet, est le seul être dans l'univers qui lui demeure. Charles démêle la funeste pensée de son maître. Il répand sa terreur dans toute la maison ; il court à Clairville, à Constance, à Rosalie ; il parle : ils sont consternés. A l'instant, les intérêts particuliers disparoissent ; on cherche à se rapprocher de Dorval ; mais il est trop tard. Dorval n'aime plus, ne hait plus personne, ne parle plus, ne voit plus, n'entend plus. Son ame, comme abrutie, n'est capable d'aucun sentiment. Il lutte un peu contre cet état ténébreux ; mais c'est foiblement, par élans courts, sans force et sans effet. Le voilà tel qu'il est au commencement du cinquième acte.

Cet acte s'ouvre par Dorval seul, qui se promène sur la scène, sans rien dire. On voit, dans son vêtement, son geste, son silence, le projet de quitter la vie. Clairville entre ; il le conjure de vivre ; il se jette à ses genoux ; il les embrasse ; il le presse par les raisons les plus honnêtes et les plus tendres d'accepter Rosalie ; il n'en est que plus cruel. Cette scène avance le sort de Dorval. Clairville n'en arrache que quelques monosyllabes. Le reste de l'action de Dorval est muette.

Constance arrive ; elle joint ses efforts à ceux de son frère ; elle dit à Dorval ce qu'elle pense de plus pathétique sur la résignation aux événemens, sur la puissance de l'Etre suprême, puissance à laquelle c'est un crime de se soustraire; sur les offres de Clairville, etc.... Pendant que Constance parle, elle a un des bras de Dorval entre les siens; et son ami le tient embrassé par le milieu du corps, comme s'il craignoit qu'il ne lui échappât. Mais Dorval, tout en lui-même, ne sent point son ami qui le tient embrassé, n'entend point Constance qui lui parle; seulement il se renverse quelquefois sur eux pour pleurer; mais les larmes se refusent : alors il se retire; il pousse des soupirs profonds; il fait quelques gestes lents et terribles; on voit sur ses lèvres des mouvemens d'un ris passager, plus effrayans que ses soupirs et ses gestes.

Rosalie vient; Constance et Clairville se retirent. Cette scène est celle de la timidité, de la naïveté, des larmes, de la douleur et du repentir. Rosalie voit tout le mal qu'elle a fait; elle en est désolée. Pressée entre l'amour qu'elle ressent, l'intérêt qu'elle prend à Dorval, le respect qu'elle doit à Constance, et les sentimens qu'elle ne peut refuser à Clairville, combien elle dit de choses touchantes! Dorval paroît d'abord ni ne la voir, ni ne l'écouter. Rosalie pousse des cris, lui prend les mains, l'arrête; et il vient un moment où Dorval fixe sur elle des yeux égarés. Ses regards sont ceux d'un homme qui sortiroit d'un sommeil léthargique. Cet effort le brise; il tombe dans un fauteuil, comme un homme frappé; Rosalie se retire en poussant des sanglots, se désolant, s'arrachant les cheveux.

Dorval reste un moment dans cet état de mort ; Charles est debout devant lui, sans rien dire.....
Ses yeux sont à demi-fermés ; ses longs cheveux pendent sur le derrière du fauteuil ; il a la bouche entr'ouverte, la respiration haute, et la poitrine haletante. Cette agonie passe peu-à-peu. Il en revient par un soupir long et douloureux, par une voix plaintive ; il s'appuye la tête sur ses mains, et les coudes sur ses genoux ; il se lève avec peine ; il erre à pas lents ; il rencontre Charles ; il le prend par le bras, le regarde un moment, tire sa bourse et sa montre, les lui donne avec un papier cacheté sans adresse, et lui fait signe de sortir. Charles se jette à ses pieds, et se colle le visage contre terre. Dorval l'y laisse, et continue d'errer. En errant, ses pieds rencontrent Charles étendu par terre. Il se détourne... Alors Charles se lève subitement, laisse la bourse et la montre à terre, et court appeler du secours.

Dorval le suit lentement..... Il s'appuye sans dessein contre la porte... il y voit un verrou.... il le regarde.... le ferme... tire son épée.... en appuie le pommeau contre la terre.... en dirige la pointe vers sa poitrine .... se penche le corps sur le côté.... lève les yeux au ciel .... les ramène sur lui .... demeure ainsi quelque temps ... pousse un profond soupir, et se laisse tomber.

Charles arrive; il trouve la porte fermée. Il appelle; on vient; on force la porte; on trouve Dorval baigné dans son sang, et mort. Charles rentre en poussant des cris. Les autres domestiques restent autour du cadavre. Constance arrive. Frappée de ce spectacle, elle crie, elle court égarée sur la scène, sans trop savoir ce qu'elle dit, ce qu'elle fait, où elle va. On enlève le cadavre de Dorval. Cependant Constance, tournée vers le lieu de la scène sanglante, est immobile dans un fauteuil, le visage couvert de ses mains.

Arrivent Clairville et Rosalie. Ils trouvent Constance dans cette situation : ils l'interrogent; elle se tait. Ils l'interrogent encore; pour toute réponse, elle découvre son visage, détourne la tête, et leur montre de la main l'endroit teint du sang de Dorval.

Alors ce ne sont plus que des cris, des pleurs, du silence et des cris.

Charles donne à Constance le paquet cacheté: c'est la vie et les dernières volontés de Dorval. Mais à-peine en a-t-elle lu les premières lignes, que Clairville sort comme un furieux; Constance le suit; Justine et les domestiques emportent Rosalie qui se trouve mal; et la pièce finit.

« Ah ! m'écriai-je, ou je n'y entends rien, ou
» voilà de la tragédie. A-la-vérité, ce n'est plus
» l'épreuve de la vertu, c'est son désespoir. Peut-

» être y auroit-il du danger à montrer l'homme de
» bien réduit à cette extrémité funeste ; mais on
» n'en sent pas moins la force de la pantomime
» seule, et de la pantomime réunie au discours.
» Voilà les beautés que nous perdons, faute de
» scène et faute de hardiesse, en imitant servile-
» ment nos prédécesseurs, et laissant la nature et
» la vérité.... Mais Dorval ne parle point....
» Mais peut-il y avoir de discours qui frappent
» autant que son action et son silence ?.... Qu'on
» lui fasse dire quelques mots par intervalles, cela
» se peut ; mais il ne faut pas oublier qu'il est rare
» que celui qui parle beaucoup se tue ».

 Je me levai; j'allai trouver Dorval; il erroit parmi les arbres, et il me paroissoit absorbé dans ses pensées. Je crus qu'il étoit à-propos de garder son papier ; et il ne me le redemanda pas.

 Si vous êtes convaincu, me dit-il, que ce soit là de la tragédie, et qu'il y ait, entre la tragédie et la comédie, un genre intermédiaire, voilà donc deux branches du genre dramatique qui sont encore incultes, et qui n'attendent que des hommes. Faites des comédies dans le genre sérieux, faites des tragédies domestiques, et soyez sûr qu'il y a des applaudissemens et une immortalité qui vous sont réservés. Sur-tout, négligez les coups de théâtre ; cherchez des tableaux ; rapprochez-vous de la vie réelle, et ayez d'abord un espace qui permette l'exercice de la pantomime dans toute son étendue... On dit qu'il n'y a plus de grandes passions tragiques à émouvoir; qu'il est impossible de présenter les sentimens élevés d'une manière neuve et frappante. Cela peut être dans la tragédie, telle que les Grecs, les Romains, les Français, les Italiens, les Anglais et tous les peuples de la terre l'ont composée. Mais la tragédie domestique aura une autre action, un autre ton, et un sublime qui lui sera propre. Je le sens, ce sublime; il est dans ces mots d'un père, qui disoit à son fils qui le nourrissoit dans sa vieillesse : « Mon fils, nous sommes quittes. Je t'ai donné » la vie; et tu me l'as rendue ». Et dans ceux-ci d'un autre père qui disoit au sien : « Dites toujours » la vérité. Ne promettez rien à personne que » vous ne vouliez tenir. Je vous en conjure par » ces pieds que je réchauffois dans mes mains, » quand vous étiez au berceau ».

= Mais cette tragédie vous intéressera-t-elle ?

= Je vous le demande. Elle est plus voisine de nous. C'est le tableau des malheurs qui nous environnent. Quoi ! vous ne concevez pas l'effet que produiroient sur vous une scène réelle, des habits vrais, des discours proportionnés aux actions, des actions simples, des dangers dont il est impossible que vous n'ayez tremblé pour vos parens, vos amis, pour vous-même ? Un renversement de fortune, la crainte de l'ignominie, les suites de la misère, une passion qui conduit l'homme à sa ruine, de sa ruine au désespoir, du désespoir à une mort violente, ne sont pas des événemens rares ; et vous croyez qu'ils ne vous affecteroient pas autant que la mort fabuleuse d'un tyran, ou le sacrifice d'un enfant aux autels des dieux d'Athènes ou de Rome ?... Mais vous êtes distrait... vous rêvez... vous ne m'écoutez pas.

= Votre ébauche tragique m'obsède... Je vous vois errer sur la scène.... détourner vos pieds de votre valet prosterné.... fermer le verrou... tirer votre épée... L'idée de cette pantomime me fait frémir..... Je ne crois pas qu'on en soutînt le spectacle ; et toute cette action est peut-être de celles qu'il faut mettre en récit. Voyez.

= Je crois qu'il ne faut ni réciter ni montrer au spectateur un fait sans vraisemblance ; et qu'entre les actions vraisemblables, il est facile de distinguer celles qu'il faut exposer aux yeux, et renvoyer derrière la scène. Il faut que j'applique mes idées à la tragédie connue ; je ne peux tirer mes exemples d'un genre qui n'existe pas encore parmi nous.

Lorsqu'une action est simple, je crois qu'il faut plutôt la représenter que la réciter. La vue de Mahomet tenant un poignard levé sur le sein d'Irène, incertain entre l'ambition qui le presse d'enfoncer, et la passion qui retient son bras, est un tableau frappant. La commisération qui nous substitue toujours à la place du malheureux, et jamais du méchant, agitera mon ame. Ce ne sera pas sur le sein d'Irène, c'est sur le mien que je verrai le poignard suspendu et vacillant.... Cette action est trop simple, pour être mal imitée. Mais si l'action se complique, si les incidens se multiplient, il s'en rencontrera facilement quelques-uns qui me rappelleront que je suis dans un parterre; que tous ces personnages sont des comédiens, et que ce n'est point un fait qui se passe. Le récit, au contraire, me transportera au-delà de la scène; j'en suivrai toutes les circonstances. Mon imagination les réalisera comme je les ai vues dans la nature. Rien ne se démentira. Le poëte aura dit :

Entre les deux partis, Calchas s'est avancé,
L'œil farouche, l'air sombre, et le poil hérissé,
Terrible et plein du Dieu qui l'agitoit sans-doute.

ou

.... les ronces dégoutantes
Portent de ses cheveux les dépouilles sanglantes.

Où est l'acteur qui me montrera Calchas tel qu'il est dans ces vers ? Grandval s'avancera d'un pas noble et fier, entre les deux partis; il aura l'air sombre, peut-être l'œil farouche. Je reconnoîtrai à son action, à son geste, la présence intérieure d'un démon qui le tourmente. Mais quelque terrible qu'il soit, ses cheveux ne se hérisseront point sur sa tête. L'imitation dramatique ne va pas jusques-là.

Il en sera de même de la plupart des autres images qui animent ce récit ; l'air obscurci de traits, une armée en tumulte, la terre arrosée de sang, une jeune princesse le poignard enfoncé dans le sein, les vents déchaînés, le tonnerre retentissant au haut des airs, le ciel allumé d'éclairs, la mer qui écume et mugit. Le poëte a peint toutes ces choses ; l'imagination les voit ; l'art ne les imite point.

Mais il y a plus, un goût dominant de l'ordre, dont je vous ai déjà entretenu, nous contraint à mettre de la proportion entre les êtres. Si quelque circonstance nous est donnée au-dessus de la nature commune, elle agrandit le reste dans notre pensée. Le poëte n'a rien dit de la stature de Calchas. Mais je la vois ; je la proportionne à son action. L'exagération intellectuelle s'échappe au-delà et se répand sur tout ce qui approche de cet objet. La scène réelle eût été petite, foible, mesquine, fausse ou manquée ; elle devient grande, forte, vraie, et même énorme dans le récit. Au théâtre, elle eût été fort au-dessous de nature ; je l'imagine un peu au-delà. C'est ainsi que, dans l'épopée, les hommes poëtiques deviennent un peu plus grands que les hommes vrais.

Voilà les principes ; appliquez-les vous-même à l'action de mon esquisse tragique. L'action n'est-elle pas simple ?

— Elle l'est.

= Y a-t-il quelque circonstance qu'on n'en puisse imiter sur la scène ?

= Aucune.

= L'effet en sera-t-il terrible ?

= Que trop, peut-être. Qui sait si nous irions chercher au théâtre des impressions aussi fortes ? On veut être attendri, touché, effrayé ; mais jusqu'à un certain point.

= Pour juger sainement, expliquons-nous. Quel est l'objet d'une composition dramatique ?

= C'est, je crois, d'inspirer aux hommes l'amour de la vertu, l'horreur du vice....

= Ainsi, dire qu'il ne faut les émouvoir que jusqu'à un certain point, c'est prétendre qu'il ne faut pas qu'ils sortent d'un spectacle, trop épris de la vertu, trop éloignés du vice. Il n'y auroit point de poëtique pour un peuple qui seroit aussi pusillanime. Que seroit-ce que le goût ; et que l'art deviendroit-il, si l'on se refusoit à son énergie, et si l'on posoit des barrières arbitraires à ses effets ?

= Il me restoit encore quelques questions à vous faire sur la nature du tragique domestique et bourgeois, comme vous l'appelez ; mais j'entrevois vos réponses. Si je vous demandois pourquoi, dans l'exemple que vous m'en avez donné, il n'y a point de scènes alternativement muettes et parlées, vous me répondriez, sans-doute, que tous les sujets ne comportent pas ce genre de beauté.

= Cela est vrai.

Théâtre. I

== Mais, quels seront les sujets de ce comique sérieux, que vous regardez comme une branche nouvelle du genre dramatique ? Il n'y a, dans la nature humaine, qu'une douzaine, tout au plus, de caractères vraiment comiques et marqués de grands traits.

== Je le pense.

== Les petites différences, qui se remarquent dans les caractères des hommes, ne peuvent être maniées aussi heureusement que les caractères tranchés.

== Je le pense. Mais savez-vous ce qui s'ensuit de là !... Que ce ne sont plus, à proprement parler, les caractères qu'il faut mettre sur la scène, mais les conditions. Jusqu'à-présent, dans la comédie, le caractère a été l'objet principal, et la condition n'a été que l'accessoire; il faut que la condition devienne aujourd'hui l'objet principal, et que le caractère ne soit que l'accessoire. C'est du caractère, qu'on tiroit toute l'intrigue. On cherchoit en général les circonstances qui le faisoient sortir, et l'on enchaînoit ces circonstances. C'est la condition, ses devoirs, ses avantages, ses embarras qui doivent servir de base à l'ouvrage. Il me semble que cette source est plus féconde, plus étendue et plus utile que celle des caractères. Pour peu que le caractère fût chargé, un spectateur pouvoit se dire à lui-même, ce n'est pas moi. Mais il ne peut se cacher que l'état qu'on joue devant lui, ne soit le sien ; il ne peut méconnoître ses devoirs. Il faut absolument qu'il s'applique ce qu'il entend.

= Il me semble qu'on a déjà traité plusieurs de ces sujets.

= Cela n'est pas. Ne vous y trompez point.

= N'avons-nous pas des financiers dans nos pièces ?

= Sans-doute, il y en a. Mais le financier n'est pas fait.

= On auroit de la peine à en citer une sans un père de famille.

= J'en conviens ; mais le père de famille n'est pas fait. En un mot, je vous demanderai si les devoirs des conditions, leurs avantages, leurs inconvéniens, leurs dangers ont été mis sur la scène. Si c'est la base de l'intrigue et de la morale de nos pièces ; ensuite, si ces devoirs, ces avantages, ces inconvéniens, ces dangers ne nous montrent pas, tous les jours, les hommes dans des situations très-embarrassantes.

= Ainsi, vous voudriez qu'on jouât l'homme de lettres, le philosophe, le commerçant, le juge, l'avocat, le politique, le citoyen, le magistrat, le financier, le grand seigneur, l'intendant.

= Ajoutez à cela, toutes les relations ; le père de famille, l'époux, la sœur, les frères. Le père de famille ! Quel sujet, dans un siècle tel que le nôtre, où il ne paroît pas qu'on ait la moindre idée de ce que c'est qu'un père de famille !

Songez qu'il se forme tous les jours des conditions nouvelles. Songez que rien, peut-être, ne nous est moins connu que les conditions, et ne doit nous intéresser davantage. Nous avons chacun notre état dans la société ; mais nous avons à faire à des hommes de tous les états.

Les conditions ! Combien de détails importans ! d'actions publiques et domestiques ! de vérités inconnues ! de situations nouvelles à tirer de ce fonds ! Et les conditions n'ont-elles pas entr'elles les mêmes contrastes que les caractères ? et le poëte ne pourra-t-il pas les opposer ?

Mais ces sujets n'appartiennent pas seulement au genre sérieux. Ils deviendront comiques ou tragiques, selon le génie de l'homme qui s'en saisira.

Telle est encore la vicissitude des ridicules et des vices, que je crois qu'on pourroit faire un Misanthrope nouveau tous les cinquante ans. Et n'en est-il pas ainsi de beaucoup d'autres caractères ?

= Ces idées ne me déplaisent pas. Me voilà tout disposé à entendre la première comédie dans le genre sérieux, ou la première tragédie bourgeoise qu'on représentera. J'aime qu'on étende la sphère de nos plaisirs. J'accepte les ressources que vous nous offrez ; mais laissez-nous encore celles que nous avons. Je vous avoue que le genre merveilleux me tient à cœur. Je souffre à le voir confondu avec le genre burlesque, et chassé du système de la nature et du genre dramatique. Quinault mis à côté de Scarron et de Dassouci : ah, Dorval, Quinault !

= Personne ne lit Quinault avec plus de plaisir que moi. C'est un poëte plein de graces, qui est toujours tendre et facile, et souvent élevé. J'espère vous montrer un jour jusqu'où je porte la connoissance et l'estime des talens de cet homme unique, et quel parti on auroit pu tirer de ses tragédies, telles qu'elles sont. Mais il s'agit de son genre, que je trouve mauvais. Vous m'abandonnez, je crois, le monde burlesque. Et le monde enchanté vous est-il mieux connu ? A quoi en comparez-vous les peintures, si elles n'ont aucun modèle subsistant dans la nature ?

Le genre burlesque et le genre merveilleux n'ont point de poëtique, et n'en peuvent avoir. Si l'on hasarde, sur la scène lyrique, un trait nouveau, c'est une absurdité qui ne se soutient que par des liaisons plus ou moins éloignées avec une absurdité ancienne. Le nom et les talens de l'auteur y font aussi quelque chose. Molière allume des chandelles tout autour de la tête du Bourgeois Gentilhomme ; c'est une extravagance qui n'a pas de bon sens ; on en convient, et l'on en rit. Un autre imagine des hommes qui deviennent petits à-mesure qu'ils font des sottises ; il y a, dans cette fiction, une allégorie sensée ; et il est sifflé. Angélique se rend invisible à son amant, par le pouvoir d'un anneau qui ne la cache à aucun des spectateurs ; et cette machine ridicule ne choque personne. Qu'on mette un poignard dans la main d'un méchant qui en frappe ses ennemis, et qui ne blesse que lui-même : c'est assez le sort de la méchanceté ; et rien n'est plus incertain que le succès de ce poignard merveilleux.

Je ne vois, dans toutes ces inventions dramatiques, que des contes semblables à ceux dont on berce les enfans. Croit-on qu'à force de les embellir, ils prendront assez de vraisemblance pour intéresser des hommes sensés ? L'héroïne de la Barbe-bleue est au haut d'une tour ; elle entend, au pied de cette tour, la voix terrible de son tyran ; elle va périr si son libérateur ne paroît. Sa sœur est à ses côtés ; ses regards cherchent au loin ce libérateur. Croit-on que cette situation ne soit pas aussi belle qu'aucune du théâtre lyrique, et que la question, *Ma sœur, ne voyez-vous rien venir*, soit sans pathétique ? Pourquoi donc n'attendrit-elle pas un homme sensé, comme elle fait pleurer les petits enfans ? C'est qu'il y a une Barbe-bleue qui détruit son effet.

= Et vous pensez qu'il n'y a aucun ouvrage dans le genre, soit burlesque, soit merveilleux, où l'on ne rencontre quelques poils de cette barbe ?

= Je le crois ; mais je n'aime pas votre expression ; elle est burlesque ; et le burlesque me déplaît par-tout.

= Je vais tâcher de réparer cette faute par quelque observation plus grave. Les dieux du théâtre lyrique ne sont-ils pas les mêmes que ceux de l'épopée ? Et pourquoi, je vous prie, Vénus n'auroit-elle pas aussi bonne grâce à se désoler, sur la scène, de la mort d'Adonis, qu'à pousser des cris dans l'Iliade, de l'égratignure légère qu'elle a reçue de la lance de Diomède, ou qu'à soupirer en voyant l'endroit de sa belle main blanche où la peau meurtrie commençoit à noircir ? N'est-ce pas, dans le poëme d'Homère, un tableau charmant, que celui de cette déesse en pleurs, renversée sur le sein de sa mère Dioné ? Pourquoi ce tableau plairoit-il moins dans une composition lyrique ?

= Un plus habile que moi vous répondra que les embellissemens de l'épopée, convenables aux Grecs, aux Romains, aux Italiens du quinzième et du seizième siècles, sont proscrits parmi les Français ; et que les dieux de la fable, les oracles, les héros invulnérables, les aventures romanesques, ne sont plus de saison.

Et j'ajouterai, qu'il y a bien de la différence entre peindre à mon imagination, et mettre en action sous mes yeux. On fait adopter à mon imagination tout ce qu'on veut ; il ne s'agit que de s'en emparer. Il n'en est pas ainsi de mes sens. Rappelez-vous les principes que j'établissois tout-à-l'heure sur les choses, même vraisemblables, qu'il convenoit tantôt de montrer, tantôt de dérober au spectateur.

Les mêmes distinctions que je faisois s'appliquent plus sévèrement encore au genre merveilleux. En-un-mot, si ce système ne peut avoir la vérité qui convient à l'épopée, comment pourroit-il nous intéresser sur la scène ?

Pour rendre pathétiques les conditions élevées, il faut donner de la force aux situations. Il n'y a que ce moyen d'arracher, de ces ames froides et contraintes, l'accent de la nature, sans lequel les grands effets ne se produisent point. Cet accent s'affoiblit à-mesure que les conditions s'élèvent. Ecoutez Agamemnon :

> Encor si je pouvois, libre dans mon malheur,
> Par des larmes, au-moins, soulager ma douleur ;
> Tristes destins des rois ! esclaves que nous sommes,
> Et des rigueurs du sort, et des discours des hommes !
> Nous nous voyons sans cesse assiégés de témoins ;
> Et les plus malheureux osent pleurer le moins.

Les dieux doivent-ils se respecter moins que les rois ? Si Agamemnon, dont on va immoler la fille, craint de manquer à la dignité de son rang, quelle sera la situation qui fera descendre Jupiter du sien ?

= Mais la tragédie ancienne est pleine de dieux ! et c'est Hercule qui dénoue cette fameuse tragédie de *Philoctète*, à laquelle vous prétendez qu'il n'y a pas un mot à ajouter ni à retrancher.

= Ceux qui se livrèrent les premiers à une étude suivie de la nature humaine, s'attachèrent d'abord à distinguer les passions, à les connoître et à les caractériser. Un homme en conçut les idées abstraites ; et ce fut un philosophe. Un autre donna du corps et du mouvement à l'idée ; et ce fut un poëte. Un troisième tailla le marbre à cette ressemblance ; et ce fut un statuaire. Un quatrième fit prosterner le statuaire au pied de son ouvrage ; et ce fut un prêtre. Les dieux du paganisme ont été faits à la ressemblance de l'homme. Qu'est-ce que les dieux d'Homère, d'Eschile, d'Euripide et de Sophocle ? Les vices des hommes, leurs vertus, et les grands phénomènes de la nature personnifiés, voilà la véritable théogonie ; voilà le coup-d'œil sous lequel il faut voir Saturne, Jupiter, Mars, Apollon, Vénus, les Parques, l'Amour et les Furies.

Lorsqu'un païen étoit agité de remords, il pensoit réellement qu'une furie travailloit au-dedans de lui-même : et quel trouble ne devoit-il donc pas éprouver à l'aspect de ce fantôme, parcourant la scène une torche à la main, la tête hérissée de serpens, et représentant, aux yeux du coupable, des mains teintes de sang ! Mais nous qui connoissons la vanité de toutes ces supersitions ! nous !

= Eh bien ! il n'y a qu'à substituer nos diables aux Euménides.

= Il y a trop peu de foi sur la terre... et puis, nos diables sont d'une figure si gothique... de si mauvais goût.... Est-il étonnant que ce soit Hercule qui dénoue le Philoctète de Sophocle ? Toute l'intrigue de la pièce est fondée sur ses flèches ; et cet Hercule avoit, dans les temples, une statue au pied de laquelle le peuple se prosternoit tous les jours.

Mais savez-vous quelle fut la suite de l'union de la superstition nationale et de la poésie ? C'est que le poëte ne put donner à ses héros des caractères tranchés. Il eût doublé les êtres ; il auroit montré la même passion sous la forme d'un dieu et sous celle d'un homme.

Voilà la raison pour laquelle les héros d'Homère sont presque des personnages historiques.

Mais lorsque la religion chrétienne eut chassé des esprits la croyance des dieux du paganisme, et contraint l'artiste à chercher d'autres ressources d'illusion, le système poëtique changea ; les hommes prirent la place des dieux, et on leur donna un caractère plus un.

= Mais, l'unité de caractère un peu rigoureusement prise, n'est-elle pas une chimère ?

= Sans-doute.

= On abandonna donc la vérité ?

= Point du tout. Rappelez-vous qu'il ne s'agit, sur la scène, que d'une seule action, que d'une circonstance de la vie, que d'un intervalle très-court, pendant lequel il est vraisemblable qu'un homme a conservé son caractère.

= Et dans l'épopée, qui embrasse une grande partie de la vie, une multitude prodigieuse d'événemens différens, des situations de toute espèce, comment faudra-t-il peindre les hommes?

= Il me semble qu'il y a bien de l'avantage à rendre les hommes tels qu'ils sont. Ce qu'ils devroient être est une chose trop systématique et trop vague pour servir de base à un art d'imitation. Il n'y a rien de si rare qu'un homme tout-à-fait méchant, si ce n'est peut-être un homme tout-à-fait bon. Lorsque Thétis trempa son fils dans le Styx, il en sortit semblable à Thersite par le talon. Thétis est l'image de la nature.

Ici, Dorval s'arrêta; puis il reprit. Il n'y a de beautés durables, que celles qui sont fondées sur des rapports avec les êtres de la nature. Si l'on imaginoit les êtres dans une vicissitude rapide, toute peinture ne représentant qu'un instant qui fuit, toute imagination seroit superflue. Les beautés ont, dans les arts, le même fondement que les vérités dans la philosophie. Qu'est-ce que la vérité? la conformité de nos jugemens avec les êtres. Qu'est-ce que la beauté d'imitation? la conformité de l'image avec la chose.

Je crains bien que ni les poëtes, ni les musiciens, ni les décorateurs, ni les danseurs, n'aient pas encore une idée véritable de leur théâtre. Si le genre lyrique est mauvais, c'est le plus mauvais de tous les genres. S'il est bon, c'est le meilleur. Mais peut-il être bon, si l'on ne s'y propose point l'imitation de la nature, et de la nature la plus forte?

A quoi bon mettre en poésie ce qui ne valoit pas la peine d'être conçu ? en chant, ce qui ne valoit pas la peine d'être récité ? Plus on dépense sur un fonds, plus il importe qu'il soit bon. N'est-ce pas prostituer la philosophie, la poésie, la musique, la peinture, la danse, que de les occuper d'une absurdité ? Chacun de ces arts en particulier a pour but l'imitation de la nature ; et pour employer leur magie réunie, on fait choix d'une fable ! et l'illusion n'est-elle pas déjà assez éloignée ? Et qu'a de commun avec la métamorphose ou le sortilége, l'ordre universel des choses, qui doit toujours servir de base à la raison poëtique ? Des hommes de génie ont ramené, de nos jours, la philosophie du monde intelligible dans le monde réel. Ne s'en trouvera-t-il point un qui rende le même service à la poésie lyrique, et qui la fasse descendre des régions enchantées sur la terre que nous habitons ?

Alors on ne dira plus d'un poëme lyrique, que c'est un ouvrage choquant dans le sujet, qui est hors de la nature; dans les principaux personnages, qui sont imaginaires; dans la conduite, qui n'observe souvent ni unité de temps, ni unité de lieu, ni unité d'action, et où tous les arts d'imitation semblent n'avoir été réunis que pour affoiblir l'expression des uns par les autres.

Un sage étoit autrefois un philosophe, un poëte, un musicien. Ces talens ont dégénéré en se séparant : la sphère de la philosophie s'est resserrée;

les idées ont manqué à la poésie; la force et l'énergie, aux chants; et la sagesse, privée de ces organes, ne s'est plus fait entendre aux peuples avec le même charme. Un grand musicien et un grand poëte lyrique répareroient tout le mal.

Voilà donc encore une carrière à remplir. Qu'il se montre, cet homme de génie qui doit placer la véritable tragédie, la véritable comédie sur le théâtre lyrique. Qu'il s'écrie, comme le prophète du peuple hébreu dans son enthousiasme : *Adducite mihi psaltem;* qu'on m'amène un musicien, et il le fera naître.

Le genre lyrique d'un peuple voisin a des défauts sans-doute, mais beaucoup moins qu'on ne pense. Si le chanteur s'assujettissoit à n'imiter à la cadence que l'accent inarticulé de la passion dans les airs de sentimens, ou que les principaux phénomènes de la nature, dans les airs qui font tableau, et que le poëte sût que son ariette doit être la péroraison de sa scène, la réforme seroit bien avancée.

= Et que deviendroient nos ballets ?

= La danse? La danse attend encore un homme de génie; elle est mauvaise par-tout, parce qu'on soupçonne à-peine que c'est un genre d'imitation. La danse est à la pantomime, comme la poésie est à la prose, où plutôt comme la déclamation naturelle est au chant. C'est une pantomime mesurée.

Je voudrois bien qu'on me dît ce que signifient toutes ces danses, telles que le menuet, le passepied, le rigaudon, l'allemande, la sarabande, où l'on suit un chemin tracé. Cet homme se déploie avec une grace infinie; il ne fait aucun mouvement où je n'apperçoive de la facilité, de la douceur et de la noblesse : mais qu'est-ce qu'il imite ? Ce n'est pas là savoir chanter, c'est savoir solfier.

Une danse est un poëme. Ce poëme devroit donc avoir sa représentation séparée. C'est une imitation par les mouvemens, qui suppose le concours du poëte, du peintre, du musicien et du pantomime. Elle a son sujet; ce sujet peut être distribué par actes et par scènes. La scène a son récitatif libre ou obligé, et son ariette.

= Je vous avoue que je ne vous entends qu'à moitié, et que je ne vous entendrois point du tout, sans une feuille volante qui parut il y a quelques années. L'auteur, mécontent du ballet qui termine le Devin du village, en proposoit un autre; et je me trompe fort, ou ses idées ne sont pas éloignées des vôtres.

= Cela peut être.

= Un exemple acheveroit de m'éclairer.

= Un exemple ? Oui. On peut en imaginer un; et je vais y rêver.

Nous fîmes quelques tours d'allées sans mot dire; Dorval rêvoit à son exemple de la danse; et moi, je repassois dans mon esprit quelques-unes de ses idées. Voici à-peu-près l'exemple qu'il me donna. Il est commun, me dit-il; mais j'y appliquerai mes idées aussi facilement que s'il étoit plus voisin de la nature et plus piquant.

SUJET. = Un petit paysan et une jeune paysanne reviennent des champs, sur le soir. Ils se rencontrent dans un bosquet voisin de leur hameau ; et ils se proposent de répéter une danse qu'ils doivent exécuter ensemble le dimanche prochain, sous le grand orme.

ACTE PREMIER.

SCÈNE PREMIÈRE. = Leur premier mouvement est d'une surprise agréable. Ils se témoignent cette surprise par une *pantomime.*

Ils s'approchent, ils se saluent ; le petit paysan propose à la jeune paysanne de répéter leur leçon : elle lui répond qu'il est tard, qu'elle craint d'être grondée. Il la presse, elle accepte ; ils posent à terre les instrumens de leurs travaux : voilà un *récitatif*. Les pas marchés et la pantomime non mesurée sont le récitatif de la danse. Ils répètent leur danse ; ils se recordent le geste et les pas ; ils se reprennent, ils recommencent ; ils font mieux, ils s'approuvent ; ils se trompent, ils se dépitent : c'est un récitatif qui peut être coupé d'une *ariette* de dépit. C'est à l'orchestre à parler ; c'est à lui à rendre les discours, à imiter les actions. Le poëte a dicté à l'orchestre ce qu'il doit dire ; le musicien l'a écrit ; le peintre a imaginé les tableaux : c'est au pantomime à former les pas et les gestes. D'où vous concevez facilement que, si la danse n'est pas écrite comme un poëme, si le poëte a mal fait le discours, s'il n'a pas su trouver des tableaux agréables, si le danseur ne sait pas jouer, si l'orchestre ne sait pas parler, tout est perdu.

Scène II. = Tandis qu'ils sont occupés à s'instruire, on entend des sons effrayans; nos enfans en sont troublés; ils s'arrêtent, ils écoutent; le bruit cesse, ils se rassurent; ils continuent, ils sont interrompus et troublés de-rechef par les mêmes sons : c'est un *récitatif* mêlé d'un peu de *chant*. Il est suivi d'une pantomime de la jeune paysanne qui veut se sauver, et du jeune paysan qui la retient. Il dit ses raisons, elle ne veut pas les entendre; et il se fait entre eux un *duo* fort vif.

Ce *duo* a été précédé d'un bout de récitatif composé des petits gestes du visage, du corps et des mains de ces enfans, qui se montroient l'endroit d'où le bruit est venu.

La jeune paysanne s'est laissé persuader; et ils étoient en fort bon train de répéter leur danse, lorsque deux paysans plus âgés, déguisés d'une manière effrayante et comique, s'avancent à pas lents.

Scène III. = Ces paysans déguisés exécutent, au bruit d'une symphonie sourde, toute l'action qui peut épouvanter des enfans. Leur approche est un *récitatif*; leur discours, un *duo*. Les enfans s'effrayent, ils tremblent de tous leurs membres. Leur effroi augmente à-mesure que les spectres approchent; alors ils font tous leurs efforts pour s'échapper. Ils sont retenus, poursuivis; et les paysans déguisés, et les enfans effrayés, forment un *quatuor* fort vif, qui finit par l'évasion des enfans.

Scène IV. = Alors les spectres ôtent leurs masques; ils se mettent à rire; ils font toute la pantomime qui convient à des scélérats enchantés du tour qu'ils ont joué; ils s'en félicitent par un *duo*, et ils se retirent.

ACTE SECOND.

Scène première. = Le petit paysan et la jeune paysanne avoient laissé sur la scène leur panetière et leur houlette; ils viennent les reprendre, le paysan le premier. Il montre d'abord le bout du nez; il fait un pas en avant, il recule; il écoute, il examine; il avance un peu plus, il recule encore; il s'enhardit peu-à-peu; il va à droite et à gauche; il ne craint plus : ce monologue est un *récitatif obligé*.

Scène II. = La jeune paysanne arrive, mais elle se tient éloignée. Le petit paysan a beau l'inviter, elle ne veut point approcher. Il se jette à ses genoux; il veut lui baiser la main. = *Et les esprits?* lui dit-elle. = Ils n'y sont plus, ils n'y sont plus. C'est encore du *récitatif*; mais il est suivi d'un *duo*, dans lequel le petit paysan lui marque son désir, de la manière la plus passionnée; et la jeune paysanne se laisse engager peu-à-peu à rentrer sur la scène, et à reprendre. Ce *duo* est interrompu par des mouvemens de frayeur. Il ne se fait point de bruit, mais ils croient en entendre ; ils s'arrêtent ; ils écoutent ; ils se rassurent, et continuent le *duo*.

Mais pour cette fois-ci, ce n'est point une erreur ; les sons effrayans ont recommencé ; la jeune paysanne a couru à sa panetière et à sa houlette ; le petit paysan en a fait autant.

Ils veulent s'enfuir.

Scène III. = Mais ils sont investis par une foule de fantômes, qui leur coupent le chemin de tous côtés. Ils se meuvent entre ces fantômes ; ils cherchent une échappée, ils n'en trouvent point. Et vous concevez bien que c'est un *chœur* que cela.

Au moment où leur consternation est la plus grande, les fantômes ôtent leurs masques, et laissent voir au petit paysan et à la petite paysanne, des visages amis. La naïveté de leur étonnement forme un tableau très-agréable. Ils prennent chacun un masque ; ils le considèrent ; ils le comparent au visage. La jeune paysanne a un masque hideux d'homme ; le petit paysan, un masque hideux de femme. Ils mettent ces masques ; ils se regardent ; ils se font des mines : et ce récitatif est suivi du *chœur* général. Le petit paysan et la petite paysanne se font, à travers ce *chœur*, mille niches enfantines ; et la pièce finit avec le *chœur*.

= J'ai entendu parler d'un spectacle dans ce genre, comme de la chose la plus parfaite qu'on pût imaginer.

= Vous voulez dire la troupe de Nicolini.

= Précisément.

= Je ne l'ai jamais vue. Eh bien! croyez-vous encore que le siècle passé n'a plus rien laissé à faire à celui-ci?

La tragédie domestique et bourgeoise, à créer.

Le genre sérieux, à perfectionner.

Les conditions de l'homme, à substituer aux caractères, peut-être dans tous les genres.

La pantomime, à lier étroitement avec l'action dramatique.

La scène, à changer, et les tableaux à substituer aux coups de théâtre, source nouvelle d'invention pour le poëte, et d'étude pour le comédien. Car, que sert au poëte d'imaginer des tableaux, si le comédien demeure attaché à sa disposition symétrique et à son action compassée?

La tragédie réelle, à introduire sur le théâtre lyrique.

Enfin la danse, à réduire sous la forme d'un véritable poëme, à écrire et à séparer de tout autre art d'imitation.

= Quelle tragédie voudriez-vous établir sur la scène lyrique?

= L'ancienne.

= Pourquoi pas la tragédie domestique?

= C'est que la tragédie, et en général toute composition destinée pour la scène lyrique, doit être mesurée, et que la tragédie domestique me semble exclure la versification.

= Mais croyez-vous que ce genre fournit au musicien toute la ressource convenable à son art ? Chaque art a ses avantages ; il semble qu'il en soit d'eux comme des sens. Les sens ne sont tous qu'un toucher ; tous les arts, qu'une imitation. Mais chaque sens touche, et chaque art imite d'une manière qui lui est propre.

= Il y a, en musique, deux styles, l'un simple, et l'autre figuré. Qu'aurez-vous à dire, si je vous montre, sans sortir de mes poëtes dramatiques, des morceaux sur lesquels le musicien peut déployer à son choix toute l'énergie de l'un ou toute la richesse de l'autre ? Quand je dis le *musicien*, j'entends l'homme qui a le génie de son art ; c'est un autre que celui qui ne sait qu'enfiler des modulations et combiner des notes.

= Dorval, un de ces morceaux, s'il vous plaît.

= Très-volontiers. On dit que Lulli même avoit remarqué celui que je vais vous citer ; ce qui prouveroit peut-être qu'il n'a manqué à cet artiste que des poëmes d'un autre genre, et qu'il se sentoit un génie capable des plus grandes choses.

Clytemnestre, à qui l'on vient d'arracher sa fille pour l'immoler, voit le couteau du sacrificateur levé sur son sein, son sang qui coule, un prêtre qui consulte les dieux dans son cœur palpitant. Troublée de ces images, elle s'écrie :

. . . . O mère infortunée !
De festons odieux, ma fille couronnée,
Tend la gorge aux couteaux par son père apprêtés.
Calchas va dans son sang.... Barbares ! arrêtez ;
C'est le pur sang du dieu qui lance le tonnerre.
J'entends gronder la foudre, et sens trembler la terre.
Un dieu vengeur, un dieu fait retentir ces coups.

Je ne connois, ni dans Quinault, ni dans aucun poëte, des vers plus lyriques, ni de situation plus propre à l'imitation musicale. L'état de Clytemnestre doit arracher de ses entrailles le cri de la nature ; et le musicien le portera à mes oreilles dans toutes ses nuances.

S'il compose ce morceau dans le style simple, il se remplira de la douleur, du désespoir de Clytemnestre ; il ne commencera à travailler que quand il se sentira pressé par les images terribles qui obsédoient Clytemnestre. Le beau sujet, pour un récitatif obligé, que les premiers vers ! Comme on en peut couper les différentes phrases par une ritournelle plaintive !.... *O ciel !.... ô mère infortunée !....* premier jour pour la ritournelle.... *De festons odieux, ma fille couronnée....* second jour.... *Tend la gorge aux couteaux par son père apprêtés....* troisième jour.... *Par son père !....* quatrième jour.... *Calchas va dans son sang*.... cinquième jour.... Quels caractères ne peut-on pas donner à cette symphonie?.... Il me semble que je l'entends.... elle me peint la plainte.... la douleur.... l'effroi.... l'horreur.... la fureur....

L'air commence à *Barbares, arrêtez*. Que le musicien me déclame ce *barbares*, cet *arrêtez* en tant de manières qu'il voudra; il sera d'une stérilité bien surprenante, si ces mots ne sont pas pour lui une source inépuisable de mélodies....

Vivement, *Barbares, barbares, arrêtez; arrêtez.... c'est le pur sang du dieu qui lance le tonnerre.... c'est le sang.... c'est le pur sang du dieu qui lance le tonnerre... Ce dieu vous voit... vous entend.... vous menace, barbares... arrêtez!.... J'entends gronder la foudre... je sens trembler la terre.... arrêtez.... Un dieu, un dieu vengeur fait retentir ces coups.... arrêtez, barbares.... Mais rien ne les arrête.... Ah, ma fille!... ah, mère infortunée!.... Je la vois.... je vois couler son sang.... elle meurt... ah, barbares! ô ciel!....* Quelle variété de sentimens et d'images!

Qu'on abandonne ces vers à mademoiselle Dumenil; voilà, ou je me trompe fort, le désordre qu'elle y répandra; voilà les sentimens qui se succéderont dans son ame; voilà ce que son génie lui suggérera; et c'est sa déclamation que le musicien doit imaginer et écrire. Qu'on en fasse l'expérience;

et l'on verra la nature ranimer l'actrice et le musicien sur les mêmes idées.

Mais, le musicien prend-il le style figuré ? autre déclamation, autres idées, autre mélodie. Il fera exécuter, par la voix, ce que l'autre a réservé pour l'instrument ; il fera gronder la foudre, il la lancera, il la fera tomber en éclats ; il me montrera Clytemnestre effrayant les meurtriers de sa fille, par l'image du dieu dont ils vont répandre le sang ; il portera cette image à mon imagination déjà ébranlée par le pathétique de la poésie et de la situation, avec le plus de vérité et de force qu'il lui sera possible. Le premier s'étoit entièrement occupé des accens de Clytemnestre ; celui-ci s'occupe un peu de son expression. Ce n'est plus la mère d'Iphigénie que j'entends ; c'est la foudre qui gronde, c'est la terre qui tremble, c'est l'air qui retentit de bruits effrayans.

Un troisième tentera la réunion des avantages des deux styles ; il saisira le cri de la nature, lorsqu'il se produit violent et inarticulé ; et il en fera la base de sa mélodie. C'est sur les cordes de cette mélodie qu'il fera gronder la foudre et qu'il lancera le tonnerre. Il entreprendra peut-être de montrer le dieu vengeur ; mais il fera sortir à travers les différens traits de cette peinture, les cris d'une mère éplorée.

Mais, quelque prodigieux génie que puisse avoir cet artiste, il n'atteindra point un de ces buts, sans s'écarter de l'autre. Tout ce qu'il accordera à des tableaux sera perdu pour le pathétique. Le tout produira plus d'effet sur les oreilles, moins sur l'ame. Ce compositeur sera plus admiré des artistes, moins des gens de goût.

Et ne croyez pas que ce soient ces mots parasites du style lyrique, *lancer*.... *gronder*.... *trembler*.... qui fassent le pathétique de ce morceau! c'est la passion dont il est animé. Et si le musicien, négligeant le cri de la passion, s'amusoit à combiner des sons à la faveur de ces mots, le poëte lui auroit tendu un cruel piège. Est-ce sur les idées, *lance, gronde, tremble*, ou sur celles-ci, *barbares*.... *arrêtez*.... *c'est le sang*.... *c'est le pur sang d'un dieu*.... *d'un dieu vengeur*.... que la véritable déclamation appuyera?....

Mais voici un autre morceau, dans lequel ce musicien ne montrera pas moins de génie, s'il en a, et où il n'y a ni *lance*, ni *victoire*, ni *tonnerre*, ni *vol*, ni *gloire*, ni aucune de ces expressions qui feront le tourment d'un poëte, tant qu'elles seront l'unique et pauvre ressource du musicien.

RÉCITATIF OBLIGÉ.

Un prêtre environné d'une foule cruelle....
Portera sur ma fille... (*sur ma fille!*) une main criminelle
Déchirera son sein.... et d'un œil curieux....
Dans son cœur palpitant.... consultera les dieux....
Et moi qui l'amenai triomphante.... adorée!....
Je m'en retournerai.... seule.... et désespérée....

Je verrai les chemins encor tout parfumés
Des fleurs, dont sous ses pas on les avoit semés.

AIR.

Non, je ne l'aurai point amenée au supplice....
Ou vous ferez aux Grecs un double sacrifice.
Ni crainte, ni respect ne m'en peut détacher.
De mes bras tout sanglans il faudra l'arracher.
Aussi barbare époux, qu'impitoyable père,
Venez, si vous l'osez, la ravir à sa mère.

Non, je ne l'aurai point amenée au supplice.... Non.... ni crainte, ni respect ne m'en peut détacher.... Non.... barbare époux.... impitoyable père.... venez la ravir à sa mère.... venez, si vous l'osez.... Voilà les idées principales qui occupoient l'ame de Clytemnestre, et qui occuperont le génie du musicien.

Voilà mes idées; je vous les communique d'autant plus volontiers, que, si elles ne sont jamais d'une utilité bien réelle, il est impossible qu'elles nuisent, s'il est vrai, comme le prétend un des premiers hommes de la nation, que presque tous les genres de littérature soient épuisés, et qu'il ne reste plus rien de grand à exécuter, même pour un homme de génie.

C'est aux autres à décider si cette espèce de poëtique, que vous m'avez arrachée, contient quelques vues solides, ou n'est qu'un tissu de chimères. J'en croirois volontiers M. de Voltaire; mais ce seroit à la condition qu'il appuyeroit ses jugemens de quelques raisons qui nous éclairassent. S'il y avoit sur la terre une autorité infaillible que je reconnusse, ce seroit la sienne..

= On peut, si vous voulez, lui communiquer vos idées.

= J'y consens. L'éloge d'un homme habile et sincère peut me plaire ; sa critique, quelque amère qu'elle soit, ne peut m'affliger. J'ai commencé, il y a long-temps, à chercher mon bonheur dans un objet qui fût plus solide, et qui dépendît plus de moi que la gloire littéraire. Dorval mourra content, s'il peut mériter qu'on dise de lui, quand il ne sera plus : « *Son père, qui étoit si honnête homme, ne fut pourtant pas plus honnête homme que lui* ».

= Mais si vous regardiez le bon ou le mauvais succès d'un ouvrage presque d'un œil indifférent, quelle répugnance pourriez-vous avoir à publier le vôtre ?

= Aucune. Il y en a déjà tant de copies. Constance n'en a refusé à personne. Cependant je ne voudrois pas qu'on présentât ma pièce aux comédiens.

= Pourquoi ?

= Il est incertain qu'elle fût acceptée. Il l'est beaucoup plus encore qu'elle réussît. Une pièce qui tombe ne se lit guère. En voulant étendre l'utilité de celle-ci, on risqueroit de l'en priver tout-à-fait.

= Voyez cependant.... Il est un grand prince

qui connoît toute l'importance du genre dramatique, et qui s'intéresse au progrès du goût national (*). On pourroit le solliciter.... obtenir....

= Je le crois ; mais réservons sa protection pour le *Père de famille*. Il ne nous la refusera pas sans doute, lui qui a montré avec tant de courage combien il l'étoit.... Ce sujet me tourmente ; et je sens qu'il faudra que tôt ou tard je me délivre de cette fantaisie ; car c'en est une, comme il en vient à tout homme qui vit dans la solitude.... Le beau sujet, que le Père de famille !.... C'est la vocation générale de tous les hommes.... Nos enfans sont la source de nos plus grands plaisirs et de nos plus grandes peines.... Ce sujet tiendra mes yeux sans cesse attachés sur mon père.... Mon père !.... J'achèverai de peindre le bon Lysimond.... Je m'instruirai moi-même.... Si j'ai des enfans, je ne serai pas fâché d'avoir pris avec eux des engagemens....

= Et dans quel genre le Père de famille ?

= J'y ai pensé ; et il me semble que la pente de ce sujet n'est pas la même que celle du *Fils naturel*. Le Fils naturel a des nuances de la tragédie ; le Père de famille prendra une teinte comique.

= Seriez-vous assez avancé pour savoir cela ?

= Oui.... retournez à Paris.... Publiez le septième volume de l'Encyclopédie.... Venez vous

---

(*) Monseigneur le duc d'Orléans.

reposer ici.... et comptez que le Père de famille ne se fera point, ou qu'il sera fait avant la fin de vos vacances.... Mais à-propos, on dit que vous partez bientôt.

= Après-demain.

= Comment, après-demain ?

= Oui.

= Cela est un peu brusque.... Cependant arrangez-vous comme il vous plaira.... il faut absolument que vous fassiez connoissance avec Constance, Clairville et Rosalie.... Seriez-vous homme à venir ce soir demander à souper à Clairville ?

Dorval vit que je consentois ; et nous reprîmes aussi-tôt le chemin de la maison. Quel accueil ne fit-on pas à un homme présenté par Dorval ? En un moment je fus de la famille. On parla, devant et après le souper, gouvernement, religion, politique, belles-lettres, philosophie; mais, quelle que fût la diversité des sujets, je reconnus toujours le caractère que Dorval avoit donné à chacun de ses personnages. Il avoit le ton de la mélancolie ; Constance, le ton de la raison ; Rosalie, celui de l'ingénuité ; Clairville, celui de la passion ; moi, celui de la bonhommie.

LE PÈRE DE FAMILLE,

COMÉDIE

EN CINQ ACTES ET EN PROSE,

avec un discours sur la poésie dramatique.

Ætatis cujusque notandi sunt tibi mores,
Mobilibusque decor naturis dandus et annis.
            HORAT. *de Art. Poet.*

A S. A. S. M.me LA PRINCESSE

DE

NASSAU-SAARBRUCK.

M̆adame,

En soumettant le *Père de Famille* au jugement de VOTRE ALTESSE SÉRÉNISSIME, je ne me suis point dissimulé ce qu'il en avoit à redouter. Femme éclairée, mère tendre, quel est le sentiment que vous n'eussiez exprimé avec plus de délicatesse que lui ? Quelle est l'idée que vous n'eussiez rendue d'une manière plus touchante ? Cependant ma témérité ne se bornera pas, MADAME, à vous offrir un si foible hommage. Quelque distance qu'il y ait de l'ame d'un poëte à celle d'une mère, j'oserai descendre dans la vôtre, y lire, si je le sais, et révéler quelques-unes des pensées qui l'occupent. Puissiez-vous les reconnoître et les avouer !

Lorsque le ciel vous eut accordé des enfans, ce fut ainsi que vous vous parlâtes ; voici ce que vous vous êtes dit.

Mes enfans sont moins à moi peut-être par le don que je leur ai fait de la vie, qu'à la femme mercénaire qui les alaita. C'est en prenant le soin de leur éducation, que je les révendiquerai sur elle. C'est l'éducation qui fondera leur reconnaissance et mon autorité. Je les éleverai donc.

Je ne les abandonnerai point sans réserve à l'étranger, ni au subalterne. Comment l'étranger y prendroit-il le même intérêt que moi ? Comment le subalterne en seroit-il écouté comme moi ? Si ceux que j'aurai constitué les censeurs de la conduite de mon fils, se disoient au-dedans d'eux-mêmes : « Aujourd'hui mon disciple, demain il » sera mon maître », ils exagéreroient le peu de bien qu'il feroit ; s'il faisoit le mal, ils l'en reprendroient mollement ; et ils deviendroient ainsi ses adulateurs les plus dangereux.

Il seroit à souhaiter qu'un enfant fût élevé par son supérieur ; et le mien n'a de supérieur que moi.

C'est à moi à lui inspirer le libre exercice de sa raison, si je veux que son ame ne se remplisse pas d'erreurs et de terreurs, telles que l'homme s'en faisoit à lui-même sous un état de nature imbécille et sauvage.

Le mensonge est toujours nuisible. Une erreur d'esprit suffit pour corrompre le goût et la morale. Avec une seule idée fausse, on peut devenir barbare ; on arrache les pinceaux de la main du peintre, on brise le chef-d'œuvre du statuaire, on brûle un ouvrage de génie, on se fait une ame petite et cruelle ; le sentiment de la haine s'étend, celui de la bienveillance se resserre ; on vit en transe, et l'on craint de mourir. Les vues étroites d'un instituteur pusillanime ne réduiront pas mon fils dans cet état, si je puis.

Après le libre exercice de sa raison, un autre principe, que je ne cesserai de lui recommander, c'est la sincérité avec soi-même. Tranquille alors sur les préjugés auxquels notre foiblesse nous expose, le voile tomberoit tout-à-coup, et un trait de lumière lui montreroit tout l'édifice de ses idées renversé, qu'il diroit froidement : Ce que je croyois vrai étoit faux; ce que j'aimois comme bon, étoit mauvais; ce que j'admirois comme beau, étoit difforme; mais il n'a pas dépendu de moi de voir autrement.

Si la conduite de l'homme peut avoir une base solide dans la considération générale, sans laquelle on ne se résout point à vivre; dans l'estime et le respect de soi-même, sans lesquels on n'ose guère en exiger des autres; dans les notions d'ordre, d'harmonie, d'intérêt, de bienfaisance et de beauté, auxquelles on n'est pas libre de se refuser, et dont nous portons le germe dans nos cœurs, où il se déploie et se fortifie sans cesse ; dans le sentiment de la décence et de l'honneur, dans la sainteté des loix : pourquoi appuyerai-je la conduite de mes enfans sur des opinions passagères, qui ne tiendront, ni contre l'examen de la raison, ni contre le choc des passions, plus redoutables encore pour l'erreur que la raison ?

Il y a, dans la nature de l'homme, deux principes opposés ; l'amour-propre, qui nous rappelle à nous, et la bienveillance, qui nous répand. Si l'un de ces deux ressorts venoit à se briser, on seroit ou méchant jusqu'à la fureur, ou généreux jusqu'à la folie. Je n'aurai point vécu sans expérience pour eux, si je leur apprends à établir un juste rapport entre ces deux mobiles de notre vie.

C'est en les éclairant sur la valeur

réelle des objets, que je mettrai un frein à leur imagination. Si je réussis à dissiper les prestiges de cette magicienne, qui embellit la laideur, qui enlaidit la beauté, qui pare le mensonge, qui obscurcit la vérité, et qui nous joue par des spectres qu'elle fait changer de formes et de couleurs, et qu'elle nous montre quand il lui plaît, et comme il lui plaît; ils n'auront ni craintes outrées, ni désirs déréglés.

Je ne me suis pas promis de leur ôter toutes les fantaisies; mais j'espère que celle de faire des heureux, la seule qui puisse consacrer les autres, sera du nombre des fantaisies qui leur resteront. Alors, si les images du bonheur couvrent les murs de leur séjour, ils en jouiront; s'ils ont embelli des jardins, ils s'y promeneront. En quelqu'endroit qu'ils aillent, ils y porteront la sérénité.

S'ils appellent autour d'eux les artistes, et s'ils en forment de nombreux ateliers, le chant grossier de celui qui se fatigue depuis le lever du soleil jusqu'à son coucher, pour obtenir d'eux un morceau de pain, leur apprendra que le bonheur peut être aussi à celui qui scie le marbre et qui coupe la pierre ; que la puissance ne donne pas la paix de l'ame, et que le travail ne l'ôte pas.

Auront-ils élevé un édifice au fond d'une forêt, ils ne craindront pas de s'y retirer quelquefois avec eux-mêmes, avec l'ami qui leur dira la vérité, avec l'amie qui saura parler à leur cœur avec moi.

J'ai le goût des choses utiles ; et si je le fais passer en eux, des façades, des places publiques les toucheront moins qu'un amas de fumier, sur lequel ils verront jouer des enfans tout nuds, tandis qu'une paysanne, assise sur le seuil de sa chaumière, en tiendra un plus jeune attaché à sa mamelle, et que des hommes basannés s'occuperont en cent manières diverses, de la subsistance commune.

Ils seront moins délicieusement émus à l'aspect d'une colonnade, que si, traversant un hameau, ils remarquent les épis de la gerbe sortir par les murs entr'ouverts d'une ferme.

Je veux qu'ils voyent la misère, afin qu'ils y soient sensibles, et qu'ils sachent, par leur propre expérience, qu'il y a autour d'eux des hommes comme eux, et peut-être plus essentiels qu'eux, qui ont à peine de la paille pour se coucher, et qui manquent de pain.

Mon fils, si vous voulez connoître la vérité, sortez, lui dirai-je; répandez-vous dans les différentes conditions; voyez les campagnes, entrez dans une chaumière, interrogez celui qui l'habite; ou plutôt regardez son lit, son pain, sa demeure, son vêtement; et vous saurez ce que vos flatteurs chercheront à vous dérober.

Rappelez-vous souvent à vous-même qu'il ne faut qu'un seul homme méchant et puissant, pour que cent mille

ÉPITRE DÉDICATOIRE. 231

autres hommes pleurent, gémissent et maudissent leur existence ;

Que cette espèce de méchans, qui bouleversent le globe et qui le tyrannisent, sont les vrais auteurs du blasphême ;

Que la nature n'a point fait d'esclaves ; et que personne sous le ciel n'a plus d'autorité qu'elle ;

Que l'idée d'esclavage a pris naissance dans l'effusion du sang et au milieu des conquêtes ;

Que les hommes n'auroient aucun besoin d'être gouvernés, s'ils n'étoient pas méchans ; et que par conséquent le but de toute autorité doit être de les rendre tous bons ;

Que tout système de morale, tout ressort politique, qui tend à éloigner l'homme de l'homme, est mauvais ;

Que, si les souverains sont les seuls hommes qui soient demeurés dans l'état de nature, où le ressentiment est l'unique loi de celui qu'on offense, la limite du juste et de l'injuste est un trait délié qui se déplace ou qui disparoît à l'œil de l'homme irrité ;

Que la justice est la première vertu de celui qui commande, et la seule qui arrête la plainte de celui qui obéit ;

Qu'il est beau de se soumettre soi-même à la loi qu'on impose ; et qu'il n'y a que la nécessité et la généralité de la loi qui la fasse aimer ;

Que, plus les États sont bornés, plus l'autorité politique se rapproche de la puissance paternelle ;

Que, si le souverain a les qualités d'un souverain, ses états seront toujours assez étendus ;

Que si la vertu d'un particulier peut se soutenir sans appui, il n'en est pas de même de la vertu d'un peuple ; Qu'il faut récompenser les gens de mérite, encourager les hommes industrieux, approcher de soi les uns et les autres ;

Qu'il y a par-tout des hommes de génie, et que c'est au souverain à les faire paroître. Mon fils, c'est dans la prospérité que vous vous montrerez bon ; mais c'est l'adversité, qui vous montrera grand. S'il est beau de voir l'homme tranquille, c'est au moment où les hasards se rassemblent sur lui.

Faites le bien ; et songez que la nécessité des événemens est égale sur tous.

Soumettez-vous-y ; et accoutumez-vous à regarder d'un même œil le coup qui frappe l'homme et qui le renverse, et la chûte d'un arbre qui briseroit sa statue.

Vous êtes mortel comme un autre ; et lorsque vous tomberez, un peu de poussière vous couvrira comme un autre.

Ne vous promettez point un bonheur sans mélange ; mais faites-vous un plan de bienfaisance, que vous opposiez à celui de la nature, qui nous opprime quelquefois. C'est ainsi que vous vous éleverez, pour ainsi dire, au-dessus d'elle, par l'excellence d'un système qui répare les désordres du sien. Vous serez heureux le soir, si vous avez fait plus de bien qu'elle ne vous aura fait de mal. Voilà l'unique moyen de vous réconcilier avec la vie. Comment haïr une existence, qu'on se rend douce à soi-même, par l'utilité dont elle est aux autres ?

Persuadez-vous que la vertu est tout, et que la vie n'est rien ; et si vous avez de grands talens, vous serez un jour compté parmi les héros.

Rapportez tout au dernier moment, à ce moment où la mémoire des faits les plus éclatans ne vaudra pas le souvenir d'un verre d'eau présenté par humanité à celui qui avoit soif.

Le cœur de l'homme est tantôt serein et tantôt couvert de nuages ; mais le cœur de l'homme de bien, semblable au spectacle de la nature, est toujours grand et beau, tranquille ou agité.

Songez au danger qu'il y auroit à se faire l'idée d'un bonheur qui fût toujours le même, tandis que la condition de l'homme varie sans cesse.

L'habitude de la vertu est la seule que vous puissiez contracter sans crainte pour l'avenir. Tôt ou tard les autres sont importunes.

Lorsque la passion tombe, la honte, l'ennui, la douleur commencent. Alors on craint de se regarder. La vertu se voit elle-même toujours avec complaisance.

Le vice et la vertu travaillent sourdement en nous. Ils n'y sont pas oisifs un moment. Chacun mine de son côté. Mais le méchant ne s'occupe pas à se rendre méchant, comme l'homme de bien à se rendre bon. Celui-là est lâche dans le parti qu'il a pris; il n'ose se perfectionner. Faites-vous un but qui puisse être celui de toute votre vie.

Voilà, MADAME, les pensées que médite une mère telle que vous, et les discours que ses enfans entendent d'elle. Comment, après cela, un petit événement domestique, une intrigue d'amour, où les détails sont aussi frivoles que le fond, ne vous paroîtroient-ils pas insipides ? Mais j'ai compté sur l'indulgence de VOTRE ALTESSE SÉRÉNISSIME ; et si elle daigne me soutenir, peut-être me trouverai-je un jour moins au-dessous de l'opinion favorable dont elle m'honore.

Puisse l'ébauche que je viens de tracer de votre caractère et de vos sentimens, encourager d'autres femmes à vous imiter ! Puissent-elles concevoir qu'elles passent, à-mesure que leurs enfans croissent; et que, si elles obtiennent les longues années qu'elles se promettent, elles finiront par être elles-mêmes des enfans ridés, qui redemanderont en-vain une tendresse qu'elles n'auront pas ressentie.

Je suis avec un très-profond respect,

MADAME,

DE VOTRE ALTESSE SÉRÉNISSIME,

Le très-humble et très-obéissant serviteur,
DIDEROT.

PERSONNAGES.

M. d'Orbesson, père de famille.

M. le commandeur d'Auvillé, beau-frère du père de famille.

Cécile, fille du père de famille.

Saint-Albin, fils du père de famille.

Sophie, une jeune inconnue.

Germeuil, fils de feu M. de ***, un ami du père de famille.

M. Le bon, intendant de la maison.

Mlle. Clairet, femme de chambre de Cécile.

Labrie,
Philippe, } domestiques du père de famille.

Deschamps, domestique de Germeuil.

Autres Domestiques de la maison.

Mad. Hébert, hôtesse de Sophie.

Mad. Papillon, marchande à la toilette.

Une des Ouvrières de madame Papillon.

M.*** C'est un pauvre honteux.

Un Paysan.

Un Exempt.

La scène est à Paris, dans la maison du Père de famille.

LE PÈRE DE FAMILLE.

ACTE PREMIER.

Le théâtre représente une salle de compagnie, décorée de tapisseries, glaces, tableaux, pendules, etc. : c'est celle du Père de famille.

La nuit est fort avancée. Il est entre cinq et six heures du matin.

SCÈNE PREMIÈRE.

LE PÈRE DE FAMILLE, LE COMMANDEUR, CÉCILE, GERMEUIL.

(*Sur le devant de la salle, on voit le Père de famille qui se promène à pas lents. Il a la tête baissée, les bras croisés, et l'air tout-à-fait pensif*).

(*Un peu sur le fond, vers la cheminée qui est à l'un des côtés de la salle, le commandeur et sa nièce font une partie de trictrac*).

(*Derrière le commandeur, un peu plus près du feu, Germeuil est assis négligemment dans un fauteuil, un livre à la main. Il en interrompt de-temps-en-temps la lecture, pour regarder tendrement Cécile, dans les momens où elle est occupée de son jeu, et où il ne peut en être apperçu*).

(*Le commandeur se doute de ce qui se passe derrière lui. Ce soupçon le tient dans une inquiétude qu'on remarque à ses mouvemens*).

CÉCILE.

Mon oncle, qu'avez-vous ? Vous me paroissez inquiet.

LE COMMANDEUR, *en s'agitant dans son fauteuil.*

Ce n'est rien, ma nièce. Ce n'est rien. (*Les bougies sont sur-le-point de finir ; et le commandeur dit à Germeuil*) : Monsieur, voudriez-vous bien sonner ? (*Germeuil va sonner. Le commandeur saisit ce moment pour déplacer son fauteuil et le tourner en face du trictrac. Germeuil revient, remet son fauteuil comme il étoit ; et le commandeur dit au laquais qui entre*) : Des bougies. (*Cependant la partie de trictrac s'avance. Le commandeur et sa nièce jouent alternativement, et nomment leurs dés.*

LE COMMANDEUR.

Six cinq.

GERMEUIL.

Il n'est pas malheureux.

LE COMMANDEUR.

Je couvre de l'une, et je passe l'autre.

CÉCILE.

Et moi, mon cher oncle, je marque six points d'école. Six points d'école....

LE COMMANDEUR, *à Germeuil.*

Monsieur, vous avez la fureur de parler sur le jeu.

CÉCILE.

Six points d'école....

LE COMMANDEUR.

Cela me distrait; et ceux qui regardent derrière moi m'inquiètent.

CÉCILE.

Six et quatre que j'avois, font dix.

LE COMMANDEUR, *toujours à Germeuil.*

Monsieur, ayez la bonté de vous placer autrement; et vous me ferez plaisir.

SCÈNE II.

LE PÈRE DE FAMILLE, LE COMMANDEUR, CÉCILE, GERMEUIL, LA BRIE.

LE PÈRE DE FAMILLE.

Est-ce pour leur bonheur, est-ce pour le nôtre, qu'ils sont nés?.... Hélas! ni l'un ni l'autre.

LE PÈRE DE FAMILLE,

(*La Brie vient avec des bougies, en place où il en faut; et lorsqu'il est sur-le-point de sortir, le père de famille l'appelle*):

La Brie !

LA BRIE.

Monsieur.

LE PÈRE DE FAMILLE, *après une petite pause, pendant laquelle il a continué de rêver et de se promener.*

Où est mon fils ?

LA BRIE.

Il est sorti.

LE PÈRE DE FAMILLE.

A quelle heure ?

LA BRIE.

Monsieur, je n'en sais rien.

LE PÈRE DE FAMILLE. (*Encore une pause*).
Et vous ne savez pas où il est allé ?

LA BRIE.

Non, monsieur.

LE COMMANDEUR.

Le coquin n'a jamais rien su. Double deux.

CÉCILE.

Mon cher oncle, vous n'êtes pas à votre jeu.

LE COMMANDEUR, *ironiquement et brusquement.*

Ma nièce, songez au vôtre.

LE PÈRE DE FAMILLE, *à La Brie; toujours en se promenant et rêvant.*

Il vous a défendu de le suivre ?

LA BRIE, *feignant de ne pas entendre.*

Monsieur ?

LE COMMANDEUR.

Il ne répondra pas à cela. Terne.

LE PÈRE DE FAMILLE, *toujours en se promenant et rêvant.*

Y a-t-il long-temps que cela dure ?

LA BRIE, *feignant encore de ne pas entendre.*

Monsieur ?

LE COMMANDEUR.

Ni à cela non plus. Terne encore. Les doublets me poursuivent.

LE PÈRE DE FAMILLE.

Que cette nuit me paroît longue !

LE COMMANDEUR.

Qu'il en vienne encore un, et j'ai perdu. Le voilà. (*A Germeuil.*) Riez, monsieur. Ne vous contraignez pas.

(*La Brie est sorti. La partie de trictrac finit. Le commandeur, Cécile et Germeuil s'approchent du père de famille.*)

SCÈNE III.

LE PÈRE DE FAMILLE, LE COMMANDEUR, CÉCILE, GERMEUIL.

LE PÈRE DE FAMILLE.

Dans quelle inquiétude il me tient ! Où est-il ? qu'est-il devenu ?

LE COMMANDEUR.

Et qui sait cela ?.... Mais vous vous êtes assez tourmenté pour ce soir. Si vous m'en croyez, vous irez prendre du repos.

LE PÈRE DE FAMILLE.

Il n'en est plus pour moi.

LE COMMANDEUR.

Si vous l'avez perdu, c'est un peu votre faute, et beaucoup celle de ma sœur. C'étoit, dieu lui pardonne, une femme unique pour gâter ses enfans.

CÉCILE, *peinée.*

Mon oncle.

LE COMMANDEUR.

J'avois beau dire à tous les deux : prenez-y garde, vous les perdez.

CÉCILE.

Mon oncle.

LE COMMANDEUR.

Si vous en êtes fous à-présent qu'ils sont jeunes, vous en serez martyrs quand ils seront grands.

CÉCILE.

Monsieur le commandeur.

LE COMMANDEUR.

Bon, est-ce qu'on m'écoute ici ?

LE PÈRE DE FAMILLE.

Il ne vient point !

LE COMMANDEUR.

Il ne s'agit pas de soupirer, de gémir, mais de

montrer ce que vous êtes. Le temps de la peine est arrivé. Si vous n'avez pu la prévenir, voyons du-moins si vous saurez la supporter.... Entre nous, j'en doute....

(*La pendule sonne six heures*).

Mais, voilà six heures qui sonnent.... Je me sens las.... J'ai des douleurs dans les jambes, comme si ma goutte vouloit me reprendre. Je ne vous suis bon à rien. Je vais m'envelopper de ma robe-de-chambre, et me jeter dans un fauteuil. Adieu, mon frère.... Entendez-vous ?

LE PÈRE DE FAMILLE.

Adieu, monsieur le commandeur.

LE COMMANDEUR, *en s'en allant.*

La Brie.

LA BRIE (*du dedans*).

Monsieur.

LE COMMANDEUR.

Eclairez-moi ; et quand mon neveu sera rentré, vous viendrez m'avertir.

SCÈNE IV.

LE PÈRE DE FAMILLE, CÉCILE, GERMEUIL.

LE PÈRE DE FAMILLE, *après s'être encore promené tristement.*

Ma fille, c'est malgré moi que vous avez passé la nuit.

CÉCILE.

Mon père, j'ai fait ce que j'ai dû.

LE PÈRE DE FAMILLE.

Je vous sais gré de cette attention ; mais je crains que vous n'en soyez indisposée. Allez vous reposer.

CÉCILE.

Mon père, il est tard. Si vous me permettiez de prendre à votre santé l'intérêt que vous avez la bonté de prendre à la mienne....

LE PÈRE DE FAMILLE.

Je veux rester, il faut que je lui parle.

CÉCILE.

Mon frère n'est plus un enfant.

LE PÈRE DE FAMILLE.

Et qui sait tout le mal qu'a pu apporter une nuit ?

CÉCILE.

Mon père....

LE PÈRE DE FAMILLE.

Je l'attendrai. Il me verra. (*En appuyant tendrement ses mains sur les bras de sa fille.*) Allez, ma fille, allez. Je sais que vous m'aimez. (*Cécile sort. Germeuil se dispose à la suivre ; mais le père de famille le retient, et lui dit*) : Germeuil, demeurez.

SCÈNE.

LE PÈRE DE FAMILLE, GERMEUIL.
(La marche de cette scène est lente).

LE PÈRE DE FAMILLE, *comme s'il étoit seul, et en regardant aller Cécile.*

Son caractère a tout-à-fait changé. Elle n'a plus sa gaîté, sa vivacité.... Ses charmes s'effacent.... Elle souffre.... Hélas ! depuis que j'ai perdu ma femme et que le commandeur s'est établi chez moi, le bonheur s'en est éloigné !.... Quel prix il met à la fortune qu'il fait attendre à mes enfans !... Ses vues ambitieuses, et l'autorité qu'il a prise dans ma maison, me deviennent de jour en jour plus importunes.... Nous vivions dans la paix et dans l'union. L'humeur inquiète et tyrannique de cet homme nous a tous séparés. On se craint, on s'évite, on me laisse ; je suis solitaire au sein de ma famille, et je péris..... Mais, le jour est prêt à paroître, et mon fils ne vient point ! Germeuil, l'amertume a rempli mon ame. Je ne puis plus supporter mon état....

GERMEUIL.

Vous, monsieur.

LE PÈRE DE FAMILLE.

Oui, Germeuil.

GERMEUIL.

Si vous n'êtes pas heureux, quel père l'a jamais été ?

LE PÈRE DE FAMILLE.

Aucun..... Mon ami, les larmes d'un père coulent souvent en secret..... (*Il soupire, il pleure*). Tu vois les miennes.... Je te montre ma peine.

GERMEUIL.

Monsieur, que faut-il que je fasse ?

LE PÈRE DE FAMILLE.

Tu peux, je crois, la soulager.

GERMEUIL.

Ordonnez.

LE PÈRE DE FAMILLE.

Je n'ordonnerai point; je prierai, je dirai : Germeuil, si j'ai pris de toi quelque soin; si, depuis tes plus jeunes ans, je t'ai marqué de la tendresse, et si tu t'en souviens; si je ne t'ai point distingué de mon fils; si j'ai honoré en toi la mémoire d'un ami qui m'est et me sera toujours présent.... Je t'afflige; pardonne, c'est la première fois de ma vie, et ce sera la dernière.... Si je n'ai rien épargné pour te sauver de l'infortune et remplacer un père à ton égard; si je t'ai chéri; si je t'ai gardé chez moi malgré le commandeur à qui tu déplais; si je t'ouvre aujourd'hui mon cœur, reconnois mes bienfaits, et réponds à ma confiance.

GERMEUIL.

Ordonnez, monsieur, ordonnez.

LE PÈRE DE FAMILLE.

Ne sais-tu rien de mon fils?... Tu es son ami; mais tu dois être aussi le mien.... Parle.... Rends-moi le repos, ou achève de me l'ôter.... Ne sais-tu rien de mon fils?

GERMEUIL.

Non, monsieur.

LE PÈRE DE FAMILLE.

Tu es un homme vrai; et je te crois. Mais vois combien ton ignorance doit ajouter à mon inquiétude. Quelle est la conduite de mon fils, puisqu'il la dérobe à un père dont il a tant de fois éprouvé l'indulgence, et qu'il en fait mystère au seul homme qu'il aime?.... Germeuil, je tremble que cet enfant....

GERMEUIL.

Vous êtes père; un père est toujours prompt à s'allarmer.

LE PÈRE DE FAMILLE.

Tu ne sais pas; mais tu vas savoir et juger si ma crainte est précipitée.... Dis-moi, depuis un temps, n'as-tu pas remarqué combien il est changé?

GERMEUIL.

Oui; mais c'est en bien. Il est moins curieux dans ses chevaux, ses gens, son équipage; moins recherché dans sa parure; il n'a plus aucune de ces fantaisies que vous lui reprochiez ; il a pris en dégoût les dissipations de son âge ; il fuit ses complaisans, ses frivoles amis ; il aime à passer les journées retiré dans son cabinet ; il lit, il écrit, il pense. Tant-mieux ; il a fait de lui-même ce que vous auriez tôt ou tard exigé.

LE PÈRE DE FAMILLE.

Je me disois cela comme toi ; mais j'ignorois ce que je vais t'apprendre.... Écoute.... Cette réforme dont, à ton avis, il faut que je me félicite, et ces absences de nuit qui m'effrayent....

GERMEUIL.

Ces absences et cette réforme ?

LE PÈRE DE FAMILLE.

Ont commencé en-même-temps ; (*Germeuil paroît surpris*). Oui, mon ami, en-même-temps.

GERMEUIL.

Cela est singulier.

LE PÈRE DE FAMILLE.

Cela est. Hélas ! le désordre ne m'est connu que depuis peu ; mais il a duré.... Arranger et suivre à-la-fois deux plans opposés ; l'un de régularité qui nous en impose le jour, un autre de déréglement qui remplit la nuit ; voilà ce qui m'accable... Que, malgré sa fierté naturelle, il se soit abaissé jusqu'à corrompre des valets ; qu'il se soit rendu maître des portes de ma maison ; qu'il attende que je repose ; qu'il s'en informe secrètement ; qu'il s'échappe seul, à pied, toutes les nuits, par toute sorte de temps, à toute heure; c'est peut-être plus qu'aucun père ne puisse souffrir, et qu'aucun enfant de son âge n'eût osé.... Mais avec une pareille conduite, affecter l'attention aux moindres devoirs, l'austérité dans les principes, la réserve dans les discours, le goût de la retraite, le mépris des distractions.... Ah, mon ami !... Qu'attendre d'un jeune homme qui peut tout-à-coup se masquer, et se contraindre à ce point ?... Je regarde dans l'avenir; et ce qu'il me laisse entrevoir, me glace.... S'il n'étoit que vicieux, je n'en désespérerois pas; mais s'il joue les mœurs et la vertu !...

GERMEUIL.

En effet, je n'entends pas cette conduite; mais je connois votre fils. La fausseté est de tous les défauts le plus contraire à son caractère.

LE PÈRE DE FAMILLE.

Il n'en est point qu'on ne prenne bientôt avec les méchans; et maintenant avec qui penses-tu qu'il vive ?..... Tous les gens de bien dorment quand il veille.... Ah Germeuil !..... Mais il me semble que j'entends quelqu'un... c'est lui, peut-être.... *éloigne-toi.*

SCÈNE VI.

LE PÈRE DE FAMILLE, *seul.*
(*Il s'avance vers l'endroit où il a entendu marcher. Il écoute, et dit tristement*) :

Je n'entends plus rien. (*Il se promène un peu, puis il dit*) : Asséyons-nous. (*Il cherche du repos; il n'en trouve point, et il dit*) : Je ne saurois... quels pressentimens s'élèvent au fond de mon ame, s'y succèdent et l'agitent!... O cœur trop sensible d'un père, ne peux-tu te calmer un moment?... A l'heure qu'il est, peut-être il perd sa santé... sa fortune... ses mœurs... Que sais-je? sa vie... son honneur... le mien... (*Il se lève brusquement, et dit*) : Quelles idées me poursuivent!

SCÈNE VII.

LE PÈRE DE FAMILLE, UN INCONNU.

(*Tandis que le père de famille erre, accablé de tristesse, entre un inconnu, vêtu comme un homme du peuple, en redingote et en veste; les bras cachés sous sa redingote, et le chapeau rabattu et enfoncé sur les yeux. Il s'avance à pas lents. Il paroit plongé dans la peine et la rêverie. Il traverse sans appercevoir personne*).

LE PÈRE DE FAMILLE, *qui le voit venir à lui, l'attend, l'arrête par le bras, et lui dit*: Qui êtes-vous? où allez-vous?

ACTE PREMIER. 253

L'INCONNU. (*Point de réponse*).

LE PÈRE DE FAMILLE,

Qui êtes-vous ? où allez-vous ?

L'INCONNU. (*Point de réponse encore*).

LE PÈRE DE FAMILLE *relève lentement le chapeau de l'inconnu, et reconnoît son fils, et s'écrie :*

Ciel !.... c'est lui !.., c'est lui !... Mes funestes pressentimens, les voilà donc accomplis... Ah !... (*Il pousse des accens douloureux ; il s'éloigne, il revient, il dit*) : Je veux lui parler..... Je tremble de l'entendre.... Que vais-je savoir !.... J'ai trop vécu, j'ai trop vécu.

SAINT-ALBIN, *en s'éloignant de son père, et soupirant de douleur.*

Ah !

LE PÈRE DE FAMILLE, *le suivant.*

Qui es-tu ? d'où viens-tu ?... Aurois-je eu le malheur ?...

SAINT-ALBIN, *s'éloignant encore.*

Je suis désespéré.

LE PÈRE DE FAMILLE.

Grand dieu ! que faut-il que j'apprenne ?

SAINT-ALBIN, *revenant et s'adressant à son père.*

Elle pleure, elle soupire, elle songe à s'éloigner ; et si elle s'éloigne, je suis perdu.

LE PÈRE DE FAMILLE,

Qui, elle ?

SAINT-ALBIN.

Sophie.... Non, Sophie, non.... je périrai plutôt.

LE PÈRE DE FAMILLE.

Qui est cette Sophie?... Qu'a-t-elle de commun avec l'état où je te vois, et l'effroi qu'il me cause?

SAINT-ALBIN, *en se jettant aux pieds de son père.*

Mon père, vous me voyez à vos pieds ; votre fils n'est pas indigne de vous. Mais il va périr ; il va perdre celle qu'il chérit au-delà de la vie ; vous seul pouvez la lui conserver. Ecoutez-moi, pardonnez-moi, secourez-moi.

LE PÈRE DE FAMILLE.

Parle, cruel enfant; aie pitié du mal que j'endure.

SAINT-ALBIN, *toujours à genoux.*

Si j'ai jamais éprouvé votre bonté ; si dès mon enfance j'ai pu vous regarder comme l'ami le plus tendre ; si vous fûtes le confident de toutes mes joies et de toutes mes peines, ne m'abandonnez pas; conservez-moi Sophie ; que je vous doive ce que j'ai de plus cher au monde. Protégez-la.... elle va nous quitter, rien n'est plus certain... Voyez-la, détournez-la de son projet..... la vie de votre fils en dépend.... Si vous la voyez, je serai le plus heureux de tous les enfans, et vous serez le plus heureux de tous les pères.

LE PÈRE DE FAMILLE.

Dans quel égarement il est tombé! Qui est-elle, cette Sophie, qui est-elle?

SAINT-ALBIN, *relevé, allant et venant avec enthousiasme.*

Elle est pauvre, elle est ignorée; elle habite un réduit obscur. Mais c'est un ange, c'est un ange; et ce réduit est le ciel. Je n'en descendis jamais sans être meilleur. Je ne vois rien dans ma vie dissipée et tumultueuse à comparer aux heures innocentes que j'y ai passées. J'y voudrois vivre et mourir, dussé-je être méconnu, méprisé du reste de la terre... Je croyois avoir aimé, je me trompois... C'est à-présent que j'aime... (*En saisissant la main de son père.*) Oui... j'aime pour la première fois.

LE PÈRE DE FAMILLE.

Vous vous jouez de mon indulgence, et de ma peine. Malheureux, laissez là vos extravagances; regardez-vous, et répondez-moi. Qu'est-ce que cet indigne travestissement? Que m'annonce-t-il?

SAINT-ALBIN.

Ah, mon père! c'est à cet habit, que je dois mon bonheur, ma Sophie, ma vie.

LE PÈRE DE FAMILLE.
Comment, parlez.

SAINT-ALBIN.

Il a fallu me rapprocher de son état; il a fallu lui dérober mon rang, devenir son égal. Ecoutez, écoutez.

LE PÈRE DE FAMILLE.
J'écoute, et j'attends.

SAINT-ALBIN.
Près de cet asyle écarté qui la cache aux yeux des hommes... ce fut ma dernière ressource.

LE PÈRE DE FAMILLE.
Eh bien ?....

SAINT-ALBIN.
A côté de ce réduit... il y en avoit un autre.

LE PÈRE DE FAMILLE.
Achevez.

SAINT-ALBIN.
Je le loue ; j'y fais porter les meubles qui conviennent à un indigent ; je m'y loge, et je deviens son voisin, sous le nom de Sergi, et sous cet habit.

LE PÈRE DE FAMILLE.
Ah ! je respire !.... Grace à Dieu, du-moins, je ne vois plus en lui qu'un insensé.

SAINT-ALBIN.
Jugez si j'aimois !..... Qu'il va m'en coûter cher !... Ah !

LE PÈRE DE FAMILLE.
Revenez à vous, et songez à mériter par une entière confiance le pardon de votre conduite.

SAINT-ALBIN.
Mon père, vous saurez tout. Hélas ! je n'ai que ce moyen pour vous fléchir !... La première fois que je la vis, ce fut à l'église. Elle étoit à genoux aux pieds des autels, auprès d'une femme âgée

que je pris d'abord pour sa mère; elle attachoit
tous les regards... Ah! mon père! quelle modestie!
quels charmes!... Non, je ne puis vous rendre
l'impression qu'elle fit sur moi. Quel trouble j'é-
prouvai! avec quelle violence mon cœur palpita!
ce que je ressentis! ce que je devins!... Depuis
cet instant, je ne pensai, je ne rêvai qu'elle. Son
image me suivit le jour, m'obséda la nuit, m'agita
par-tout. J'en perdis la gaîté, la santé, le repos.
Je ne pus vivre sans chercher à la retrouver. J'allois par-tout où j'espérois de la revoir. Je languis-
sois, je périssois, vous le savez, lorsque je dé-
couvris que cette femme âgée qui l'accompagnoit
se nommoit madame Hébert; que Sophie l'appeloit
sa bonne; et que, réléguées toutes deux à un quatrième étage, elles y vivoient d'une vie misérable...
Vous avouerai-je les espérances que je conçus
alors, les offres que je fis, tous les projets que je
formai? Que j'eus lieu d'en rougir, lorsque le ciel
m'eut inspiré de m'établir à côté d'elle!... Ah!
mon père, il faut que tout ce qui l'approche devienne honnête ou s'en éloigne!... Vous ignorez
ce que je dois à Sophie, vous l'ignorez.... elle
m'a changé, je ne suis plus ce que j'étois.....
Dès les premiers instans, je sentis les désirs honteux s'éteindre dans mon ame, le respect et l'admiration leur succéder. Sans qu'elle m'eût arrêté,
contenu; peut-être même avant qu'elle eût levé
les yeux sur moi, je devins timide; de jour en jour

L*

je le devins davantage; et bientôt il ne me fut pas plus libre d'attenter à sa vertu qu'à sa vie.

LE PÈRE DE FAMILLE.

Et que font ces femmes ? quelles sont leurs ressources ?

SAINT-ALBIN.

Ah ! si vous connoissiez la vie de ces infortunées ! Imaginez que leur travail commence avant le jour, et que souvent elles y passent les nuits. La bonne file au rouet : une toile dure et grossière est entre les doigts tendres et délicats de Sophie, et les blesse. Ses yeux, les plus beaux yeux du monde, s'usent à la lumière d'une lampe. Elle vit sous un toit, entre quatre murs tous dépouillés : une table de bois, deux chaises de paille, un grabat, voilà ses meubles... O ciel ! quand tu la formas, étoit-ce là le sort que tu lui destinois ?

LE PÈRE DE FAMILLE.

Et comment eûtes-vous accès ? Soyez vrai ?

SAINT-ALBIN.

Il est inouï tout ce qui s'y opposoit, tout ce que je fis. Établi auprès d'elles, je ne cherchai point d'abord à les voir ; mais quand je les rencontrois en descendant, en montant, je les saluois avec respect. Le soir, quand je rentrois (car le jour on me croyoit à mon travail), j'allois doucement frapper à leur porte, et je leur demandois les petits services qu'on se rend entre voisins ; comme de l'eau, du feu, de la lumière. Peu-à-peu elles se firent à moi ; elles prirent de la confiance. Je m'offris à les servir dans des bagatelles. Par exemple, elles n'aimoient pas sortir à la nuit ; j'allois et je venois pour elles.

LE PÈRE DE FAMILLE.

Que de mouvemens et de soins ! et à quelle fin ! Ah ! si les gens de bien !... Continuez.

SAINT-ALBIN.

Un jour, j'entends frapper à ma porte ; c'étoit la bonne. J'ouvre : elle entre sans parler, s'assied et se met à pleurer. Je lui demande ce qu'elle a. Sergi, me dit-elle, ce n'est pas sur moi que je pleure. Née dans la misère, j'y suis faite ; mais cette enfant me désole... Qu'a-t-elle ? que vous est-il arrivé ?... Hélas ! répond la bonne, depuis huit jours nous n'avons plus d'ouvrage ; et nous sommes sur-le-point de manquer de pain. Ciel ! m'écriai-je ! tenez, allez, courez. Après cela... je me renfermai, et l'on ne me vit plus.

LE PÈRE DE FAMILLE.

J'entends, voilà le fruit des sentimens qu'on leur inspire ; ils ne servent qu'à les rendre plus dangereux.

SAINT-ALBIN.

On s'apperçut de ma retraite, et je m'y attendois. La bonne madame Hébert m'en fit des reproches. Je m'enhardis : je l'interrogeai sur leur situation ; je peignis la mienne comme il me plut. Je proposai d'associer notre indigence, et de l'alléger en vivant en commun. On fit des difficultés ;

j'insistai, et l'on consentit à la fin. Jugez de ma joie. Hélas! elle a bien peu duré, et qui sait combien ma peine durera.

Hier, j'arrivai à mon ordinaire, Sophie étoit seule ; elle avoit les coudes appuyés sur sa table, et la tête penchée sur sa main ; son ouvrage étoit tombé à ses pieds. J'entrai sans qu'elle m'entendît : elle soupiroit. Des larmes s'échappoient d'entre ses doigts, et couloient le long de ses bras. Il y avoit déjà quelque temps que je la trouvois triste.... Pourquoi pleuroit-elle ? qu'est-ce qui l'affligeoit ? Ce n'étoit plus le besoin ; son travail et mes attentions pourvoyoient à tout... Menacé du seul malheur que je redoutois, je ne balançai point, je me jetai à ses genoux. Quelle fut sa surprise ! Sophie, lui dis-je, vous pleurez ? qu'avez-vous ? ne me célez pas votre peine ? Parlez-moi; de grace, parlez-moi. Elle se taisoit. Ses larmes continuoient de couler. Ses yeux, où la sérénité n'étoit plus, noyés dans les pleurs, se tournoient sur moi, s'en éloignoient, y revenoient. Elle disoit seulement : pauvre Sergi, malheureuse Sophie ! Cependant j'avois baissé mon visage sur ses genoux, et je mouillois son tablier de mes larmes. Alors la bonne rentra ; je me lève, je cours à elle, je l'interroge ; je reviens à Sophie, je la conjure. Elle s'obstine au silence. Le désespoir s'empare de moi ; je marche dans la chambre, sans savoir ce que je fais. Je m'écrie douloureusement: c'est fait de moi; Sophie, vous voulez nous quitter ; c'est fait de moi. A ces mots ses pleurs redoublent, et elle retombe sur sa table comme je l'avois trouvée. La lueur pâle et sombre d'une petite lampe éclairoit cette scène de douleur, qui a duré toute la nuit. A l'heure que le travail est censé m'appeler, je suis sorti ; et je me retirois ici accablé de ma peine.

LE PÈRE DE FAMILLE.
Tu ne pensois pas à la mienne.

SAINT-ALBIN.
Mon père.

LE PÈRE DE FAMILLE.
Que voulez-vous ? qu'espérez-vous ?

SAINT-ALBIN.
Que vous mettrez le comble à tout ce que vous avez fait pour moi depuis que je suis ; que vous verrez Sophie, que vous lui parlerez, que.....

LE PÈRE DE FAMILLE.
Jeune insensé !.... Et savez-vous qui elle est ?

SAINT-ALBIN.
C'est là son secret. Mais ses mœurs, ses sentimens, ses discours n'ont rien de conforme à sa condition présente. Un autre état perce à travers la pauvreté de son vêtement : tout la trahit, jusqu'à je ne sais quelle fierté qu'on lui a inspirée, et qui la rend impénétrable sur son état.... Si vous voyez son ingénuité, sa douceur, sa modestie !... Vous vous souvenez bien de maman.... vous soupirez. Eh bien ! c'est elle. Mon papa, voyez-la ; et si votre fils vous a dit un mot....

LE PÈRE DE FAMILLE.

Et cette femme, chez qui elle est, ne vous en a rien appris ?

SAINT-ALBIN.

Hélas ! elle est aussi réservée que Sophie ! Ce que j'en ai pu tirer, c'est que cette enfant est venue de province implorer l'assistance d'un parent, qui n'a voulu ni la voir, ni la secourir. J'ai profité de cette confidence pour adoucir sa misère, sans offenser sa délicatesse. Je fais du bien à ce que j'aime, et il n'y a que moi qui le sache.

LE PÈRE DE FAMILLE.

Avez-vous dit que vous aimiez ?

SAINT-ALBIN, *avec vivacité.*

Moi, mon père ?.... Je n'ai pas même entrevu dans l'avenir, le moment où je l'oserois.

LE PÈRE DE FAMILLE.

Vous ne vous croyez donc pas aimé ?

SAINT-ALBIN.

Pardonnez-moi...... Hélas ! quelquefois je l'ai cru !...

LE PÈRE DE FAMILLE.

Et sur quoi ?

SAINT-ALBIN.

Sur des choses légères qui se sentent mieux qu'on ne les dit. Par exemple, elle prend intérêt à tout ce qui me touche ; auparavant, son visage s'éclaircissoit à mon arrivée, son regard s'animoit, elle avoit plus de gaîté. J'ai cru deviner qu'elle m'attendoit. Souvent elle m'a plaint d'un travail qui prenoit toute ma journée. Je ne doute pas qu'elle n'ait prolongé le sien dans la nuit, pour m'arrêter plus long-temps....

LE PÈRE DE FAMILLE.

Vous m'avez tout dit ?

SAINT-ALBIN.

Tout.

LE PÈRE DE FAMILLE, *après une pause.*

Allez vous reposer.... je la verrai.

SAINT-ALBIN.

Vous la verrez? Ah, mon père! vous la verrez!.... mais songez que le temps presse....

LE PÈRE DE FAMILLE.

Allez, et rougissez de n'être pas plus occupé des allarmes que votre conduite m'a données, et peut me donner encore.

SAINT-ALBIN.

Mon père, vous n'en aurez plus.

SCÈNE VIII.

LE PÈRE DE FAMILLE, *seul.*

DE l'honnêteté, des vertus, de l'indigence, de la jeunesse, des charmes, tout ce qui enchaîne les ames bien nées !.... A-peine délivré d'une inquiétude, je retombe dans une autre... Quel sort !... mais peut-être m'allarmai-je encore trop tôt... Un jeune homme passionné, violent, s'exagère à lui-même, aux autres... Il faut voir... il faut appeler ici cette fille, l'entendre, lui parler... Si elle est telle qu'il me la dépeint, je pourrai l'intéresser, l'obliger... que sais-je ?...

SCÈNE IX.

LE PÈRE DE FAMILLE, LE COMMANDEUR,
en robe-de-chambre et en bonnet de nuit.

LE COMMANDEUR.

Eh bien ! M. d'Orbesson, vous avez vu votre fils ? De quoi s'agit-il ?

LE PÈRE DE FAMILLE.

Monsieur le commandeur, vous le saurez. Entrons.

LE COMMANDEUR.

Un mot, s'il vous plaît... Voilà votre fils embarqué dans une aventure qui va vous donner bien du chagrin, n'est-ce pas ?

LE PÈRE DE FAMILLE.
Mon frère....

LE COMMANDEUR.
Afin qu'un jour vous n'en prétendiez cause d'ignorance, je vous avertis que votre chère fille et ce Germeuil, que vous gardez ici malgré moi, vous en préparent de leur côté, et s'il plaît à Dieu, ne vous en laisseront pas manquer.

LE PÈRE DE FAMILLE.

Mon frère, ne m'accorderez-vous pas un instant de repos?

LE COMMANDEUR.

Ils s'aiment; c'est moi qui vous le dis.

LE PÈRE DE FAMILLE, *impatienté*.

Eh bien! je le voudrois.

(*Le père de famille entraîne le Commandeur hors de la scène, tandis qu'il parle*).

LE COMMANDEUR.

Soyez content. D'abord ils ne peuvent ni se souffrir, ni se quitter. Ils se brouillent sans cesse, et sont toujours bien. Prêts à s'arracher les yeux sur des riens, ils ont une ligue offensive et défensive envers et contre tous. Qu'on s'avise de remarquer en eux quelques-uns des défauts dont ils se reprennent, on y sera bien venu... Hâtez-vous de les séparer; c'est moi qui vous le dis...

LE PÈRE DE FAMILLE.

Allons, M. le commandeur, entrons; entrons, M. le commandeur.

FIN DU PREMIER ACTE.

ACTE II.

SCÈNE PREMIERE.

LE PÈRE DE FAMILLE, CECILE, Mlle. CLAIRET, M. LE BON, UN PAYSAN, Mad. PAPILLON, *marchande à la toilette, avec une de ses ouvrières;* LA BRIE; PHILIPPE, *domestique qui vient se présenter; un homme vêtu de noir, qui a l'air d'un pauvre honteux, et qui l'est.*

(*Toutes ces personnes arrivent les unes après les autres. Le paysan se tient debout, le corps penché sur son bâton. Madame Papillon, assise dans un fauteuil, s'essuye le visage avec son mouchoir; sa fille de boutique est debout à côté d'elle, avec un petit carton sous le bras. M. Le Bon est étalé négligemment sur un canapé. L'homme vêtu de noir est retiré à l'écart, debout dans un coin, auprès d'une fenêtre. La Brie est en veste et en papillottes. Philippe est habillé. La Brie tourne autour de lui, et le regarde un peu de travers, tandis que M. Le*

ACTE II.

Bon examine avec sa lorgnette la fille de boutique de madame Papillon).

(Le Père de famille entre, et tout le monde se lève).

(Il est suivi de sa fille ; et sa fille précédée de sa femme-de-chambre qui porte le déjeûner de sa maîtresse. Mademoiselle Clairet fait, en passant, un petit salut de protection à madame Papillon. Elle sert le déjeûner de sa maîtresse sur une petite table. Cécile s'assied d'un côté de cette table. Le Père de famille est assis de l'autre. Mademoiselle Clairet est debout, derrière le fauteuil de sa maîtresse).

(Cette scène est composée de deux scènes simultanées. Celle de Cécile se dit à demi-voix).

LE PÈRE DE FAMILLE, *au Paysan.*

Ah! c'est vous, qui venez enchérir sur le bail de mon fermier de Limeuil. J'en suis content. Il est exact; il a des enfans. Je ne suis pas fâché qu'il fasse avec moi ses affaires. Retournez-vous-en.

(*Mademoiselle Clairet fait signe à madame Papillon d'approcher*).

CÉCILE, *à madame Papillon, bas.*

M'apportez-vous de belles choses ?

LE PÈRE DE FAMILLE, *à son intendant.*

Eh bien! M. Le Bon, qu'est-ce qu'il y a ?

Mad. PAPILLON, *bas à Cécile.*

Mademoiselle, vous allez voir.

M. LE BON.

Ce débiteur, dont le billet est échu depuis un mois, demande encore à différer son paiement.

LE PÈRE DE FAMILLE.

Les temps sont durs ; accordez-lui le délai qu'il demande. Risquons une petite somme, plutôt que de le ruiner.

(*Pendant que la scène marche, madame Papillon et sa fille de boutique déployent, sur des fauteuils, des perses, des indiennes, des satins de Hollande, etc. Cécile, tout en prenant son café, regarde, approuve, désapprouve, fait mettre à part, etc.*).

M. LE BON.

Les ouvriers, qui travailloient à votre maison d'Orsigny, sont venus.

LE PÈRE DE FAMILLE.

Faites leur compte.

M. LE BON.

Cela peut aller au-delà des fonds.

LE PÈRE DE FAMILLE.

Faites toujours. Leurs besoins sont plus pressans que les miens ; et il vaut mieux que je sois gêné qu'eux. (*A sa fille*). Cécile, n'oubliez pas mes pupilles. Voyez s'il n'y a rien là qui leur convienne.... (*Ici il apperçoit le pauvre honteux. Il se lève avec empressement. Il s'avance vers lui, et lui dit bas*) : Pardon, monsieur ; je ne vous voyois pas.... Des embarras domestiques m'ont occupé.... Je vous avois oublié.

(*Tout en parlant, il tire une bourse qu'il lui donne furtivement, et tandis qu'il le reconduit et qu'il revient, l'autre scène avance*).

m^{lle}. CLAIRET.

Ce dessin est charmant.

CÉCILE.

Combien cette pièce ?

mad. PAPILLON.

Dix louis, au juste.

m^{lle}. CLAIRET.

C'est donner.

(*Cécile paye*).

LE PÈRE DE FAMILLE, *en revenant, bas et d'un ton de commisération.*

Une famille à élever, un état à soutenir, et point de fortune !

CÉCILE.

Qu'avez-vous là, dans ce carton ?

LA FILLE DE BOUTIQUE.

Ce sont des dentelles.

(*Elle ouvre son carton*).

CÉCILE, *vivement.*

Je ne veux pas les voir. Adieu, madame Papillon.

(*Mademoiselle Clairet, madame Papillon et sa fille de boutique sortent*).

M. LE BON.

Ce voisin, qui a formé des prétentions sur votre terre, s'en désisteroit peut-être ; si....

LE PÈRE DE FAMILLE.

Je ne me laisserai jamais dépouiller. Je ne sacrifierai point les intérêts de mes enfans à l'homme avide et injuste. Tout ce que je puis, c'est de céder, si l'on veut, ce que la poursuite de ce procès pourra me coûter. Voyez.

(*M. Le Bon sort*).

LE PÈRE DE FAMILLE *le rappelle, et lui dit:*

A propos, M. Le Bon. Souvenez-vous de ces gens de province. Je viens d'apprendre qu'ils ont envoyé ici un de leurs enfans : tâchez de me le découvrir: (*A La Brie, qui s'occupoit à ranger le salon*). Vous n'êtes plus à mon service. Vous connoissiez le déréglement de mon fils. Vous m'avez menti. On ne ment pas chez moi.

CÉCILE, *intercédant.*

Mon père.

LE PÈRE DE FAMILLE.

Nous sommes bien étranges. Nous les avilissons ; nous en faisons de malhonnêtes gens, et lorsque nous les trouvons tels, nous avons l'injustice de nous en plaindre. (*A La Brie*): Je vous laisse votre habit, et je vous accorde un mois de vos gages. Allez. (*A Philippe*): Est-ce vous dont on vient de me parler?

PHILIPPE.

Oui, monsieur.

LE PÈRE DE FAMILLE.

Vous avez entendu pourquoi je le renvoie. Souvenez-vous-en. Allez, et ne laissez entrer personne.

SCÈNE II.

LE PÈRE DE FAMILLE, CÉCILE.

LE PÈRE DE FAMILLE.

Ma fille, avez-vous réfléchi?

CÉCILE.

Oui, mon père.

LE PÈRE DE FAMILLE.

Qu'avez-vous résolu?

CÉCILE.

De faire en tout votre volonté.

LE PÈRE DE FAMILLE.

Je m'attendois à cette réponse.

CÉCILE.

Si cependant il m'étoit permis de choisir un état...

LE PÈRE DE FAMILLE.

Quel est celui que vous préféreriez?... Vous hésitez... Parlez, ma fille.

CÉCILE.

Je préférerois la retraite.

LE PÈRE DE FAMILLE.

Que voulez-vous dire? Un couvent?

CÉCILE.

Oui, mon père. Je ne vois que cet asile contre les peines que je crains.

LE PÈRE DE FAMILLE.

Vous craignez des peines, et vous ne pensez pas à celles que vous me causeriez ? Vous m'abandonneriez ? Vous quitteriez la maison de votre père, pour un cloître ? La société de votre oncle, de votre frère et la mienne, pour la servitude ? Non, ma fille, cela ne sera point. Je respecte la vocation religieuse ; mais ce n'est pas la vôtre. La nature, en vous accordant les qualités sociales, ne vous destina point à l'inutilité... Cécile, vous soupirez... Ah ! si ce dessein te venoit de quelque cause secrète, tu ne sais pas le sort que tu te préparerois. Tu n'as pas entendu les gémissemens des infortunées dont tu irois augmenter le nombre. Ils percent la nuit et le silence de leurs prisons. C'est alors, mon enfant, que les larmes coulent amères et sans témoin, et que les couches solitaires en sont arrosées... Mademoiselle, ne me parlez jamais de couvent... Je n'aurai point donné la vie à un enfant ; je ne l'aurai point élevé ; je n'aurai point travaillé sans relâche à assurer son bonheur, pour le laisser descendre tout vif dans un tombeau ; et avec lui, mes espérances et celles de la société trompées... Et qui la repeuplera de citoyens vertueux, si les femmes les plus dignes d'être des mères de famille s'y refusent ?

ACTE II.

CÉCILE.

Je vous ai dit, mon père, que je ferois en tout votre volonté.

LE PÈRE DE FAMILLE.

Ne me parlez donc jamais de couvent.

CÉCILE.

Mais j'ose espérer que vous ne contraindrez pas votre fille à changer d'état, et que du-moins il lui sera permis de passer des jours tranquilles et libres à côté de vous.

LE PÈRE DE FAMILLE.

Si je ne considérois que moi, je pourrois approuver ce parti. Mais je dois vous ouvrir les yeux sur un temps où je ne serai plus... Cécile, la nature a ses vues; et si vous regardez bien, vous verrez sa vengeance sur tous ceux qui les ont trompées; les hommes, punis du célibat par le vice; les femmes, par le mépris et par l'ennui... Vous connoissez les différens états; dites-moi, en est-il un plus triste et moins considéré que celui d'une fille âgée ? Mon enfant, passé trente ans, on suppose quelque défaut de corps ou d'esprit, à celle qui n'a trouvé personne qui fût tenté de supporter avec elle les peines de la vie. Que cela soit ou non, l'âge avance, les charmes passent, les hommes s'éloignent, la mauvaise humeur prend; on perd ses parens, ses connoissances, ses amis. Une fille surannée n'a plus autour d'elle que des indifférens qui la négligent, ou des ames intéressées qui comptent ses jours. Elle le sent, elle s'en afflige ; elle vit sans qu'on la console, et meurt sans qu'on la pleure.

CÉCILE,

Cela est vrai. Mais est-il un état sans peine ; et le mariage n'a-t-il pas les siennes ?

LE PÈRE DE FAMILLE.

Qui le sait mieux que moi ? Vous me l'apprenez tous les jours. Mais c'est un état, que la nature impose. C'est la vocation de tout ce qui respire... Ma fille, celui qui compte sur un bonheur sans mélange, ne connoit ni la vie de l'homme, ni les desseins du ciel sur lui... Si le mariage expose à des peines cruelles, c'est aussi la source des plaisirs les plus doux. Où sont les exemples de l'intérêt pur et sincère, *de la tendresse réelle*, de la confiance intime, des secours continus, des satisfactions réciproques, des chagrins partagés, des soupirs entendus, des larmes confondues, si ce n'est dans le mariage ? Qu'est-ce que l'homme de bien préfère à sa femme ? Qu'y a-t-il au monde qu'un père aime plus que son enfant ?... O lien sacré des époux, si je pense à vous, mon ame s'échauffe et s'élève !... O noms tendres de fils et de fille, je ne vous prononçai jamais sans tressaillir, sans être touché ! Rien n'est plus doux à mon oreille ; rien n'est plus intéressant à mon cœur... Cécile, rappelez-vous la vie de votre mère : en est-il une plus douce que celle d'une femme qui a employé sa journée à remplir les devoirs d'épouse attentive, de mère tendre, de maîtresse compatissante ?... Quel sujet de réflexions délicieuses elle emporte en son cœur, le soir, quand elle se retire !

CÉCILE.

Oui, mon père. Mais où sont les femmes comme elle, et les époux comme vous ?

LE PÈRE DE FAMILLE.

Il en est, mon enfant ; et il ne tiendroit qu'à toi d'avoir le sort qu'elle eut.

CÉCILE.

S'il suffisoit de regarder autour de soi, d'écouter sa raison et son cœur....

LE PÈRE DE FAMILLE.

Cécile, vous baissez les yeux. Vous tremblez. Vous craignez de parler.... Mon enfant, laisse-moi lire dans ton ame. Tu ne peux avoir de secret pour ton père ; et si j'avois perdu ta confiance, c'est en moi que j'en chercherois la raison.... Tu pleures....

CÉCILE.

Votre bonté m'afflige. Si vous pouviez me traiter plus sévèrement.

LE PÈRE DE FAMILLE.

L'auriez-vous mérité ? Votre cœur vous feroit-il un reproche ?

CÉCILE.

Non, mon père.

LE PÈRE DE FAMILLE.
Qu'avez-vous donc ?

CÉCILE.
Rien.

LE PÈRE DE FAMILLE.
Vous me trompez, ma fille.

CÉCILE.
Je suis accablée de votre tendresse.... je voudrois y répondre.

LE PÈRE DE FAMILLE.
Cécile, auriez-vous distingué quelqu'un ? Aimeriez-vous ?

CÉCILE.
Que je serois à plaindre !

LE PÈRE DE FAMILLE.
Dites. Dis, mon enfant. *Si tu ne me supposes pas une sévérité que je ne connus jamais, tu n'auras pas une réserve déplacée.* Vous n'êtes plus un enfant. Comment blâmerois-je en vous un sentiment que je fis naître dans le cœur de votre mère ? O vous qui tenez sa place dans ma maison, et qui me la représentez, imitez-la dans la franchise qu'elle eut avec celui qui lui avoit donné la vie, et qui voulut son bonheur et le mien.... Cécile, vous ne répondez rien ?

CÉCILE.
Le sort de mon frère me fait trembler.

LE PÈRE DE FAMILLE.
Votre frère est un fou.

ACTE II.

CÉCILE.

Peut-être ne me trouveriez-vous pas plus raisonnable que lui.

LE PÈRE DE FAMILLE.

Je ne crains pas ce chagrin de Cécile. Sa prudence m'est connue ; et je n'attends que l'aveu de son choix pour le confirmer. (*Cécile se tait. Le Père de famille attend un moment ; puis il continue d'un ton sérieux et même un peu chagrin*). Il m'eût été doux d'apprendre vos sentimens de vous-même ; mais de quelque manière que vous m'en instruisiez, je serai satisfait. Que ce soit par la bouche de votre frère, ou de Germeuil, il n'importe... Germeuil est notre ami commun...... c'est un homme sage et discret.... il a ma confiance.... Il ne me paroît pas indigne de la vôtre.

CÉCILE.

C'est ainsi que j'en pense.

LE PÈRE DE FAMILLE.

Je lui dois beaucoup. Il est temps que je m'acquitte avec lui.

CÉCILE.

Vos enfans ne mettront jamais de bornes ni à votre autorité, ni à votre reconnoissance.... Jusqu'à-présent il vous a honoré comme un père, et vous l'avez traité comme un de vos enfans.

LE PÈRE DE FAMILLE.

Ne sauriez-vous point ce que je pourrois faire pour lui ?

CÉCILE.

Je crois qu'il faut le consulter lui-même..... Peut-être a-t-il des idées.... Peut-être.... Quel conseil pourrois-je vous donner ?

LE PÈRE DE FAMILLE.

Le commandeur m'a dit un mot.

CÉCILE, *avec vivacité*.

J'ignore ce que c'est; mais vous connoissez mon oncle. Ah, mon père ! n'en croyez rien.

LE PÈRE DE FAMILLE.

Il faudra donc que je quitte la vie sans avoir vu le bonheur d'aucun de mes enfans.... Cécile.... Cruels enfans, que vous ai-je fait pour me désoler?.... J'ai perdu la confiance de ma fille. Mon fils s'est précipité dans des liens que je ne puis approuver, et qu'il faut que je rompe....

SCÈNE III.

LE PÈRE DE FAMILLE, CÉCILE, PHILIPPE.

PHILIPPE.

Monsieur, il y a là deux femmes qui demandent à vous parler.

LE PÈRE DE FAMILLE.

Faites entrer. (*Cécile se retire. Son père la rappelle, et lui dit tristement*) : Cécile !

CÉCILE.

Mon père.

LE PÈRE DE FAMILLE.

Vous ne m'aimez donc plus ?

(*Les femmes annoncées entrent ; et Cécile sort avec son mouchoir sur les yeux*).

SCÈNE IV.

LE PÈRE DE FAMILLE, SOPHIE, mad. HÉBERT.

LE PÈRE DE FAMILLE, *appercevant Sophie, dit, d'un ton triste, et avec l'air étonné :*

Il ne m'a point trompé. Quels charmes ! Quelle modestie ! Quelle douceur !.... Ah !....

mad. HÉBERT.

Monsieur, nous nous rendons à vos ordres.

LE PÈRE DE FAMILLE.

C'est vous, mademoiselle, qui vous appelez Sophie ?

SOPHIE, *tremblante, troublée*.

Oui, monsieur.

LE PÈRE DE FAMILLE, *à mad. Hébert.*

Madame, j'aurois un mot à dire à mademoiselle. J'en ai entendu parler, et je m'y intéresse.

(*Madame Hébert se retire*).

SOPHIE, *toujours tremblante, la retenant par le bras.*

Ma bonne ?

LE PÈRE DE FAMILLE.

Mon enfant, remettez-vous. Je ne vous dirai rien qui puisse vous faire de la peine.

SOPHIE.

Hélas !

(*Madame Hébert va s'asseoir sur le fond de la salle ; elle tire son ouvrage, et travaille*).

LE PÈRE DE FAMILLE *conduit Sophie à une chaise, et la fait asseoir à côté de lui.*

D'où êtes-vous, mademoiselle ?

SOPHIE.

Je suis d'une petite ville de province.

LE PÈRE DE FAMILLE.

Y a-t-il long-temps que vous êtes à Paris ?

SOPHIE.

Pas long-temps ; et plût au ciel que je n'y fusse jamais venue !

LE PÈRE DE FAMILLE.

Qu'y faites-vous ?

SOPHIE.

J'y gagne ma vie par mon travail.

LE PÈRE DE FAMILLE.

Vous êtes bien jeune.

SOPHIE.

J'en aurai plus long-temps à souffrir.

LE PÈRE DE FAMILLE.

Avez-vous M. votre père ?

SOPHIE.

Non, monsieur.

LE PÈRE DE FAMILLE.

Et votre mère ?

SOPHIE.

Le ciel me l'a conservée. Mais elle a eu tant de chagrins ; sa santé est si chancelante et sa misère si grande !

LE PÈRE DE FAMILLE.

Votre mère est donc bien pauvre ?

SOPHIE.

Bien pauvre. Avec cela, il n'en est point au monde, dont j'aimasse mieux être la fille.

LE PÈRE DE FAMILLE.

Je vous loue de ce sentiment ; vous paroissez bien née.... Et qu'étoit votre père ?

SOPHIE.

Mon père fut un homme de bien. Il n'entendit jamais le malheureux, sans en avoir pitié ; il n'abandonna pas ses amis dans la peine ; et il devint pauvre. Il eut beaucoup d'enfans de ma mère ; nous demeurâmes tous sans ressource à sa mort.... J'étois bien jeune alors.... Je me souviens à-peine de l'avoir vu.... Ma mère fut obligée de me prendre entre ses bras, et de m'élever à la hauteur de son lit, pour l'embrasser et recevoir sa bénédiction... Je pleurois. Hélas ! je ne sentois pas tout ce que je perdois !

LE PÈRE DE FAMILLE.

Elle me touche.... Et qu'est-ce qui vous a fait quitter la maison de vos parens, et votre pays ?

M *

SOPHIE.

Je suis venue ici avec un de mes frères, implorer l'assistance d'un parent qui a été bien dur envers nous. Il m'avoit vue autrefois en province ; il paroissoit avoir pris de l'affection pour moi, et ma mère avoit espéré qu'il s'en ressouviendroit. Mais il a fermé sa porte à mon frère, et il m'a fait dire de n'en pas approcher.

LE PÈRE DE FAMILLE.

Qu'est devenu votre frère ?

SOPHIE.

Il s'est mis au service du Roi. Et moi je suis restée avec la personne que vous voyez, et qui a la bonté de me regarder comme son enfant.

LE PÈRE DE FAMILLE.

Elle ne paroît pas fort aisée.

SOPHIE.

Elle partage avec moi ce qu'elle a.

LE PÈRE DE FAMILLE.

Et vous n'avez plus entendu parler de ce parent ?

SOPHIE.

Pardonnez-moi, monsieur ; j'en ai reçu quelques secours. Mais de quoi cela sert-il à ma mère !

LE PÈRE DE FAMILLE.

Votre mère vous a donc oubliée ?

SOPHIE.

Ma mère avoit fait un dernier effort pour nous envoyer à Paris. Hélas ! elle attendoit de ce voyage un succès plus heureux. Sans cela, auroit-elle pu se résoudre à m'éloigner d'elle ? Depuis, elle n'a plus su comment me faire revenir. Elle me mande cependant qu'on doit me reprendre, et me ramener dans peu. Il faut que quelqu'un s'en soit chargé par pitié. Oh ! nous sommes bien à plaindre !

LE PÈRE DE FAMILLE.

Et vous ne connoîtriez ici personne qui pût vous secourir ?

SOPHIE.

Personne.

LE PÈRE DE FAMILLE.

Et vous travaillez pour vivre ?

SOPHIE.

Oui, monsieur.

LE PÈRE DE FAMILLE.

Et vous vivez seules ?

SOPHIE.

Seules.

LE PÈRE DE FAMILLE.

Mais, qu'est-ce qu'un jeune homme dont on m'a parlé, qui s'appelle Sergi, et qui demeure à côté de vous ?

mad. HÉBERT, *avec vivacité, et quittant son travail.*

Ah ! monsieur, c'est le garçon le plus honnête !

SOPHIE.

C'est un malheureux, qui gagne son pain comme nous, et qui a uni sa misère à la nôtre.

LE PÈRE DE FAMILLE.

Est-ce là tout ce que vous en savez ?

SOPHIE.

Oui, monsieur.

LE PÈRE DE FAMILLE.

Eh bien! mademoiselle, ce malheureux-là....

SOPHIE.

Vous le connoissez?

LE PÈRE DE FAMILLE.

Si je le connois! c'est mon fils.

SOPHIE.

Votre fils!

mad. HÉBERT, *en-même-temps.*

Sergi!

LE PÈRE DE FAMILLE.

Oui, mademoiselle.

SOPHIE.

Ah! Sergi, vous m'avez trompée!

LE PÈRE DE FAMILLE.

Fille aussi vertueuse que belle, connoissez le danger que vous avez couru.

SOPHIE.

Sergi est votre fils!

LE PÈRE DE FAMILLE.

Il vous estime, vous aime; mais sa passion prépareroit votre malheur et le sien, si vous la nourrissiez.

SOPHIE.

Pourquoi suis-je venue dans cette ville? Que ne m'en suis-je allée, lorsque mon cœur me le disoit!

LE PÈRE DE FAMILLE.

Il en est temps encore. Il faut aller retrouver une

ACTE II.

mère qui vous rappelle, et à qui votre séjour ici doit causer la plus grande inquiétude. Sophie, vous le voulez ?

SOPHIE.

Ah ! ma mère ! que vous dirai-je ?

LE PÈRE DE FAMILLE, *à mad. Hébert.*

Madame, vous reconduirez cet enfant, et j'aurai soin que vous ne regrettiez pas la peine que vous aurez prise.

(*Madame Hébert fait la révérence*).

LE PÈRE DE FAMILLE, *continuant*, *à Sophie.*

Mais, Sophie, si je vous rends à votre mère, c'est à vous à me rendre mon fils ; c'est à vous à lui apprendre ce que l'on doit à ses parens : vous le savez si bien.

SOPHIE.

Ah, Sergi ! pourquoi ?....

LE PÈRE DE FAMILLE.

Quelque honnêteté qu'il ait mis dans ses vues, vous l'en ferez rougir. Vous lui annoncerez votre départ ; et vous lui ordonnerez de finir ma douleur et le trouble de sa famille.

SOPHIE.

Ma bonne...

mad. HÉBERT.

Mon enfant...

SOPHIE, *en s'appuyant sur elle.*

Je me sens mourir....

mad. HÉBERT.

Monsieur, nous allons nous retirer, et attendre vos ordres.

SOPHIE.

Pauvre Sergi ! malheureuse Sophie !

(*Elle sort, appuyée sur madame Hébert.*)

SCÈNE V.

LE PÈRE DE FAMILLE, *seul*.

O loix du monde ! ô préjugés cruels !... Il y a déjà si peu de femmes pour un homme qui pense et qui sent ! pourquoi faut-il que le choix en soit encore si limité ?... Mais mon fils ne tardera pas à venir... Secouons, s'il se peut, de mon ame, l'impression que cet enfant y a faite... Lui représenterai-je, comme il me convient, ce qu'il me doit, ce qu'il se doit à lui-même, si mon cœur est d'accord avec le sien ?...

SCÈNE VI.

LE PÈRE DE FAMILLE, SAINT-ALBIN.

SAINT-ALBIN, *en entrant, et avec vivacité*.

Mon père.

(*Le père de famille se promène et garde le silence*).

SAINT-ALBIN, *suivant son père, et d'un ton suppliant*.

Mon père !

LE PÈRE DE FAMILLE, *s'arrêtant, et d'un ton sérieux.*

Mon fils, si vous n'êtes pas rentré en vous-même, si la raison n'a pas recouvré ses droits sur vous, ne venez pas agraver vos torts et mon chagrin.

SAINT-ALBIN.

Vous m'en voyez pénétré. J'approche de vous en tremblant... je serai tranquille et raisonnable... Oui, je le serai... je me le suis promis.

(*Le père de famille continue de se promener*).

SAINT-ALBIN, *s'approchant avec timidité, lui dit d'une voix basse et tremblante.*

Vous l'avez vue ?

LE PÈRE DE FAMILLE.

Oui, je l'ai vue; elle est belle, et je la crois sage. Mais, qu'en prétendez-vous faire ? un amusement ? je ne le souffrirois pas. Votre femme ? elle ne vous convient pas.

SAINT-ALBIN, *en se contenant.*

Elle est belle, elle est sage, et elle ne me convient pas ! Quelle est donc la femme qui me convient ?

LE PÈRE DE FAMILLE.

Celle qui, par son éducation, sa naissance, son état et sa fortune, peut assurer votre bonheur et satisfaire à mes espérances.

SAINT-ALBIN.

Ainsi le mariage sera pour moi un lien d'intérêt et d'ambition. Mon père, vous n'avez qu'un fils;

ne le sacrifiez pas à des vues qui remplissent le monde d'époux malheureux. Il me faut une compagne honnête et sensible, qui m'apprenne à supporter les peines de la vie, et non une femme riche et titrée qui les accroisse. Ah ! souhaitez-moi la mort, et que le ciel me l'accorde, plutôt qu'une femme comme j'en vois.

LE PÈRE DE FAMILLE.

Je ne vous en propose aucune; mais je ne permettrai jamais que vous soyez à celle à laquelle vous vous êtes follement attaché. Je pourrois user de mon autorité, et vous dire : Saint-Albin, cela me déplait, cela ne sera pas, n'y pensez plus. Mais je ne vous ai jamais rien demandé sans vous en montrer la raison; j'ai voulu que vous m'approuvassiez en m'obéissant; et je vais avoir la même condescendance. Modérez-vous, et écoutez-moi.

Mon fils, il y aura bientôt vingt ans que je vous arrosai des premières larmes que vous m'ayez fait répandre. Mon cœur s'épanouit en voyant en vous un ami que la nature me donnoit. Je vous reçus entre mes bras du sein de votre mère : et vous élevant vers le ciel, et mêlant ma voix à vos cris, je dis à Dieu : O Dieu ! qui m'avez accordé cet enfant, si je manque aux soins que vous m'imposez en ce jour, ou s'il ne doit pas y répondre, ne regardez point à la joie de sa mère, reprenez-le.

Voilà le vœu que je fis sur vous et sur moi. Il m'a toujours été présent. Je ne vous ai point aban-

donné au soin du mercenaire ; je vous ai appris
moi-même à parler, à penser, à sentir. A-mesure que vous avanciez en âge, j'ai étudié vos
penchans, j'ai formé sur eux le plan de votre
éducation, et je l'ai suivi sans relâche. Combien je
me suis donné de peines pour vous en épargner ! J'ai
réglé votre sort à venir sur vos talens et sur vos
goûts. Je n'ai rien négligé pour que vous parussiez
avec distinction ; et lorsque je touche au moment
de recueillir le fruit de ma sollicitude, lorsque je
me félicite d'avoir un fils qui répond à sa naissance,
qui le destine aux meilleurs partis, et à ses qualités personnelles, qui l'appellent aux grands emplois, une passion insensée, la fantaisie d'un instant aura tout détruit ; et je verrai ses plus belles
années perdues, son état manqué et mon attente
trompée ; et j'y consentirai ? Vous l'êtes-vous
promis ?

SAINT-ALBIN.

Que je suis malheureux !

LE PÈRE DE FAMILLE.

Vous avez un oncle qui vous aime, et qui vous
destine une fortune considérable ; un père qui vous
a consacré sa vie, et qui cherche à vous marquer
en tout sa tendresse ; un nom, des parens, des
amis, les prétentions les plus flatteuses et les mieux
fondées ; et vous êtes malheureux ? Que vous faut-il
encore ?

SAINT-ALBIN.

Sophie, le cœur de Sophie, et l'aveu de mon père.

LE PÈRE DE FAMILLE.

Qu'osez-vous me proposer ? de partager votre folie, et le blâme général qu'elle encourroit ? Quel exemple à donner aux pères et aux enfans ! Moi, j'autoriserois, par une foiblesse honteuse, le désordre de la société, la confusion du sang et des rangs, la dégradation des familles ?

SAINT-ALBIN.

Que je suis malheureux ! Si je n'ai pas celle que j'aime, un jour il faudra que je sois à celle que je n'aimerai pas ; car je n'aimerai que Sophie. Sans cesse j'en comparerai une autre avec elle ; cette autre sera malheureuse ; je le serai aussi ; vous le verrez ; et vous en périrez de regret.

LE PÈRE DE FAMILLE.

J'aurai fait mon devoir ; et malheur à vous, si vous manquez au vôtre.

SAINT-ALBIN.

Mon père, ne m'ôtez pas Sophie.

LE PÈRE DE FAMILLE.

Cessez de me la demander.

SAINT-ALBIN.

Cent fois vous m'avez dit qu'une femme honnête étoit la faveur la plus grande que le ciel pût accorder. Je l'ai trouvée ; et c'est vous qui voulez m'en priver ! Mon père, ne me l'ôtez pas. A-présent qu'elle sait qui je suis, que ne doit-elle pas attendre de moi ? Saint-Albin sera-t-il moins généreux que Sergi ? Ne me l'ôtez pas : c'est elle qui a rappelé la vertu dans mon cœur ; elle seule peut l'y conserver.

LE PÈRE DE FAMILLE.

C'est-à-dire que son exemple fera ce que le mien n'a pu faire.

SAINT-ALBIN.

Vous êtes mon père ; et vous commandez : elle sera ma femme ; et c'est un autre empire.

LE PÈRE DE FAMILLE.

Quelle différence d'un amant à un époux ! d'une femme à une maîtresse ! Homme sans expérience, tu ne sais pas cela !

SAINT-ALBIN.

J'espère l'ignorer toujours.

LE PÈRE DE FAMILLE.

Y a-t-il un amant qui voie sa maîtresse avec d'autres yeux, et qui parle autrement ?

SAINT-ALBIN.

Vous avez vu Sophie ! ... Si je la quitte pour un rang, des dignités, des espérances, des préjugés, je ne méritai pas de la connoître. Mon père, mépriseriez-vous assez votre fils pour le croire ?

LE PÈRE DE FAMILLE.

Elle ne s'est point avilie en cédant à votre passion : imitez-la.

SAINT-ALBIN.

Je m'avilirois en devenant son époux ?

LE PÈRE DE FAMILLE.

Interrogez le monde.

SAINT-ALBIN.

Dans les choses indifférentes, je prendrai le monde comme il est ; mais quand il s'agira du bonheur ou du malheur de ma vie, du choix d'une compagne....

LE PÈRE DE FAMILLE.

Vous ne changerez pas ses idées. Conformez-vous y donc.

SAINT-ALBIN.

Ils auront tout renversé, tout gâté, subordonné la nature à leurs misérables conventions, et j'y souscrirai ?

LE PÈRE DE FAMILLE.

Ou vous en serez méprisé.

SAINT-ALBIN.

Je les fuirai.

LE PÈRE DE FAMILLE.

Leur mépris vous suivra ; et cette femme que vous aurez entraînée ne sera pas moins à plaindre que vous... Vous l'aimez ?

SAINT-ALBIN.

Si je l'aime !

LE PÈRE DE FAMILLE.

Ecoutez, et tremblez sur le sort que vous lui préparez. Un jour viendra que vous sentirez toute la valeur des sacrifices que vous lui aurez faits. Vous vous trouverez seul avec elle, sans état, sans fortune, sans considération; l'ennui et le chagrin vous saisiront. Vous la haïrez, vous l'accablerez de reproches; sa patience et sa douceur achèveront de vous aigrir; vous la haïrez davantage; vous haïrez les enfans qu'elle vous aura donnés, et vous la ferez mourir de douleur.

SAINT-ALBIN.

Moi !

LE PÈRE DE FAMILLE.

Vous.

SAINT-ALBIN.

Jamais, jamais.

LE PÈRE DE FAMILLE.

La passion voit tout éternel; mais la nature humaine veut que tout finisse.

SAINT-ALBIN.

Je cesserois d'aimer Sophie ! Si j'en étois capable, j'ignorerois, je crois, si je vous aime.

LE PÈRE DE FAMILLE.

Voulez-vous le savoir, et me le prouver? faites ce que je vous demande.

SAINT-ALBIN.

Je le voudrois en-vain; je ne puis; je suis entraîné, mon père, je ne puis.

LE PÈRE DE FAMILLE.

Insensé, vous voulez être père ! En connoissez-vous les devoirs ? Si vous les connoissez, permettriez-vous à votre fils ce que vous attendez de moi ?

SAINT-ALBIN.

Ah ! si j'osois répondre.

LE PÈRE DE FAMILLE.

Répondez.

SAINT-ALBIN.

Vous me le permettez ?

LE PÈRE DE FAMILLE.

Je vous l'ordonne.

SAINT-ALBIN.

Lorsque vous avez voulu ma mère, lorsque toute la famille se souleva contre vous, lorsque mon grand-papa vous appela enfant ingrat, et que vous l'appelâtes, au fond de votre ame, père cruel ; qui de vous deux avoit raison ? Ma mère étoit vertueuse et belle comme Sophie ; elle étoit sans fortune, comme Sophie ; vous l'aimiez comme j'aime Sophie ; souffrîtes-vous qu'on vous l'arrachât, mon père ; et n'ai-je pas un cœur aussi ?

LE PÈRE DE FAMILLE.

J'avois des ressources, et votre mère avoit de la naissance.

SAINT-ALBIN.

Qui sait encore ce qu'est Sophie ?

LE PÈRE DE FAMILLE.

Chimère.

SAINT-ALBIN.

Des ressources ! L'amour, l'indigence m'en fourniront.

LE PÈRE DE FAMILLE.

Craignez les maux qui vous attendent.

SAINT-ALBIN.

Ne la point avoir, est le seul que je redoute.

LE PÈRE DE FAMILLE.

Craignez de perdre ma tendresse.

SAINT-ALBIN.

Je la recouvrerai.

LE PÈRE DE FAMILLE.

Qui vous l'a dit ?

SAINT-ALBIN.

Vous verrez couler les pleurs de Sophie; j'embrasserai vos genoux; mes enfans vous tendront leurs bras innocens, et vous ne les repousserez pas.

LE PÈRE DE FAMILLE.

Il me connoît trop bien... (*Après une petite pause, il prend l'air et le ton le plus sévère, et dit*) : Mon fils, je vois que je vous parle en-vain, que la raison n'a plus d'accès auprès de vous, et que le moyen dont je craignis toujours d'user, est le seul qui me reste : j'en userai, puisque vous m'y forcez. Quittez vos projets ; je le veux, et je vous l'ordonne par toute l'autorité qu'un père a sur ses enfans.

SAINT-ALBIN, *avec un emportement sourd.*

L'autorité, l'autorité ; ils n'ont que ce mot.

LE PÈRE DE FAMILLE.

Respectez-le.

SAINT-ALBIN, *allant et venant.*

Voilà comme ils sont tous. C'est ainsi qu'ils nous aiment. S'ils étoient nos ennemis, que feroient-ils de plus ?

LE PÈRE DE FAMILLE.

Que dites-vous, que murmurez-vous ?

SAINT-ALBIN, *toujours de même.*

Ils se croient sages, parce qu'ils ont d'autres passions que les nôtres.

LE PÈRE DE FAMILLE.

Taisez-vous.

SAINT-ALBIN.

Ils ne nous ont donné la vie, que pour en disposer.

LE PÈRE DE FAMILLE.

Taisez-vous.

SAINT-ALBIN.

Ils la remplissent d'amertume ; et comment seroient-ils touchés de nos peines ? ils y sont faits.

LE PÈRE DE FAMILLE.

Vous oubliez qui je suis, et à qui vous parlez. Taisez-vous, ou craignez d'attirer sur vous la marque la plus terrible du courroux des pères.

SAINT-ALBIN.

Des pères ! des pères ! il n'y en a point... il n'y a que des tyrans.

LE PÈRE DE FAMILLE.

O ciel !

SAINT-ALBIN.

Oui, des tyrans.

LE PÈRE DE FAMILLE.

Eloignez-vous de moi, enfant ingrat et dénaturé. Je vous donne ma malédiction : allez loin de moi. (*Le fils s'en va; mais à-peine a-t-il fait quelques pas, que son père court après lui, et lui dit*) : Où vas-tu, malheureux ?

SAINT-ALBIN.

Mon père.

LE PÈRE DE FAMILLE *se jette dans un fauteuil, et son fils se met à ses genoux.*

Moi, votre père ? vous, mon fils ? Je ne vous suis plus rien ; je ne vous ai jamais rien été. Vous empoisonnez ma vie, vous souhaitez ma mort ; eh ! pourquoi a-t-elle été si long-temps différée ? Que ne suis-je à côté de ta mère ! Elle n'est plus, et mes jours malheureux ont été prolongés.

SAINT-ALBIN.

Mon père.

LE PÈRE DE FAMILLE.

Eloignez-vous, cachez-moi vos larmes ; vous déchirez mon cœur, et je ne puis vous en chasser.

SCÈNE VII.

LE PÈRE DE FAMILLE, SAINT-ALBIN, LE COMMANDEUR.

(*Le Commandeur entre. Saint-Albin, qui étoit aux genoux de son père, se lève, et le Père de famille reste dans son fauteuil, la tête penchée sur ses mains, comme un homme désolé*).

LE COMMANDEUR, *en le montrant à Saint-Albin, qui se promène sans écouter.*

Tiens. Regarde. Vois dans quel état tu le mets. Je lui avois prédit que tu le ferois mourir de douleur; et tu vérifies ma prédiction.

(*Pendant que le commandeur parle, le Père de famille se lève et s'en va. Saint-Albin se dispose à le suivre*).

LE PÈRE DE FAMILLE, *en se retournant vers son fils.*

Où allez-vous? écoutez votre oncle; je vous l'ordonne.

SCÈNE VIII.

SAINT-ALBIN, LE COMMANDEUR.

SAINT-ALBIN.

Parlez donc, monsieur, je vous écoute.... Si c'est un malheur que de l'aimer, il est arrivé, et je n'y sais plus de remède... Si on me la

refuse, qu'on m'apprenne à l'oublier... L'oublier!...
Qui ? elle ? moi ? je le pourrois ? je le voudrois ?
Que la malédiction de mon père s'accomplisse sur
moi, si jamais j'en ai la pensée !

LE COMMANDEUR.

Qu'est-ce qu'on te demande ? de laisser là une
créature que tu n'aurois jamais dû regarder qu'en
passant ; qui est sans bien, sans parens, sans
aveu, qui vient de je ne sais où, qui appartient à
je ne sais qui, et qui vit je ne sais comment. On a
de ces filles-là. Il y a des fous qui se ruinent pour
elles ; mais épouser ! épouser !

SAINT-ALBIN, *avec violence.*

M. le commandeur.

LE COMMANDEUR.

Elle te plaît? Eh bien ! garde-la. Je t'aime
autant celle-là qu'une autre : mais laisse-nous espérer la fin de cette intrigue, quand il en sera temps.

(*Saint-Albin veut sortir*).

Où vas-tu ?

SAINT-ALBIN.

Je m'en vais.

LE COMMANDEUR, *en l'arrêtant.*

As-tu oublié que je te parle au nom de ton père ?

SAINT-ALBIN.

Eh bien! monsieur, dites. Déchirez-moi, déses-
pérez-moi ; je n'ai qu'un mot à répondre. Sophie
sera ma femme.

LE COMMANDEUR.

Ta femme ?

SAINT-ALBIN.

Oui, ma femme.

LE COMMANDEUR.

Une fille de rien !

SAINT-ALBIN.

Qui m'a appris à mépriser tout ce qui vous enchaîne et vous avilit.

LE COMMANDEUR.

N'as-tu point de honte ?

SAINT-ALBIN.

De la honte ?

LE COMMANDEUR.

Toi, fils de M. d'Orbesson ! neveu du commandeur d'Auvilé !

SAINT-ALBIN.

Moi, fils de M. d'Orbesson, et votre neveu.

LE COMMANDEUR.

Voilà donc les fruits de cette éducation merveilleuse, dont ton père étoit si vain ? Le voilà, ce modèle de tous les jeunes gens de la cour et de la ville ?... Mais tu te crois riche peut-être ?

SAINT-ALBIN.

Non.

LE COMMANDEUR.

Sais-tu ce qui te revient du bien de ta mère ?

SAINT-ALBIN.

Je n'y ai jamais pensé ; et je ne veux pas le savoir.

LE COMMANDEUR.

Ecoute. C'étoit la plus jeune de six enfans que nous étions, et cela dans une province où l'on ne donne rien aux filles. Ton père, qui ne fut pas plus sensé que toi, s'en entêta et la prit. Mille écus de rente à partager avec ta sœur, c'est quinze cents francs pour chacun; voilà toute votre fortune.

SAINT-ALBIN.

J'ai quinze cents livres de rente?

LE COMMAMDEUR.

Tant qu'elles peuvent s'étendre.

SAINT-ALBIN.

Ah, Sophie! vous n'habiterez plus sous un toit! vous ne sentirez plus les atteintes de la misère. J'ai quinze cents livres de rente!

LE COMMANDEUR.

Mais tu peux en attendre vingt-cinq mille de ton père, et presque le double de moi. Saint-Albin, on fait des folies; mais on n'en fait pas de plus chères.

SAINT-ALBIN.

Et que m'importe la richesse, si je n'ai pas celle avec qui je la voudrois partager?

LE COMMANDEUR.

Insensé!

SAINT-ALBIN.

Je sais. C'est ainsi qu'on appelle ceux qui préfèrent à tout une femme jeune, vertueuse et belle; et je fais gloire d'être à la tête de ces fous-là.

LE COMMANDEUR.

Tu cours à ton malheur.

SAINT-ALBIN.

Je mangeois du pain, je buvois de l'eau à côté d'elle; et j'étois heureux.

LE COMMANDEUR.

Tu cours à ton malheur.

SAINT-ALBIN.

J'ai quinze cents livres de rente !

LE COMMANDEUR.

Que feras-tu ?

SAINT-ALBIN.

Elle sera nourrie, logée, vêtue; et nous vivrons.

LE COMMANDEUR.

Comme des gueux.

SAINT-ALBIN.

Soit.

LE COMMANDEUR.

Cela aura père, mère, frère, sœur; et tu épouseras tout cela.

SAINT-ALBIN.

J'y suis résolu.

LE COMMANDEUR.

Je t'attends aux enfans.

SAINT-ALBIN.

Alors je m'adresserai à toutes les ames sensibles. On me verra, on verra la compagne de mon infortune; je dirai mon nom, et je trouverai du secours.

ACTE II.

LE COMMANDEUR.

Tu connois bien les hommes!

SAINT-ALBIN.

Vous les croyez méchans.

LE COMMANDEUR.

Et j'ai tort?

SAINT-ALBIN.

Tort ou raison; il me restera deux appuis avec lesquels je peux défier l'univers, l'amour, qui fait entreprendre, et la fierté, qui sait supporter.... On n'entend tant de plaintes dans le monde, que parce que le pauvre est sans courage.... et que le riche est sans humanité....

LE COMMANDEUR.

J'entends.... Eh bien! aie-la, ta Sophie; foule aux pieds la volonté de ton père, les loix de la décence, les bienséances de ton état. Ruine-toi, avilis-toi, roule-toi dans la fange, je ne m'y oppose plus. Tu serviras d'exemple à tous les enfans qui ferment l'oreille à la voix de la raison, qui se précipitent dans des engagemens honteux, qui affligent leurs parens, et qui déshonorent leur nom. Tu l'auras, ta Sophie, puisque tu l'as voulu; mais tu n'auras pas de pain à lui donner, ni à ses enfans qui viendront en demander à ma porte.

SAINT-ALBIN.

C'est ce que vous craignez.

LE COMMANDEUR.

Ne suis-je pas bien à plaindre?...; Je me suis

privé de tout pendant quarante ans ; j'aurois pu me marier, et je me suis refusé cette consolation. J'ai perdu de vue les miens, pour m'attacher à ceux-ci : m'en voilà bien récompensé !.... Que dira-t-on dans le monde ?.... Voilà qui sera fait, je n'oserai plus me montrer ; ou si je parois quelque part, et que l'on demande qui est cette vieille croix, qui a l'air si chagrin, on répondra tout bas : c'est le commandeur d'Auvilé.... l'oncle de ce jeune fou qui a épousé.... oui.... Ensuite on se parlera à l'oreille, on me regardera ; la honte et le dépit me saisiront ; je me leverai, je prendrai ma canne, et je m'en irai.... Non, je voudrois pour tout ce que je possède, lorsque tu gravissois le long des murs du fort S. Philippe, que quelqu'Anglais, d'un bon coup de bayonnette, t'eût envoyé dans le fossé, et que tu y fusses demeuré enseveli avec les autres ; du-moins on auroit dit : c'est dommage, c'étoit un sujet ; et j'aurois pu solliciter une grace du roi pour l'établissement de ta sœur.... Non, il est inouï qu'il y ait jamais eu un pareil mariage dans une famille.

SAINT-ALBIN.

Ce sera le premier.

LE COMMANDEUR.

Et je le souffrirai ?

SAINT-ALBIN.

S'il vous plaît.

LE COMMANDEUR.

Tu le crois ?

SAINT-ALBIN.

Assurément.

LE COMMANDEUR.

Allons, nous verrons.

SAINT-ALBIN.

Tout est vu.

SCÈNE IX.

SAINT-ALBIN, SOPHIE, Mad. HEBERT.

(*Tandis que Saint-Albin continue comme s'il étoit seul, Sophie et sa bonne s'avancent, et parlent dans les intervalles du monologue de Saint-Albin*).

SAINT-ALBIN, *après une pause, en se promenant et rêvant.*

Oui, tout est vu.... ils ont conjuré contre moi.... je le sens....

SOPHIE, *d'un ton doux et plaintif.*

On le veut.... Allons, ma bonne.

SAINT-ALBIN.

C'est pour la première fois que mon père est d'accord avec cet oncle cruel.

SOPHIE, *en soupirant.*

Ah, quel moment!

mad. HÉBERT.

Il est vrai, mon enfant.

SOPHIE.

Mon cœur se trouble.

mad. HÉBERT.

Ne perdons point de temps; il faut l'aller trouver.

SOPHIE.

Le voilà, ma bonne, c'est lui.

SAINT-ALBIN.

Oui, Sophie, oui, c'est moi; je suis Sergi.

SOPHIE, *en sanglotant.*

Non, vous ne l'êtes pas.... (*Elle se retourne vers madame Hébert*). Que je suis malheureuse! je voudrois être morte. Ah, ma bonne! à quoi me suis-je engagée? Que vais-je lui apprendre? que va-t-il devenir? ayez pitié de moi.... dites-lui.

SAINT-ALBIN.

Sophie, ne craignez rien. Sergi vous aimoit; Saint-Albin vous adore, et vous voyez l'homme le plus vrai et l'amant le plus passionné.

SOPHIE *soupire profondément.*

Hélas!

SAINT-ALBIN,

Croyez que Sergi ne peut vivre, ne veut vivre que pour vous.

SOPHIE.

Je le crois; mais à quoi cela sert-il?

SAINT-ALBIN.

Dites un mot.

ACTE II.
SOPHIE.

Quel mot?

SAINT-ALBIN.

Que vous m'aimez. Sophie, m'aimez-vous?

SOPHIE, *en soupirant profondément.*

Ah! si je ne vous aimois pas!

SAINT-ALBIN.

Donnez-moi donc votre main; recevez la mienne, et le serment que je fais ici à la face du ciel, et de cette honnête femme qui nous a servi de mère, de n'être jamais qu'à vous.

SOPHIE.

Hélas! vous savez qu'une fille bien née ne reçoit et ne fait de sermens qu'aux pieds des autels... Et ce n'est pas moi que vous y conduirez... Ah, Sergi! c'est à-présent que je sens la distance qui nous sépare!

SAINT-ALBIN, *avec violence.*

Sophie, et vous aussi?

SOPHIE.

Abandonnez-moi à ma destinée, et rendez le repos à un père qui vous aime.

SAINT-ALBIN.

Ce n'est pas vous qui parlez, c'est lui. Je le reconnois, cet homme dur et cruel.

SOPHIE.

Il ne l'est point; il vous aime.

SAINT-ALBIN.

Il m'a maudit, il m'a chassé; il ne lui restoit plus qu'à se servir de vous pour m'arracher la vie.

SOPHIE.

Vivez, Sergi.

SAINT-ALBIN.

Jurez donc que vous serez à moi malgré lui.

SOPHIE.

Moi, Sergi? ravir un fils à son père!..., J'entrerois dans une famille qui me rejette!

SAINT-ALBIN.

Et que vous importe mon père, mon oncle, ma sœur, et toute ma famille, si vous m'aimez?

SOPHIE.

Vous avez une sœur?

SAINT-ALBIN.

Oui, Sophie.

SOPHIE.

Qu'elle est heureuse!

SAINT-ALBIN.

Vous me désespérez.

SOPHIE.

J'obéis à vos parens. Puisse le ciel vous accorder, un jour, une épouse qui soit digne de vous, et qui vous aime autant que Sophie!

SAINT-ALBIN.

Et vous le souhaitez?

SOPHIE.

Je le dois.

SAINT-ALBIN.

Malheur à qui vous a connue, et qui peut être heureux sans vous !

SOPHIE.

Vous le serez ; vous jouirez de toutes les bénédictions promises aux enfans qui respecteront la volonté de leurs parens ; j'emporterai celles de votre père ; je retournerai seule à ma misère ; et vous vous ressouviendrez de moi.

SAINT-ALBIN.

Je mourrai de douleur, et vous l'aurez voulu... (*En la regardant tristement*). Sophie...

SOPHIE.

Je ressens toute la peine que je vous cause.

SAINT-ALBIN, *en la regardant encore*.

Sophie !....

SOPHIE, *à madame Hébert, en sanglotant*.

O ma bonne, que ses larmes me font de mal ?... Sergi, n'opprimez pas mon ame foible... j'en ai assez de ma douleur... (*Elle se couvre les yeux de ses mains*). Adieu, Sergi.

SAINT-ALBIN.

Vous m'abandonnez ?

SOPHIE.

Je n'oublierai point ce que vous avez fait pour moi. Vous m'avez vraiment aimée : ce n'est pas en descendant de votre état, c'est en respectant mon malheur et mon indigence ; que vous l'avez montré. Je me rappellerai souvent ce lieu où je vous ai connu.... Ah, Sergi!

SAINT-ALBIN.

Vous voulez que je meure.

SOPHIE.

C'est moi, c'est moi qui suis à plaindre.

SAINT-ALBIN.

Sophie, où allez-vous?

SOPHIE.

Je vais subir ma destinée, partager les peines de mes sœurs, et porter les miennes dans le sein de ma mère. Je suis la plus jeune de ses enfans, elle m'aime; je lui dirai tout, et elle me consolera.

SAINT-ALBIN.

Vous m'aimez, et vous m'abandonnez!

SOPHIE.

Pourquoi vous ai-je connu?... Ah!...

(*Elle s'éloigne*).

SAINT-ALBIN.

Non, non... je ne le puis... Madame Hébert, retenez-la... ayez pitié de nous.

mad. HÉBERT.

Pauvre Sergi!

SAINT-ALBIN, *à Sophie.*

Vous ne vous éloignerez pas... j'irai... je vous suivrai... Sophie, arrêtez... Ce n'est ni par vous, ni par moi que je vous conjure... Vous avez résolu mon malheur et le vôtre... C'est au nom de ces parens cruels... Si je vous perds, je ne pourrai

ni les voir, ni les entendre, ni les souffrir....
Voulez-vous que je les haïsse ?

SOPHIE.

Aimez vos parens ; obéissez-leur ; oubliez-moi.

SAINT-ALBIN, *qui s'est jeté à ses pieds, s'écrie en la retenant par ses habits.*

Sophie, écoutez.... vous ne connoissez pas Saint-Albin.

SOPHIE, *à madame Hébert, qui pleure.*

Ma bonne, venez, venez ; arrachez-moi d'ici.

SAINT-ALBIN, *en se relevant.*

Il peut tout oser ; vous le conduisez à sa perte...
Oui, vous l'y conduisez...

(*Il marche. Il se plaint ; il se désespère. Il nomme Sophie par intervalles. Ensuite il s'appuye sur le dos d'un fauteuil, les yeux couverts de ses mains*).

SCÈNE X.

SAINT-ALBIN, CÉCILE, GERMEUIL.

(*Pendant qu'il est dans cette situation, Cécile et Germeuil entrent*).

GERMEUIL, *s'arrêtant sur le fond, et regardant tristement Saint-Albin, dit à Cécile :*

LE voilà, le malheureux ! il est accablé, et il ignore que dans ce moment...Que je le plains !...
Mademoiselle, parlez-lui.

LE PÈRE DE FAMILLE,

CÉCILE.

Saint-Albin.

SAINT-ALBIN, *qui ne les voit point, mais qui les entend approcher, leur crie, sans les regarder:*

Qui que vous soyez, allez retrouver les barbares qui vous envoient. Retirez-vous.

CÉCILE.

Mon frère, c'est moi ; c'est Cécile qui connoît votre peine, et qui vient à vous.

SAINT-ALBIN, *toujours dans la même position.*

Retirez-vous.

CÉCILE.

Je m'en irai, si je vous afflige.

SAINT-ALBIN.

Vous m'affligez. (*Cécile s'en va; mais son frère la rappelle d'une voix foible et douloureuse*). Cécile.

CÉCILE, *se rapprochant de son frère.*

Mon frère.

SAINT-ALBIN, *la prenant par la main, sans changer de situation et sans la regarder.*

Elle m'aimoit, ils me l'ont ôtée ; elle me fuit.

GERMEUIL, *à lui-même.*

Plût au ciel !

SAINT-ALBIN.

J'ai tout perdu.... Ah !

CÉCILE.

Il vous reste une sœur, un ami.

SAINT-ALBIN, *se relevant avec vivacité.*

Où est Germeuil ?

CÉCILE.

Le voilà.

SAINT-ALBIN *se promène un moment en silence, puis il dit :*

Ma sœur, laissez-nous.

SCÉNE XI.

SAINT-ALBIN, GERMEUIL.

SAINT-ALBIN, *en se promenant, et à plusieurs reprises.*

Oui.... c'est le seul parti qui me reste.... et j'y suis résolu.... Germeuil, personne ne nous entend ?

GERMEUIL.

Qu'avez-vous à me dire ?

SAINT-ALBIN.

J'aime Sophie, j'en suis aimé ; vous aimez Cécile, et Cécile vous aime.

GERMEUIL.

Moi ! votre sœur !

SAINT-ALBIN.

Vous, ma sœur ! Mais la même persécution qu'on me fait, vous attend ; et si vous avez du courage, nous irons, Sophie, Cécile, vous et moi, chercher le bonheur loin de ceux qui nous entourent et nous tyrannisent.

GERMEUIL.

Qu'ai-je entendu ?.... Il ne me manquoit plus que cette confidence.... Qu'osez-vous entreprendre; et que me conseillez-vous ? C'est ainsi que je reconnoîtrois les bienfaits, dont votre père m'a comblé depuis que je respire ? Pour prix de sa tendresse, je remplirois son ame de douleur; et je l'enverrois au tombeau, en maudissant le jour qu'il me reçut chez lui.

SAINT-ALBIN.

Vous avez des scrupules; n'en parlons plus.

GERMEUIL.

L'action que vous me proposez, et celle que vous avez résolue, sont deux crimes.... (*avec vivacité*). Saint-Albin, abandonnez votre projet.... Vous avez encouru la disgrace de votre père, et vous allez la mériter; attirer sur vous le blâme public; vous exposer à la poursuite des loix; désespérer celle que vous aimez.... Quelles peines vous vous préparez !.... Quel trouble vous me causez !....

SAINT-ALBIN.

Si je ne peux compter sur votre secours, épargnez-moi vos conseils.

GERMEUIL.

Vous vous perdez.

SAINT-ALBIN.

Le sort en est jeté.

GERMEUIL.

Vous me perdez moi-même : vous me perdez... Que dirai-je à votre père, lorsqu'il m'apportera sa douleur?..... à votre oncle?.... Oncle cruel! neveu plus cruel encore!.... Avez-vous dû me confier vos desseins?... Vous ne savez pas... que suis-je venu chercher ici?.... pourquoi vous ai-je vu?....

SAINT-ALBIN.

Adieu, Germeuil, embrassez-moi; je compte sur votre discrétion.

GERMEUIL.

Où courez-vous?

SAINT-ALBIN.

M'assurer le seul bien dont je fasse cas, et m'éloigner d'ici pour jamais.

SCÈNE XII.

GERMEUIL, *seul.*

LE sort m'en veut-il assez! Le voilà résolu d'enlever sa maîtresse; et il ignore qu'au même instant son oncle travaille à la faire enfermer... Je deviens coup sur coup leur confident et leur complice.... Quelle situation est la mienne! je ne puis ni parler, ni me taire, ni agir, ni cesser.... Si l'on me soupçonne seulement d'avoir servi l'oncle; je suis un traître aux yeux du neveu; et je me déshonore dans l'esprit de son père.... Encore si je pouvois m'ouvrir à celui-ci.... mais ils ont exigé le secret.... Y manquer, je ne le puis, ni ne le dois... Voilà ce que le Commandeur a vu lorsqu'il s'est adressé à moi; à moi, qu'il déteste, pour l'exécution de l'ordre injuste qu'il sollicite... En me présentant sa fortune et sa nièce, deux appas auxquels il n'imagine pas qu'on résiste, son but est de m'embarquer dans un complot qui me perde.... Déjà il croit la chose faite; et il s'en félicite.... Si son neveu le prévient, autres dangers; il se croira joué; il sera furieux; il éclatera.... Mais Cécile sait tout; elle connoît mon innocence.... Eh! que servira son témoignage contre le cri de la famille entière qui se soulèvera?... On n'entendra qu'elle; et je n'en passerai pas moins pour fauteur d'un rapt?... Dans quels embarras ils m'ont précipité; le neveu, par indiscrétion; l'oncle, par méchanceté!.... Et toi, pauvre innocente, dont les intérêts ne touchent personne, qui te sauvera de deux hommes violens qui ont également résolu ta ruine?.... L'un m'attend pour la consommer, l'autre y court; et je n'ai qu'un instant.... mais ne le perdons pas.... Emparons-nous d'abord de la lettre de cachet.... Ensuite.... nous verrons.

FIN DU SECOND ACTE.

CÉCILE.

O ciel ! (*A Germeuil*) : Appelez... Eh non, n'appelez pas.

SOPHIE, *les yeux fermés, et comme dans le délire de la défaillance.*

Les cruels !.... que leur ai-je fait ?
(*Elle regarde autour d'elle, avec toutes les marques de l'effroi*).

GERMEUIL.

Rassurez-vous, je suis l'ami de Saint-Albin, et mademoiselle est sa sœur.

SOPHIE, *après un moment de silence.*

Mademoiselle, que vous dirai-je ? Voyez ma peine ; elle est au-dessus de mes forces... Je suis à vos pieds; et il faut que j'y meure ou que je vous doive tout... Je suis une infortunée qui cherche un asyle... C'est devant votre oncle et votre frère que je suis... Votre oncle, que je ne connois pas ; et que je n'ai jamais offensé; votre frère... Ah ! ce n'est pas de lui que j'attendois mon chagrin !... Que vais-je devenir, si vous m'abandonnez ?... Ils accompliront sur moi leurs desseins... Secourez-moi, sauvez-moi... sauvez-moi d'eux, sauvez-moi de moi-même. Ils ne savent pas ce que peut oser celle qui craint le déshonneur, et qu'on réduit à la nécessité de haïr la vie... Je n'ai pas cherché mon malheur, et je n'ai rien à me reprocher... Je travaillois, j'avois du pain, et je vivois tranquille... Les jours de la douleur sont venus : ce sont les vôtres qui les ont amenés sur moi ; et je pleurerai toute ma vie, parce qu'ils m'ont connue.

CÉCILE.

Qu'elle me peine !... Oh ! que ceux qui peuvent la tourmenter sont méchans !

(*Ici, la pitié succède à l'agitation dans le cœur de Cécile. Elle se penche sur le dos d'un fauteuil, du côté de Sophie, et celle-ci continue*) :

SOPHIE.

J'ai une mère qui m'aime... comment reparoîtrai-je devant elle ?... Mademoiselle, conservez une fille à sa mère ; je vous en conjure par la vôtre, si vous l'avez encore... Quand je la quittai, elle dit : Anges du ciel, prenez cette enfant sous votre garde, et conduisez-la. Si vous fermez votre cœur à la pitié ; le ciel n'aura point entendu sa prière ; et elle en mourra de douleur... Tendez la main à celle qu'on opprime, afin qu'elle vous bénisse toute sa vie... Je ne peux rien ; mais il est un Être qui peut tout, et devant lequel les œuvres de la commisération ne sont pas perdues..... Mademoiselle.

CÉCILE *s'approche d'elle, et lui tend les mains.*
Levez-vous...

GERMEUIL, *à Cécile.*

Vos yeux se remplissent de larmes ; son malheur vous a touchée.

CÉCILE, *à Germeuil.*

Qu'avez-vous fait ?

ACTE III.

SOPHIE.

Dieu soit loué, tous les cœurs ne sont pas endurcis.

CÉCILE.

Je connois le mien ; je ne voulois ni vous voir, ni vous entendre... Enfant aimable et malheureux, comment vous nommez-vous ?

SOPHIE.

Sophie.

CÉCILE, *en l'embrassant.*

Sophie, venez.

GERMEUIL.

(*Il se jette aux genoux de Cécile, et lui prend une main qu'il baise sans parler*).

CÉCILE.

Que me demandez-vous encore ? ne fais-je pas tout ce que vous voulez ?

(*Cécile s'avance vers le fond du salon avec Sophie, qu'elle remet à sa femme-de-chambre*).

GERMEUIL, *en se relevant.*

Imprudent... qu'allois-je lui dire ?...

mlle. CLAIRET.

J'entends, mademoiselle ; reposez-vous sur moi.

SCÈNE III.

GERMEUIL, CÉCILE.

CÉCILE, *après un moment de silence, avec chagrin.*

ME voilà, graces à vous, à la merci de mes gens.

GERMEUIL.

Je ne vous ai demandé qu'un instant pour lui trouver un asyle. Quel mérite y auroit-il à faire le bien, s'il n'y avoit aucun inconvénient ?

CÉCILE.

Que les hommes sont dangereux ! Pour son bonheur, on ne peut les tenir trop loin.... Homme, éloignez-vous de moi... Vous vous en allez, je crois ?

GERMEUIL.

Je vous obéis.

CÉCILE.

Fort bien. Après m'avoir mise dans la position la plus cruelle, il ne vous reste plus qu'à m'y laisser. Allez, monsieur, allez.

GERMEUIL.

Que je suis malheureux !

CÉCILE.

Vous vous plaignez, je crois ?

GERMEUIL.

Je ne fais rien qui ne vous déplaise.

ACTE III.

SCÈNE PREMIÈRE.

GERMEUIL, CÉCILE.

GERMEUIL, *d'un ton suppliant.*

Mademoiselle.

CÉCILE.

Laissez-moi.

GERMEUIL.

Mademoiselle.

CÉCILE.

Qu'osez-vous me demander ? Je recevrois la maîtresse de mon frère chez moi ! chez moi ! dans mon appartement ! dans la maison de mon père ! Laissez-moi, vous dis-je, je ne veux pas vous entendre.

GERMEUIL.

C'est le seul asyle qui lui reste, et le seul qu'elle puisse accepter.

CÉCILE.

Non, non, non.

GERMEUIL.

Je ne vous demande qu'un instant, que je puisse regarder autour de moi, me reconnoître.

CÉCILE.

Non, non.... Une inconnue !

GERMEUIL.

Une infortunée, à qui vous ne pourriez refuser de la commisération, si vous la voyiez.

CÉCILE.

Que diroit mon père ?

GERMEUIL.

Le respectai-je moins que vous ? craindrois-je moins de l'offenser ?

CÉCILE.

Et le Commandeur ?

GERMEUIL.

C'est un homme sans principes.

CÉCILE.

Il en a comme tous ses pareils, quand il s'agit d'accuser et de noircir.

GERMEUIL.

Il dira que je l'ai joué ; ou votre frère se croira trahi. Je ne me justifierai jamais... Mais qu'est ce que cela vous importe ?

CÉCILE.

Vous êtes la cause de toutes mes peines.

GERMEUIL.

Dans cette conjoncture difficile, c'est votre

frère, c'est votre oncle que je vous prie de considérer; épargnez-leur à chacun une action odieuse.

CÉCILE.

La maîtresse de mon frère! une inconnue!.... Non, monsieur; mon cœur me dit que cela est mal; et il ne m'a jamais trompée. Ne m'en parlez plus; je tremble qu'on ne nous écoute.

GERMEUIL.

Ne craignez rien; votre père est tout à sa douleur; le Commandeur et votre frère, à leurs projets: les gens sont écartés. J'ai pressenti votre répugnance....

CÉCILE.

Qu'avez-vous fait?

GERMEUIL.

Le moment m'a paru favorable, et je l'ai introduite ici. Elle y est, la voilà. Renvoyez-la, mademoiselle.

CÉCILE.

Germeuil, qu'avez-vous fait?

SCÈNE II.

SOPHIE, GERMEUIL, CÉCILE, Mlle. CLAIRET.

(Sophie entre sur la scène comme une troublée. Elle ne voit point. Elle n'entend point. Elle ne sait où elle est. Cécile, de son côté, est dans une agitation extrême.

SOPHIE.

Je ne sais où je suis.... je ne sais où je vais... il me semble que je marche dans les ténèbres.... Ne rencontrerai-je personne qui me conduise ?.... O ciel ! ne m'abandonnez pas !

GERMEUIL *l'appelle.*

Mademoiselle, mademoiselle.

SOPHIE.

Qui est-ce qui m'appelle ?

GERMEUIL.

C'est moi, mademoiselle ; c'est moi.

SOPHIE.

Qui êtes-vous ? où êtes-vous ? Qui que vous soyez, secourez-moi.... sauvez-moi....

GERMEUIL *va la prendre par la main, et lui dit :*

Venez.... mon enfant.... par ici.

SOPHIE *fait quelques pas, et tombe sur ses genoux.*

Je ne puis.... la force m'abandonne.... je succombe;...

CÉCILE.

Vous m'impatientez... Songez que je suis dans un trouble qui ne me laissera rien prévoir, rien prévenir. Comment oserai-je lever les yeux devant mon père ? S'il s'apperçoit de mon embarras, et qu'il m'interroge, je ne mentirai pas. Savez-vous qu'il ne faut qu'un mot inconsidéré pour éclairer un homme tel que le commandeur ?... Et mon frère ?... je redoute d'avance le spectacle de sa douleur. Que va-t-il devenir, lorsqu'il ne retrouvera plus Sophie ?... Monsieur, ne me quittez pas un moment, si vous ne voulez pas que tout se découvre... Mais on vient: allez... restez... Non, retirez-vous... Ciel! dans quel état je suis!

SCÈNE IV,

CÉCILE, LE COMMANDEUR.

LE COMMANDEUR, *à sa manière*.

Cécile, te voilà seule.

CÉCILE, *d'une voix altérée*.

Oui, mon cher oncle. C'est assez mon goût.

LE COMMANDEUR.

Je te croyois avec l'ami.

CÉCILE.

Qui, l'ami ?

LE COMMANDEUR.

Eh! Germeuil.

CÉCILE.

Il vient de sortir.

LE COMMANDEUR.

Que te disoit-il ? que lui disois-tu ?

CÉCILE.

Des choses déplaisantes, comme c'est sa coutume.

LE COMMANDEUR.

Je ne vous conçois pas; vous ne pouvez vous accorder un moment: cela me fache. Il a de l'esprit, des talens, des connoissances, des mœurs dont je fais grand cas; point de fortune, à-la-vérité, mais de la naissance. Je l'estime; et je lui ai conseillé de penser à toi.

CÉCILE.

Qu'appelez-vous, penser à moi ?

LE COMMANDEUR.

Cela s'entend; tu n'as pas *résolu de rester fille*, apparemment ?

CÉCILE.

Pardonnez-moi, monsieur, c'est mon projet.

LE COMMANDEUR.

Cécile, veux-tu que je te parle à cœur ouvert ? Je suis entièrement détaché de ton frère. C'est une ame dure, un esprit intraitable; et il vient encore tout-à-l'heure d'en user avec moi d'une manière indigne, et que je ne lui pardonnerai de ma vie... Il peut, à-présent, courir tant qu'il voudra après la créature dont il s'est entêté; je ne m'en soucie plus... On se lasse à-la-fin d'être bon... Toute ma tendresse s'est retirée sur toi, ma chère nièce... Si tu voulois un peu ton bonheur, celui de ton père et le mien....

CÉCILE.

Vous devez le supposer.

LE COMMANDEUR.

Mais tu ne me demandes pas ce qu'il faudroit faire.

CÉCILE.

Vous ne me le laisserez pas ignorer.

LE COMMANDEUR.

Tu as raison. Eh bien ! il faudroit te rapprocher de Germeuil. C'est un mariage auquel tu penses bien que ton père ne consentira pas sans la dernière répugnance. Mais je parlerai, je leverai les obstacles ; si tu veux, j'en fais mon affaire.

CÉCILE.

Vous me conseilleriez de penser à quelqu'un qui ne seroit pas du choix de mon père ?

LE COMMANDEUR.

Il n'est pas riche. Tout tient à cela. Mais, je te l'ai dit, ton frère ne m'est plus rien ; et je vous assurerai tout mon bien. Cécile, cela vaut la peine d'y réfléchir.

CÉCILE.

Moi, que je dépouille mon frère !

LE COMMANDEUR.

Qu'appelles-tu, dépouiller ? Je ne vous dois

rien. Ma fortune est à moi ; et elle me coûte assez, pour en disposer à mon gré.

CÉCILE.

Mon oncle, je n'examinerai point jusqu'où les parens sont les maîtres de leur fortune, et s'ils peuvent, sans injustice, la transporter où il leur plaît. Je sais que je ne pourrois accepter la vôtre sans honte ; et c'en est assez pour moi.

LE COMMANDEUR.

Et tu crois que Saint-Albin en feroit autant pour sa sœur ?

CÉCILE.

Je connois mon frère ; et s'il étoit ici, nous n'aurions tous les deux qu'une voix.

LE COMMANDEUR.

Et que me diriez-vous ?

CÉCILE.

M. le Commandeur, ne me pressez pas ; je suis vraie.

LE COMMANDEUR.

Tant mieux. Parle. J'aime la vérité. Tu dis ?

CÉCILE.

Que c'est une inhumanité sans exemple, que d'avoir en province des parens plongés dans l'indigence, que mon père secoure à votre insu, et que vous frustrez d'une fortune qui leur appartient, et dont ils ont un besoin si grand ; que nous ne voulons, ni mon frère, ni moi, d'un bien qu'il faudroit restituer à ceux à qui les loix de la nature et de la société l'ont destiné.

LE COMMANDEUR.

Eh bien ! vous ne l'aurez ni l'un ni l'autre. Je vous abandonnerai tous. Je sortirai d'une maison où tout va au rebours du sens commun, où rien n'égale l'insolence des enfans, si ce n'est l'imbécillité du maître. Je jouirai de la vie, et je ne me tourmenterai pas davantage pour des ingrats.

CÉCILE.

Mon cher oncle, vous ferez bien.

LE COMMANDEUR.

Mademoiselle, votre approbation est de trop; et je vous conseille de vous écouter. Je sais ce qui se passe dans votre ame; je ne suis pas la dupe de votre désintéressement ; et vos petits secrets ne sont pas aussi cachés que vous l'imaginez. Mais il suffit... et je m'entends.

SCÈNE V.

CÉCILE, LE COMMANDEUR, LE PÈRE DE FAMILLE, SAINT-ALBIN.

(*Le père de famille entre le premier. Son fils le suit*).

SAINT-ALBIN, *violent, désolé, éperdu, ici et dans toute la scène.*

ELLES n'y sont plus... On ne sait ce qu'elles sont devenues... Elles ont disparu.

LE COMMANDEUR, *à part.*

Bon. Mon ordre est exécuté.

SAINT-ALBIN.

Mon père, écoutez la prière d'un fils désespéré. Rendez-lui Sophie. Il est impossible qu'il vive sans elle. Vous faites le bonheur de tout ce qui vous environne ; votre fils sera-t-il le seul que vous ayez rendu malheureux ?... Elle n'y est plus... Elles ont disparu... Que ferai-je ?.. Quelle sera ma vie ?

LE COMMANDEUR, *à part.*

Il a fait diligence.

SAINT-ALBIN,

Mon père.

LE PÈRE DE FAMILLE.

Je n'ai aucune part à leur absence. Je vous l'ai déjà dit. Croyez-moi.

(*Cela dit, le Père de famille se promène lentement, la tête baissée, et l'air chagrin; et Saint-Albin s'écrie, en se retournant vers le fond*):

SAINT-ALBIN.

Sophie, où êtes-vous ? Qu'êtes-vous devenue ?... Ah !...

CÉCILE, *à part.*

Voilà ce que j'avois prévu.

LE COMMANDEUR, *à part.*

Consommons notre ouvrage. Allons. (*A son neveu, d'un ton compatissant*) : Saint-Albin.

SAINT-ALBIN.

Monsieur, laissez-moi. Je ne me repens que

trop de vous avoir écouté... Je la suivois... Je l'aurois fléchie... Et je l'ai perdue !

LE COMMANDEUR.

Saint-Albin.

SAINT-ALBIN.

Laissez-moi.

LE COMMANDEUR.

J'ai causé ta peine ; et j'en suis affligé.

SAINT-ALBIN.

Que je suis malheureux !

LE COMMANDEUR.

Germeuil me l'avoit bien dit. Mais aussi, qui pouvoit imaginer que, pour une fille comme il y en a tant, tu tomberois dans l'état où je te vois ?

SAINT-ALBIN, *avec terreur.*

Que dites-vous de Germeuil ?

LE COMMANDEUR.

Je dis... Rien...

SAINT-ALBIN.

Tout me manqueroit-il en un jour ? et le malheur qui me poursuit m'auroit-il encore ôté mon ami ?... Monsieur le commandeur, achevez.

LE COMMANDEUR.

Germeuil et moi... Je n'ose te l'avouer... Tu ne nous le pardonneras jamais...

LE PÈRE DE FAMILLE.

Qu'avez-vous fait ? Seroit-il possible ?... Mon frère, expliquez-vous.

LE COMMANDEUR.

Cécile... Germeuil te l'aura confié ?... Dis pour moi.

SAINT-ALBIN, *au commandeur.*

Vous me faites mourir.

LE PÈRE DE FAMILLE, *avec sévérité.*

Cécile, vous vous troublez.

SAINT-ALBIN.

Ma sœur !

LE PÈRE DE FAMILLE, *regardant encore sa fille avec sévérité.*

Cécile... Mais non, le projet est trop odieux...: Ma fille et Germeuil en sont incapables.

SAINT-ALBIN.

Je tremble... je frémis.... O ciel ! de quoi suis-je menacé !

LE PÈRE DE FAMILLE, *avec sévérité.*

M. le Commandeur, expliquez-vous ; vous dis-je ; et cessez de me tourmenter par les soupçons que vous répandez sur tout ce qui m'entoure.

(*Le Père de famille se promène ; il est indigné. Le commandeur hypocrite paroit honteux, et se tait. Cécile a l'air consternée. Saint-Albin a les yeux sur le commandeur, et attend avec effroi qu'il s'explique*).

LE PÈRE DE FAMILLE, *au commandeur.*

Avez-vous résolu de garder encore long-temps ce silence cruel ?

ACTE III.

LE COMMANDEUR, *à sa nièce.*

Puisque tu te tais, et qu'il faut que je parle....
(*A Saint-Albin*) : Ta maîtresse....

SAINT-ALBIN.

Sophie...

LE COMMANDEUR.

Est renfermée.

SAINT-ALBIN.

Grand Dieu !

LE COMMANDEUR.

J'ai obtenu la lettre de cachet... Et Germeuil s'est chargé du reste.

LE PÈRE DE FAMILLE.

Germeuil !

SAINT-ALBIN.

Lui !

CÉCILE.

Mon frère, il n'en est rien.

SAINT-ALBIN.

Sophie... et c'est Germeuil !
(*Il se renverse sur un fauteuil, avec toutes les marques du désespoir*).

LE PÈRE DE FAMILLE, *au commandeur.*

Et que vous a fait cette infortunée, pour ajouter à son malheur la perte de l'honneur et de la liberté ? Quels droits avez-vous sur elle ?

LE COMMANDEUR.

La maison est honnête.

SAINT-ALBIN.

Je la vois... Je vois ses larmes. J'entends ses cris, et je ne meurs pas... (*Au commandeur*): Barbare, appelez votre indigne complice. Venez tous les deux ; par pitié, arrachez-moi la vie... Sophie !... Mon père, secourez-moi. Sauvez-moi de mon désespoir.

(*Il se jette entre les bras de son père*).

LE PÈRE DE FAMILLE.

Calmez-vous, malheureux.

SAINT-ALBIN, *entre les bras de son père, et d'un ton plaintif et douloureux.*

Germeuil !... Lui !... Lui !...

LE COMMANDEUR.

Il n'a fait que ce que tout autre auroit fait à sa place.

SAINT-ALBIN, *toujours sur le sein de son père, et du même ton.*

Qui se dit mon ami ! Le perfide !

LE PÈRE DE FAMILLE.

Sur qui compter, désormais !

LE COMMANDEUR.

Il ne le vouloit pas ; mais je lui ai promis ma fortune et ma nièce.

CÉCILE.

Mon père, Germeuil n'est ni vil ni perfide.

LE PÈRE DE FAMILLE.

Qu'est-il donc ?

ACTE III.

SAINT-ALBIN.

Ecoutez, et connoissez-le... Ah le traître !... Chargé de votre indignation, irrité par cet oncle inhumain, abandonné de Sophie...

LE PÈRE DE FAMILLE.

Eh bien ?

SAINT-ALBIN.

J'allois, dans mon désespoir, m'en saisir et l'emporter au bout du monde... Non, jamais homme ne fut plus indignement joué... Il vient à moi...: Je lui ouvre mon cœur... Je lui confie ma pensée comme à mon ami... Il me blâme... Il me dissuade... Il m'arrête, et c'est pour me trahir, me livrer, me perdre !... Il lui en coûtera la vie.

SCÈNE VI.

LE PÈRE DE FAMILLE, LE COMMANDEUR, CÉCILE, SAINT-ALBIN, GERMEUIL.

CÉCILE, *qui l'apperçoit la première, court à lui et lui crie* :

GERMEUIL, où allez-vous ?

SAINT-ALBIN *s'avance vers lui, et lui crie avec fureur.*

Traître, où est-elle ? Rends-la-moi, et te prépare à défendre ta vie.

LE PÈRE DE FAMILLE, *courant après Saint-Albin.*

Mon fils !

CÉCILE.

Mon frère... Arrêtez... Je me meurs...
(*Elle tombe dans un fauteuil*).

LE COMMANDEUR, *au Père de famille.*

Y prend-elle intérêt? Qu'en dites-vous?

LE PÈRE DE FAMILLE.

Germeuil, retirez-vous.

GERMEUIL.

Monsieur, permettez que je reste.

SAINT-ALBIN.

Que t'a fait Sophie? Que t'ai-je fait pour me trahir?

LE PÈRE DE FAMILLE, *toujours à Germeuil.*

Vous avez commis une action odieuse.

SAINT-ALBIN.

Si ma sœur t'est chère; si tu la voulois, ne valoit-il pas mieux?... Je te l'avois proposé. Mais c'est par une trahison qu'il te convenoit de l'obtenir... Homme vil, tu t'es trompé... Tu ne connois ni Cécile, ni mon père, ni ce commandeur qui t'a dégradé, et qui jouit maintenant de ta confusion... Tu ne réponds rien... Tu te tais.

GERMEUIL, *avec froideur et fermeté.*

Je vous écoute, et je vois qu'on ôte ici l'estime en un moment, à celui qui a passé toute sa vie à la mériter. J'attendois autre chose.

LE PÈRE DE FAMILLE.

N'ajoutez pas la fausseté à la perfidie. Retirez-vous.

GERMEUIL.

Je ne suis ni faux, ni perfide.

SAINT-ALBIN.

Quelle insolente intrépidité!

LE COMMANDEUR.

Mon ami, il n'est plus temps de dissimuler, J'ai tout avoué.

GERMEUIL.

Monsieur, je vous entends; et je vous reconnois.

LE COMMANDEUR.

Que veux-tu dire? Je t'ai promis ma fortune et ma nièce. C'est notre traité; et il tient.

SAINT-ALBIN, *au commandeur.*

Du-moins, grace à votre méchanceté, je suis le seul époux qui lui reste.

GERMEUIL, *au commandeur.*

Je n'estime pas assez la fortune, pour en vouloir au prix de l'honneur; et votre nièce ne doit pas être la récompense d'une perfidie... Voilà votre lettre de cachet.

LE COMMANDEUR, *en la reprenant.*

Ma lettre de cachet! Voyons, voyons.

GERMEUIL.

Elle seroit en d'autres mains, si j'en avois fait usage.

SAINT-ALBIN.

Qu'ai-je entendu? Sophie est libre!

GERMEUIL.

Saint-Albin, apprenez à vous méfier des apparences, et à rendre justice à un homme d'honneur. M. le commandeur, je vous salue. (*Il sort*).

LE PÈRE DE FAMILLE, *avec regret.*

J'ai jugé trop vite. Je l'ai offensé.

LE COMMANDEUR, *stupéfait, regarde sa lettre de cachet.*

Ce l'est... Il m'a joué.

LE PÈRE DE FAMILLE.

Vous méritez cette humiliation.

LE COMMANDEUR.

Fort bien, encouragez-les à me manquer; ils n'y sont pas assez disposés.

SAINT-ALBIN.

En quelqu'endroit qu'elle soit, sa bonne doit être revenue... J'irai. Je verrai sa bonne; je m'accuserai; j'embrasserai ses genoux; je pleurerai; je la toucherai, et je percerai ce mystère. (*Il sort*).

CÉCILE, *en le suivant.*

Mon frère !

SAINT-ALBIN, *à Cécile.*

Laissez-moi. Vous avez des intérêts qui ne sont pas les miens.

SCÈNE VII.

LE PÈRE DE FAMILLE, LE COMMANDEUR.

LE COMMANDEUR.

Vous avez entendu ?

ACTE III.

LE PÈRE DE FAMILLE.

Oui, mon frère.

LE COMMANDEUR.

Savez-vous où il va?

LE PÈRE DE FAMILLE.

Je le sais.

LE COMMANDEUR.

Et vous ne l'arrêtez pas?

LE PÈRE DE FAMILLE.

Non.

LE COMMANDEUR.

Et s'il vient à retrouver cette fille?

LE PÈRE DE FAMILLE.

Je compte beaucoup sur elle. C'est un enfant; mais c'est un enfant bien né; et dans cette circonstance, elle fera plus que vous et moi.

LE COMMANDEUR.

Bien imaginé!

LE PÈRE DE FAMILLE,

Mon fils n'est pas dans un moment où la raison puisse quelque chose sur lui.

LE COMMANDEUR.

Donc, il n'a qu'à se perdre? J'enrage. Et vous êtes un père de famille? Vous?

LE PÈRE DE FAMILLE.

Pourriez-vous m'apprendre ce qu'il faut faire?

LE COMMANDEUR.

Ce qu'il faut faire? Etre le maître chez soi;

se montrer homme d'abord, et père après, s'ils le méritent.

LE PÈRE DE FAMILLE.

Et contre qui, s'il vous plaît, faut-il que j'agisse?

LE COMMANDEUR.

Contre qui ? Belle question ? Contre tous. Contre ce Germeuil, qui nourrit votre fils dans son extravagance ; qui cherche à faire entrer une créature dans la famille, pour s'en ouvrir la porte à lui-même; et que je chasserois de ma maison. Contre une fille qui devient de jour en jour plus insolente ; qui me manque à moi ; qui vous manquera bientôt à vous; et que j'enfermerois dans un couvent. Contre un fils qui a perdu tout sentiment d'honneur ; qui va nous couvrir de ridicule et de honte ; et à qui je rendrois la vie si dure, qu'il ne seroit pas tenté plus long-temps de se soustraire à mon autorité. Pour la vieille qui l'a attiré chez elle, et la jeune dont il a la tête tournée, il y a beaux jours que j'aurois fait sauter tout cela. C'est par où j'aurois commencé ; et à votre place, je rougirois qu'un autre s'en fût avisé le premier... Mais il faudroit de la fermeté ; et nous n'en avons point.

LE PÈRE DE FAMILLE.

Je vous entends ; c'est-à-dire que je chasserai de ma maison un homme que j'y ai reçu au sortir du berceau ; à qui j'ai servi de père ; qui s'est attaché à mes intérêts depuis qu'il se connoît ; qui aura perdu ses plus belles années auprès de

moi; qui n'aura plus de ressource, si je l'abandonne;
et à qui il faut que mon amitié soit funeste, si elle
ne lui devient pas utile; et cela, sous prétexte
qu'il donne de mauvais conseils à mon fils, dont
il a désapprouvé les projets; qu'il sert une créature
que peut-être il n'a jamais vue, ou plutôt parce
qu'il n'a pas voulu être l'instrument de sa perte.

J'enfermerai ma fille dans un couvent; je char-
gerai sa conduite ou son caractère de soupçons dé-
savantageux; je flétrirai moi-même sa réputation;
et cela, parce qu'elle aura quelquefois usé de re-
présailles avec M. le Commandeur; qu'irritée par
son humeur chagrine, elle sera sortie de son caractère, et qu'il lui sera échappé un mot peu
mesuré.

Je me rendrai odieux à mon fils; j'éteindrai dans
son ame les sentimens qu'il me doit; j'achèverai
d'enflamer son caractère impétueux, et de le porter à quelqu'éclat qui le déshonore dans le monde,
tout en y entrant; et cela, parce qu'il a rencontré
une infortunée qui a des charmes et de la vertu;
et que, par un mouvement de jeunesse, qui marque
au fond la bonté de son naturel, il a pris un attachement qui m'afflige.

N'avez-vous pas honte de vos conseils? vous
qui devriez être le protecteur de mes enfans auprès
de moi, c'est vous qui les accusez: vous leur
cherchez des torts; vous exagérez ceux qu'ils ont;
et vous seriez fâché de ne leur en pas trouver?

LE COMMANDEUR.

C'est un chagrin que j'ai rarement.

LE PÈRE DE FAMILLE.

Et ces femmes, contre lesquelles vous obtenez une lettre de cachet ?

LE COMMANDEUR.

Il ne vous restoit plus que d'en prendre aussi la défense. Allez, allez.

LE PÈRE DE FAMILLE.

J'ai tort ; il y a des choses qu'il ne faut pas vouloir vous faire sentir, mon frère. Mais cette affaire me touchoit d'assez près, ce me semble, pour que vous daignassiez m'en dire un mot.

LE COMMANDEUR.

C'est moi qui ai tort ; et vous avez toujours raison.

LE PÈRE DE FAMILLE.

Non, M. le Commandeur, vous ne ferez de moi ni un père injuste et cruel, ni un homme ingrat et malfaisant. Je ne commettrai point une violence, parce qu'elle est de mon intérêt ; je ne renoncerai point à mes espérances, parce qu'il est survenu des obstacles qui les éloignent ; et je ne ferai point un désert de ma maison, parce qu'il s'y passe des choses qui me déplaisent comme à vous.

LE COMMANDEUR.

Voilà qui est expliqué. Eh bien ! conservez votre chère fille ; aimez bien votre cher fils ; laissez en paix les créatures qui le perdent ; cela est trop sage pour qu'on s'y oppose. Mais pour votre Germeuil, je vous avertis que nous ne pouvons plus loger lui et moi sous un même toit.... Il n'y a point de milieu; il faut qu'il soit hors d'ici aujourd'hui, ou que j'en sorte demain.

LE PÈRE DE FAMILLE.

M. le Commandeur, vous êtes le maître.

LE COMNANDEUR.

Je m'en doutois. Vous seriez enchanté que je m'en allasse, n'est-ce pas ? Mais je resterai : oui, je resterai, ne fût-ce que pour vous remettre sous le nez vos sottises, et vous en faire honte. Je suis curieux de voir ce que tout ceci deviendra.

FIN DU TROISIÈME ACTE.

ACTE IV.

SCENE PREMIÈRE.

SAINT-ALBIN, *seul*.

(*Il entre furieux*).

Tout est éclairci ; le traître est démasqué. Malheur à lui ! malheur à lui ! c'est lui qui a emmené Sophie ; il faut qu'il périsse par mes mains... (*Il appelle*) : Philippe !

SCÈNE II.

SAINT-ALBIN, PHILIPPE.

PHILIPPE.

Monsieur.

SAINT-ALBIN, *en donnant une lettre*.
Portez cela.

PHILIPPE.

A qui, monsieur ?

SAINT-ALBIN.

A Germeuil.... Je l'attire hors d'ici ; je lui plonge mon épée dans le sein ; je lui arrache l'aveu

ACTE IV.

de son crime et le secret de sa retraite ; et je cours par-tout où me conduira l'espoir de la retrouver... (*Il apperçoit Philippe qui est resté*). Tu n'es pas allé, revenu ?

PHILIPPE.

Monsieur....

SAINT-ALBIN.

Eh bien ?

PHILIPPE.

N'y a-t-il rien là-dedans, dont M. votre père soit fâché ?

SAINT-ALBIN.

Marchez.

SCÈNE III.

SAINT-ALBIN, CÉCILE.

SAINT-ALBIN.

Lui qui me doit tout !.... que j'ai cent fois défendu contre le Commandeur !.... à qui.... (*En appercevant sa sœur*). Malheureuse, à quel homme t'es-tu attachée !....

CÉCILE.

Que dites-vous ? qu'avez-vous ? Mon frère, vous m'effrayez.

SAINT-ALBIN.

Le perfide ! le traître !... elle alloit dans la confiance qu'on la menoit ici.... il a abusé de votre nom....

CÉCILE.

Germeuil est innocent.

SAINT-ALBIN.

Il a pu voir leurs larmes; entendre leurs cris; les arracher l'une à l'autre! Le barbare!

CÉCILE.

Ce n'est point un barbare; c'est votre ami.

SAINT-ALBIN.

Mon ami?.... Je le voulois.... il n'a tenu qu'à lui de partager mon sort.... d'aller, lui et moi, vous et Sophie....

CÉCILE.

Qu'entends-je?.... vous lui auriez proposé?... lui, vous, moi votre sœur?

SAINT-ALBIN.

Que ne me dit-il pas! que ne m'opposa-t-il pas! Avec quelle fausseté!....

CÉCILE.

C'est un homme d'honneur; oui, Saint-Albin, et c'est en l'accusant que vous achevez de me l'apprendre.

SAINT-ALBIN.

Qu'osez-vous dire?.... Tremblez, tremblez... Le défendre, c'est redoubler ma fureur.... Eloignez-vous.

CÉCILE.

Non, mon frère, vous m'écouterez; vous verrez Cécile à vos genoux.... Germeuil.... rendez-lui justice.... Ne le connoissez-vous plus?... un moment l'a-t-il pu changer ?.... Vous l'accusez! vous !.... homme injuste !

SAINT-ALBIN.

Malheur à toi, s'il te reste de la tendresse !... Je pleure.... tu pleureras bientôt aussi.

CÉCILE, *avec terreur, et d'une voix tremblante.*

Vous avez un dessein.

SAINT-ALBIN.

Par pitié pour vous-même, ne m'interrogez pas.

CÉCILE.

Vous me haïssez.

SAINT-ALBIN.

Je vous plains.

CÉCILE.

Vous attendez mon père.

SAINT-ALBIN.

Je le fuis ; je fuis toute la terre.

CÉCILE.

Je le vois, vous voulez perdre Germeuil... vous voulez me perdre.... Eh bien ! perdez-nous.... Dites à mon père....

SAINT-ALBIN.

Je n'ai plus rien à lui dire.... il sait tout.

CÉCILE.

Ah ciel !

SCÈNE IV.

SAINT-ALBIN, CÉCILE, LE PÈRE DE FAMILLE.

(*Saint-Albin marque d'abord de l'impatience à l'approche de son père; ensuite il reste immobile*).

LE PÈRE DE FAMILLE.

Tu me fuis, et je ne peux t'abandonner!.... Je n'ai plus de fils, et il te reste toujours un père!... Saint-Albin, pourquoi me fuyez-vous?.... Je ne viens pas vous affliger davantage, et exposer mon autorité à de nouveaux mépris.... Mon fils, mon ami, tu ne veux pas que je meure de chagrin.... Nous sommes seuls. Voici ton père, voilà ta sœur; elle pleure, et mes larmes attendent les tiennes pour s'y mêler.... Que ce moment sera doux, si tu veux!....

Vous avez perdu celle que vous aimiez, et vous l'avez perdue par la perfidie d'un homme qui vous est cher.

SAINT-ALBIN, *en levant les yeux au ciel, avec fureur.*

Ah!

LE PÈRE DE FAMILLE.

Triomphez de vous et de lui; domptez une passion qui vous dégrade; montrez-vous digne de moi.... Saint-Albin, rendez-moi mon fils. (*Saint-Albin s'éloigne ; on voit qu'il voudroit répondre aux sentimens de son père, et qu'il ne le peut pas. Son père se méprend à son action, et dit en le suivant*) : Dieu ! est-ce ainsi qu'on accueille un père ! Il s'éloigne de moi.... Enfant ingrat, enfant dénaturé ! Eh ! où irez-vous que je ne vous suive ?... Par-tout je vous suivrai ; par-tout je vous redemanderai mon fils.... (*Saint-Albin s'éloigne encore, et son père le suit, en lui criant avec violence*) : Rends-moi mon fils... rends-moi mon fils. (*Saint-Albin va s'appuyer contre le mur, élevant ses mains, et cachant sa tête entre ses bras ; et son père continue*) : Il ne me répond rien ; ma voix n'arrive plus jusqu'à son cœur : une passion insensée l'a fermé. Elle a tout détruit ; il est devenu stupide et féroce. (*Il se renverse dans un fauteuil, et dit*) : O père malheureux ! le ciel m'a frappé. Il me punit dans cet objet de ma foiblesse.... j'en mourrai.... Cruels enfans ! c'est mon souhait.... c'est le vôtre....

CÉCILE, *s'approchant de son père en sanglotant.*

Ah !.... ah !....

LE PÈRE DE FAMILLE.

Consolez-vous.... vous ne verrez pas long-temps mon chagrin.... Je me retirerai.... j'irai dans quelqu'endroit ignoré, attendre la fin d'une vie qui vous pèse.

CÉCILE, *avec douleur, et saisissant les mains de son père.*

Si vous quittez vos enfans, que voulez-vous qu'ils deviennent ?

LE PÈRE DE FAMILLE, *après un moment de silence.*

Cécile, j'avois des vues sur vous... Germeuil... Je disois, en vous regardant tous les deux : voilà celui qui fera le bonheur de ma fille... elle relevera la famille de mon ami.

CÉCILE, *surprise.*

Qu'ai-je entendu ?

SAINT-ALBIN, *se tournant avec fureur.*

Il auroit épousé ma sœur ! je l'appellerois mon frère ! lui !

LE PÈRE DE FAMILLE.

Tout m'accable à-la-fois.... il n'y faut plus penser.

SCÈNE V.

CÉCILE, SAINT-ALBIN, LE PÈRE DE FAMILLE, GERMEUIL.

SAINT-ALBIN.

Le voilà, le voilà ; sortez, sortez tous.

CÉCILE, *en courant au-devant de Germeuil.*

Germeuil, arrêtez ; n'approchez pas. Arrêtez.

ACTE IV.

LE PÈRE DE FAMILLE, *en saisissant son fils par le milieu du corps, et l'entrainant hors la salle.*

Saint-Albin.... mon fils....

(*Cependant, Germeuil s'avance d'une démarche ferme et tranquille.*

(*Saint-Albin, avant que de sortir, détourne la tête, et fait signe à Germeuil.*

CÉCILE.

Suis-je assez malheureuse !

(*Le Père de famille rentre, et se rencontre sur le fond de la salle avec le Commandeur qui se montre*).

SCÈNE VI.

CÉCILE, GERMEUIL, LE PÈRE DE FAMILLE, LE COMMANDEUR.

LE PÈRE DE FAMILLE.

Mon frère, dans un moment je suis à vous.

LE COMMANDEUR.

C'est-à-dire que vous ne voulez pas de moi dans celui-ci. Serviteur.

SCÈNE VII.

CÉCILE, GERMEUIL, LE PÈRE DE FAMILLE.

LE PÈRE DE FAMILLE, *à Germeuil.*

La division et le trouble sont dans ma maison, et c'est vous qui les causez.... Germeuil, je suis mécontent. Je ne vous reprocherai point ce que j'ai fait pour vous; vous le voudriez peut-être : mais après la confiance que je vous ai marquée aujourd'hui, je ne daterai pas de plus loin; je m'attendois à autre chose de votre part.... Mon fils médite un rapt; il vous le confie : et vous me le laissez ignorer. Le Commandeur forme un autre projet odieux; il vous le confie : et vous me le laissez ignorer.

GERMEUIL.

Ils l'avoient exigé.

LE PÈRE DE FAMILLE.

Avez-vous dû le promettre ?... Cependant cette fille disparoît; et vous êtes convaincu de l'avoir emmenée... Qu'est-elle devenue ?... que faut-il que j'augure de votre silence ?... Mais je ne vous presse pas de répondre. Il y a dans cette conduite une obscurité, qu'il ne me convient pas de percer. Quoi qu'il en soit, je m'intéresse à cette fille; et je veux qu'elle se retrouve.

Cécile, je ne compte plus sur la consolation que

j'espérois trouver parmi vous. Je pressens les chagrins qui attendent ma vieillesse ; et je veux vous épargner la douleur d'en être témoins. Je n'ai rien négligé, je crois, pour votre bonheur, et j'apprendrai avec joie que mes enfans sont heureux.

SCÈNE VIII.

CÉCILE, GERMEUIL.

(*Cécile se jette dans un fauteuil, et penche tristement sa tête sur ses mains*).

GERMEUIL.

Je vois votre inquiétude; et j'attends vos reproches.

CÉCILE.

Je suis désespérée... mon frère en veut à votre vie.

GERMEUIL.

Son défi ne signifie rien ; il se croit offensé, mais je suis innocent et tranquille.

CÉCILE.

Pourquoi vous ai-je cru ! que n'ai-je suivi mon pressentiment !... Vous avez entendu mon père.

GERMEUIL.

Votre père est un homme juste ; et je n'en crains rien.

CÉCILE.

Il vous aimoit, il vous estimoit.

GERMEUIL.

S'il eut ces sentimens, je les recouvrerai.

CÉCILE.

Vous auriez fait le bonheur de sa fille... Cécile eût relevé la famille de son ami.

GERMEUIL.

Ciel! il est possible!

CÉCILE, *à elle-même.*

Je n'osois lui ouvrir mon cœur... désolé qu'il étoit de la passion de mon frère, je craignois d'ajouter à sa peine... Pouvois-je penser que, malgré l'opposition, la haine du Commandeur... Ah! Germeuil! c'est à vous qu'il me destinoit.

GERMEUIL.

Et vous m'aimiez!... Ah!... mais j'ai fait ce que je devois... Quelles qu'en soient les suites, je ne me repentirai point du parti que j'ai pris... Mademoiselle, il faut que vous sachiez tout.

CÉCILE.

Qu'est-il encore arrivé ?

GERMEUIL.

Cette femme....

CÉCILE.

Qui ?

GERMEUIL.

Cette bonne de Sophie....

CÉCILE.

Eh bien ?

ACTE IV.

GERMEUIL.

Est assise à la porte de la maison ; les gens sont assemblés autour d'elle ; elle demande à entrer, à parler.

CÉCILE, *se levant avec précipitation, et courant pour sortir.*

Ah Dieu !... je cours...

GERMEUIL.

Où ?

CÉCILE.

Me jetter aux pieds de mon père.

GERMEUIL.

Arrêtez, songez...

CÉCILE.

Non, monsieur.

GERMEUIL.

Ecoutez-moi.

CÉCILE.

Je n'écoute plus.

GERMEUIL.

Cécile... Mademoiselle...

CÉCILE.

Que voulez-vous de moi?

GERMEUIL.

J'ai pris mes mesures. On retient cette femme ; elle n'entrera pas ; et quand on l'introduiroit, si on ne la conduit pas au Commandeur, que dira-t-elle aux autres qu'ils ignorent ?

CÉCILE.

Non, monsieur, je ne veux pas être exposée davantage. Mon père saura tout; mon père est bon, il verra mon innocence; il connoîtra le motif de votre conduite, et j'obtiendrai mon pardon et le vôtre.

GERMEUIL.

Et cette infortunée à qui vous avez accordé un asyle?... Après l'avoir reçue, en disposerez-vous sans la consulter?

CÉCILE.

Mon père est bon.

GERMEUIL.

Voilà votre frère.

SCÈNE IX.

CÉCILE, GERMEUIL, SAINT-ALBIN.

(Saint-Albin entre à pas lents; il a l'air sombre et farouche, la tête basse, les bras croisés et le chapeau renfoncé sur les yeux).

CÉCILE *se jette entre Germeuil et lui, et s'écrie:*

SAINT-ALBIN!... Germeuil!

SAINT-ACBIN, *à Germeuil.*

Je vous croyois seul.

CÉCILE.

Germeuil, c'est votre ami; c'est mon frère.

GERMEUIL.

Mademoiselle, je ne l'oublierai pas.

(*Il s'assied dans un fauteuil*).

SAINT-ALBIN, *en se jetant dans un autre.*

Sortez ou restez ; je ne vous quitte plus.

CÉCILE, *à Saint-Albin.*

Insensé!... Ingrat!... Qu'avez-vous résolu?... Vous ne savez pas...

SAINT-ALBIN.

Je n'en sais que trop !

CÉCILE.

Vous vous trompez.

SAINT-ALBIN, *en se levant.*

Laissez-moi. Laissez-nous... (*et s'adressant à Germeuil, en portant la main à son épée*): Germeuil...

(*Germeuil se lève subitement*).

CÉCILE, *se tournant en face de son frère, lui crie*:

O Dieu!... Arrêtez... Apprenez... Sophie....

SAINT-ALBIN.

Eh bien, Sophie ?

CÉCILE.

Que vais-je lui dire ?...

SAINT-ALBIN.

Qu'en a-t-il fait ? Parlez, parlez.

CÉCILE.

Ce qu'il en a fait ? Il l'a dérobée à vos fureurs... Il l'a dérobée aux poursuites du Commandeur... Il l'a conduite ici...Il a fallu la recevoir... Elle est ici, et elle y est malgré moi.... (*En sanglotant, et en pleurant*). Allez, maintenant; courez lui enfoncer votre épée dans le sein.

SAINT-ALBIN.

O ciel ! puis-je le croire ! Sophie est ici !... Et c'est lui ?... C'est vous ?.... Ah ma sœur ! Ah mon ami !.... Je suis un malheureux. Je suis un insensé.

GERMEUIL.

Vous êtes un amant.

SAINT-ALBIN.

Cécile, Germeuil, je vous dois tout... Me pardonnerez-vous ?... Oui, vous êtes justes ; vous aimez aussi ; vous vous mettrez à ma place, et vous me pardonnerez... Mais elle a su mon projet : elle pleure, elle se désespère, elle me méprise, elle me hait... Cécile, voulez-vous vous venger ? voulez-vous m'accabler sous le poids de mes torts ? Mettez le comble à vos bontés... Que je la voie... que je la voie un instant...

CÉCILE.

Qu'osez-vous me demander ?

SAINT-ALBIN.

Ma sœur, il faut que je la voie ; il le faut.

CÉCILE.

Y pensez-vous ?

GERMEUIL.

Il ne sera raisonnable qu'à ce prix.

ACTE IV.

SAINT-ALBIN.

Cécile !

CÉCILE.

Et mon père ? Et le Commandeur ?

SAINT-ALBIN.

Et que m'importe ?... Il faut que je la voie, et j'y cours.

GERMEUIL.

Arrêtez.

CÉCILE.

Germeuil !

GERMEUIL.

Mademoiselle, il faut appeler.

CÉCILE.

O la cruelle vie !

(*Germeuil sort pour appeler, et rentre avec Mademoiselle Clairet. Cécile s'avance sur le fond*).

SAINT-ALBIN *lui saisit la main en passant, et la baise avec transport. Il se retourne ensuite vers Germeuil, et lui dit en l'embrassant :* Je vais la revoir !

CÉCILE, *après avoir parlé bas à mademoiselle Clairet, continue haut, et d'un ton chagrin :* Conduisez-la. Prenez bien garde.

GERMEUIL.

Ne perdez pas de vue le Commandeur.

SAINT-ALBIN,

Je vais revoir Sophie ! (*Il s'avance, en écou-*

tant du côté où Sophie doit entrer, et il dit):
J'entends ses pas... Elle approche... Je tremble...
je frissonne... Il semble que mon cœur veuille
s'échapper de moi, et qu'il craigne d'aller au-
devant d'elle... Je n'oserai lever les yeux... je ne
pourrai jamais lui parler.

SCÈNE X.

CECILE, GERMEUIL, SAINT-ALBIN,
SOPHIE, Mlle. CLAIRET, *dans l'antichambre, à l'entrée de la salle.*

SOPHIE, *appercevant Saint-Albin, court,
effrayée, se jeter entre les bras de Cécile, et
s'écrie:*

MADEMOISELLE!

SAINT-ALBIN, *la suivant.*

Sophie!

(*Cécile tient Sophie entre ses bras, et la serre
avec tendresse*).

GERMEUIL *appelle.*

Mademoiselle Clairet?

Mlle. CLAIRET, *du dedans.*

J'y suis.

CÉCILE, *à Sophie.*

Ne craignez rien. Rassurez-vous. Asseyez-vous.

(*Sophie s'assied. Cécile et Germeuil se retirent au
fond du théâtre, où ils demeurent spectateurs*

de ce qui se passe entre Sophie et Saint-Albin. Germeuil a l'air sérieux et rêveur. Il regarde quelquefois tristement Cécile, qui, de son côté, montre du chagrin, et de temps-en-temps, de l'inquiétude.

SAINT-ALBIN, à Sophie, qui a les yeux baissés et le maintien sévère.

C'est vous; c'est vous. Je vous recouvre... Sophie... O ciel, quelle sévérité! Quel silence!... Sophie, ne me refusez pas un regard... J'ai tant souffert!... Dites un mot à cet infortuné...

SOPHIE, sans le regarder.

Le méritez-vous ?

SAINT-ALBIN.

Demandez-leur.

SOPHIE.

Qu'est-ce qu'on m'apprendra ? N'en sais-je pas assez ? Où suis-je ? Que fais-je ici ? Qui est-ce qui m'y a conduite ? Qui m'y retient ?... Monsieur, qu'avez-vous résolu de moi ?

SAINT-ALBIN.

De vous aimer, de vous posséder, d'être à vous malgré toute la terre, malgré vous.

SOPHIE.

Vous me montrez bien le mépris qu'on fait des malheureux. On les compte pour rien. On se croit tout permis avec eux. Mais, monsieur, j'ai des parens aussi.

Théâtre. Q

SAINT-ALBIN.

Je les connoîtrai. J'irai ; j'embrasserai leurs genoux ; et c'est d'eux que je vous obtiendrai.

SOPHIE.

Ne l'espérez pas. Ils sont pauvres, mais ils on' de l'honneur.... Monsieur, rendez-moi à mes parens ; rendez-moi à moi-même ; renvoyez-moi.

SAINT-ALBIN.

Demandez plutôt ma vie ; elle est à vous.

SOPHIE.

O dieu ! que vais-je devenir ! (*A Cécile, à Germeuil, d'un ton désolé et suppliant*) : Monsieur... mademoiselle... (*Et se tournant vers Saint-Albin*) : Monsieur, renvoyez-moi... renvoyez-moi... Homme cruel, faut-il tomber à vos pieds ? M'y voilà.

(*Elle se jette aux pieds de Saint-Albin*).

SAINT-ALBIN *tombe aux siens, et dit:*

Vous, à mes pieds ! C'est à moi à me jeter, à mourir aux vôtres.

SOPHIE, *relevée*.

Vous êtes sans pitié.... Oui, vous êtes sans pitié... Vil ravisseur, que t'ai-je fait ? quel droit as-tu sur moi ?... Je veux m'en aller.... Qui est-ce qui osera m'arrêter ?... Vous m'aimez ?... vous m'avez aimée ?... vous ?

SAINT-ALBIN.

Qu'ils le disent.

ACTE IV.

SOPHIE.

Vous avez résolu ma perte... Oui, vous l'avez résolue, et vous l'acheverez... Ah, Sergi !

(*En disant ce mot avec douleur, elle se laisse aller dans un fauteuil; elle détourne son visage de Saint-Albin, et se met à pleurer*).

SAINT-ALBIN.

Vous détournez vos yeux de moi... vous pleurez. Ah ! j'ai mérité la mort... Malheureux que je suis ! Qu'ai-je voulu ? Qu'ai-je dit ? qu'ai-je osé ? qu'ai-je fait ?

SOPHIE, *à elle-même.*

Pauvre Sophie, à quoi le ciel t'a réservée !... La misère m'arrache d'entre les bras d'une mère... j'arrive ici avec un de mes frères... nous y venions chercher de la commisération ; et nous n'y rencontrons que le mépris et la dureté... Parce que nous sommes pauvres, on nous méconnoît, on nous repousse... Mon frère me laisse... je reste seule... Une bonne femme voit ma jeunesse, et prend pitié de mon abandon... Mais une étoile qui veut que je sois malheureuse, conduit cet homme-là sur mes pas, et l'attache à ma perte... J'aurai beau pleurer... ils veulent me perdre, et ils me perdront... Si ce n'est celui-ci, ce sera son oncle... (*Elle se lève*). Eh ! que me veut cet oncle ?... pourquoi me poursuit-il aussi ?... Est-ce moi qui ai appelé son neveu ?... Le voilà ; qu'il parle ;

qu'il s'accuse lui-même... Homme trompeur, homme ennemi de mon repos, parlez...

SAINT-ALBIN.

Mon cœur est innocent. Sophie, ayez pitié de moi... pardonnez-moi.

SOPHIE.

Qui s'en seroit méfié !... Il paroissoit si tendre et si bon !... Je le croyois doux...

SAINT-ALBIN.

Sophie, pardonnez-moi.

SOPHIE.

Que je vous pardonne !

SAINT-ALBIN.

Sophie !

(*Il veut lui prendre la main*).

SOPHIE.

Retirez-vous ; je ne vous aime plus, je ne vous estime plus. Non.

SAINT-ALBIN.

O dieu ! que vais-je devenir !... Ma sœur, Germeuil, parlez ; parlez pour moi... Sophie, pardonnez-moi.

SOPHIE.

Non.

(*Cécile et Germeuil s'approchent*).

CÉCILE.

Mon enfant.

GERMEUIL.

C'est un homme qui vous adore.

SOPHIE.

Eh bien ! qu'il me le prouve. Qu'il me défende contre son oncle ; qu'il me rende à mes parens ; qu'il me renvoye ; et je lui pardonne.

SCENE XI.

GERMEUIL, CÉCILE, SAINT-ALBIN, SOPHIE, Mlle. CLAIRET.

m^{lle}. CLAIRET, *à Cécile.*

MADEMOISELLE, on vient, on vient.

Sortons tous.

(*Cécile remet Sophie entre les mains de mademoiselle Clairet. Ils sortent tous de la salle par différens côtés*).

SCÈNE XII.

LE COMMANDEUR, Mad. HÉBERT, DESCHAMPS.

(*Le Commandeur entre brusquement. Madame Hébert et Deschamps le suivent*).

mad. HÉBERT, *en montrant Deschamps.*

Oui, monsieur, c'est lui ; c'est lui qui accompagnoit le méchant qui me l'a ravie. Je l'ai reconnu tout d'abord.

LE COMMANDEUR.

Coquin ! A quoi tient-il que je n'envoye chercher un commissaire, pour t'apprendre ce que l'on gagne à se prêter à des forfaits ?

DESCHAMPS.

Monsieur, ne me perdez pas ; vous me l'avez promis.

LE COMMANDEUR.

Eh bien ! elle est donc ici ?

DESCHAMPS.

Oui, monsieur.

LE COMMANDEUR, *à part.*

Elle est ici, ô Commandeur, et tu ne l'as pas deviné ! (*A Deschamps*). Et c'est dans l'appartement de ma nièce ?

DESCHAMPS.

Oui, monsieur.

LE COMMANDEUR.

Et le coquin qui suivoit le carrosse, c'est toi ?

DESCHAMPS.

Oui, monsieur.

LE COMMANDEUR.

Et l'autre, qui étoit dedans, c'est Germeuil ?

DESCHAMPS.

Oui, monsieur.

LE COMMANDEUR.

Germeuil ?

mad. HÉBERT.

Il vous l'a déjà dit.

ACTE IV.

LE COMMANDEUR, *à part.*

Oh ! pour le coup, je les tiens.

mad. HÉBERT.

Monsieur, quand ils l'ont emmenée, elle me tendoit les bras, et elle me disoit : Adieu, ma bonne, je ne vous reverrai plus ; priez pour moi. Monsieur, que je la voye, que je lui parle, que je la console !

LE COMMANDEUR.

Cela ne se peut... Quelle découverte !

mad. HÉBERT.

Sa mère et son frère me l'ont confiée. Que leur répondrai-je, quand ils me la redemanderont ? Monsieur, qu'on me la rende, ou qu'on m'enferme avec elle.

LE COMMANDEUR, *à lui-même.*

Cela se fera, je l'espère. (*A madame Hébert*): Mais pour le présent, allez, allez vite ; et sur-tout ne reparoissez plus. Si l'on vous apperçoit, je ne réponds de rien.

mad. HÉBERT.

Mais on me la rendra, et je puis y compter ?

LE COMMANDEUR.

Oui, oui, comptez, et partez.

DESCHAMPS, *en la voyant sortir.*

Que maudits soient la vieille, et le portier qui l'a laissé passer !

LE COMMANDEUR, *à Deschamps.*

Et toi, maraud... va... conduis cette femme chez elle... et songe que si l'on découvre qu'elle m'a parlé... ou si elle se remontre ici, je te perds.

SCÈNE XIII.

LE COMMANDEUR, *seul.*

La maîtresse de mon neveu dans l'appartement de ma nièce !.... Quelle découverte !... Je me doutois bien que les valets étoient mêlés là-dedans. On alloit, on venoit, on se faisoit des signes, on se parloit bas ; tantôt on me suivoit, tantôt on m'évitoit... Il y a là une femme-de-chambre qui ne me quitte non plus que mon ombre... Voilà donc la cause de tous ces mouvemens auxquels je n'entendois rien... *Commandeur,* cela doit vous apprendre à ne jamais rien négliger. Il y a toujours quelque chose à savoir où l'on fait du bruit... S'ils empêchoient cette vieille d'entrer, ils en avoient de bonnes raisons... Les coquins !... le hasard m'a conduit là bien à propos... Maintenant, voyons, examinons ce qui nous reste à faire... D'abord, marcher sourdement, et ne point troubler leur sécurité... Et si nous allions droit au bon-homme ?... Non. A quoi cela serviroit-il ?... D'Auvilé, il faut montrer ici ce que tu sais... Mais j'ai ma lettre de cachet !... ils me l'ont rendue !... La voici... oui... la voici. Que je suis fortuné !... Pour cette fois, elle me servira. Dans un moment, je tombe sur eux. Je me saisis de la créature ; je chasse le coquin qui a tramé tout ceci... Je romps à-la-fois deux mariages... Ma nièce, ma prude nièce s'en ressouviendra, je l'espère... Et le bonhomme, j'aurai mon tour avec lui... Je me venge du père, du fils, de la fille, de son ami... O Commandeur! quelle journée pour toi!

FIN DU QUATRIÈME ACTE.

ACTE V.

SCÈNE PREMIÈRE.

CÉCILE, Mlle. CLAIRET.

CÉCILE.

Je meurs d'inquiétude et de crainte... Deschamps a-t-il reparu ?

mlle. CLAIRET.

Non, mademoiselle.

CÉCILE.

Où peut-il être allé ?

mlle. CLAIRET.

Je n'ai pu le savoir.

CÉCILE.

Que s'est-il passé ?

mlle. CLAIRET.

D'abord, il s'est fait beaucoup de mouvement et de bruit. Je ne sais combien ils étoient ; ils alloient et venoient. Tout-à-coup, le mouvement et le bruit ont cessé. Alors, je me suis avancée sur la pointe des pieds, et j'ai écouté de toutes mes oreilles ; mais il ne me parvenoit que des mots sans suite. J'ai seulement entendu M. le Commandeur qui crioit d'un ton menaçant : Un commissaire.

CÉCILE.

Quelqu'un l'auroit-il apperçue ?

mlle. CLAIRET.

Non, Mademoiselle.

CÉCILE.

Deschamps auroit-il parlé ?

mlle. CLAIRET.

C'est autre chose. Il est parti comme un éclair.

CÉCILE.

Et mon oncle ?

mlle. CLAIRET.

Je l'ai vu. Il gesticuloit ; il se parloit à lui-même. il avoit tous les signes de cette gaîté méchante, que vous lui connoissez.

CÉCILE.

Où est-il ?

mlle. CLAIRET.

Il est sorti seul, et à pied.

CÉCILE.

Allez.... courez, attendez le retour de mon oncle...ne le perdez pas de vue....Il faut trouver Deschamps.... Il faut savoir ce qu'il a dit. (*Mademoiselle Clairet sort ; Cécile la rappelle, et lui dit*) : Si-tôt que Germeuil sera rentré, dites-lui que je suis ici.

SCÈNE II.

CÉCILE, SAINT-ALBIN.

CÉCILE.

Où en suis-je réduite !... Ah, Germeuil !... Le trouble me suit... Tout semble me menacer... Tout m'effraye... (*Saint-Albin entre, et Cécile allant à lui*) : Mon frère, Deschamps a disparu. On ne sait ce qu'il a dit, ni ce qu'il est devenu. Le Commandeur est sorti en secret, et seul.... Il se forme un orage. Je le vois ; je le sens, je ne veux pas l'attendre.

SAINT-ALBIN.

Après ce que vous avez fait pour moi, m'abandonnerez-vous ?

CÉCILE.

J'ai mal fait... j'ai mal fait... Cet enfant ne veut plus rester ; il faut la laisser aller. Mon père a vu mes allarmes. Plongé dans la peine, et délaissé par ses enfans, que voulez-vous qu'il pense, si-non que la honte de quelque action indiscrète leur a fait éviter sa présence, et négliger sa douleur ?... Il faut s'en rapprocher. Germeuil est perdu dans son esprit ; Germeuil, qu'il avoit résolu... Mon frère, vous êtes généreux ; n'exposez pas plus long-temps votre ami, votre sœur, la tranquillité et les jours de mon père.

SAINT-ALBIN.

Non, il est dit que je n'aurai pas un instant de repos.

CÉCILE.

Si cette femme avoit pénétré !... Si le Commandeur savoit !... Je n'y pense pas sans frémir... Avec quelle vraisemblance et quel avantage il nous attaqueroit ! quelles couleurs il pourroit donner à notre conduite ! et cela, dans un moment où l'ame de mon père est ouverte à toutes les impressions qu'on y voudra jeter.

SAINT-ALBIN.

Où est Germeuil ?

CÉCILE.

Il craint pour vous ; il craint pour moi : il est allé chez cette femme...

SCÈNE III.

CÉCILE, SAINT-ALBIN, Mlle. CLAIRET.

Mlle. CLAIRET *se montre sur le fond, et leur crie :*

Le Commandeur est rentré.

SCÈNE IV.

CÉCILE, SAINT-ALBIN, GERMEUIL.

GERMEUIL.

Le Commandeur sait tout.

CÉCILE et SAINT-ALBIN, *avec effroi.*

Le Commandeur sait tout !

GERMEUIL.

Cette femme a pénétré ; elle a reconnu Deschamps. Les menaces du Commandeur ont intimidé celui-ci ; et il a tout dit.

CÉCILE.

Ah !

SAINT-ALBIN.

Que vais-je devenir !

CÉCILE.

Que dira mon père !

GERMEUIL.

Le temps presse. Il ne s'agit pas de se plaindre. Si nous n'avons pu ni écarter, ni prévenir le coup qui nous menace, du-moins qu'il nous trouve rassemblés, et prêts à le recevoir.

CÉCILE.

Ah ! Germeuil, qu'avez-vous fait ?

GERMEUIL.

Ne suis-je pas assez malheureux ?

ACTE V.

SCÈNE V.

CÉCILE, SAINT-ALBIN, GERMEUIL, Mlle. CLAIRET.

mlle. CLAIRET *se remontre sur le fond, et leur crie:*

Voici le Commandeur.

GERMEUIL.

Il faut nous retirer.

CÉCILE.

Non, j'attendrai mon père.

SAINT-ALBIN.

Ciel, qu'allez-vous faire !

GERMEUIL.

Allons, mon ami.

SAINT-ALBIN.

Allons sauver Sophie.

CÉCILE.

Vous me laissez !

SCÈNE VI.

CÉCILE, *seule.*

(*Elle va ; elle vient ; elle dit*) :

Je ne sais que devenir... (*Elle se tourne vers le fond de la salle, et crie*) : Germeuil... Saint-Albin... O mon père, que vous répondrai-je !...

Que dirai-je à mon oncle ?... Mais le voici....
Asséyons-nous... Prenons mon ouvrage.... Cela
me dispensera du-moins de le regarder.

(*Le Commandeur entre; Cécile se lève et le
salue, les yeux baissés*).

SCÈNE VII.

CÉCILE, LE COMMANDEUR.

LE COMMANDEUR *se retourne, regarde vers
le fond, et dit*:

Ma nièce, tu as là une femme-de-chambre
bien alerte... On ne sauroit faire un pas sans la
rencontrer... Mais te voilà, toi, bien rêveuse, et
bien délaissée... Il me semble que tout commence
à se rasseoir ici.

CÉCILE, *en bégayant*.

Oui... je crois... que... Ah!

LE COMMANDEUR, *appuyé sur sa canne, et
debout devant elle*.

La voix et les mains te tremblent... C'est une
cruelle chose que le trouble... Ton frère me paroît
un peu remis... Voilà comme ils sont tous. D'a-
bord, c'est un désespoir où il ne s'agit de rien moins
que de se noyer ou se pendre. Tournez la main,
pist, ce n'est plus cela... Je me trompe fort, ou il
n'en seroit pas de même de toi. Si ton cœur se
prend une fois, cela durera.

ACTE V.

CÉCILE, *parlant à son ouvrage.*

Encore !

LE COMMANDEUR, *ironiquement.*

Ton ouvrage va mal.

CÉCILE, *tristement.*

Fort mal.

LE COMMANDEUR.

Comment Germeuil et ton frère sont-ils maintenant ?... Assez bien, ce me semble ?... Cela s'est apparemment éclairci... Tout s'est éclairci à la fin.... et puis on est si honteux de s'être mal conduit !... Tu ne sais pas cela, toi, qui a toujours été si réservée, si circonspecte.

CÉCILE, *à part.*

Je n'y tiens plus. (*Elle se lève*). J'entends, je crois, mon père.

LE COMMANDEUR.

Non, tu n'entends rien.... C'est un étrange homme, que ton père ; toujours occupé, sans savoir de quoi. Personne, comme lui, n'a le talent de regarder, et de ne rien voir.... Mais, revenons à l'ami Germeuil... Quand tu n'es pas avec lui, tu n'es pas trop fâchée qu'on t'en parle... Je n'ai pas changé d'avis sur son compte, au-moins....

CÉCILE.

Mon oncle....

LE COMMANDEUR.

Ni toi non plus, n'est-ce pas ?.... Je lui découvre tous les jours quelque qualité ; et je ne l'ai ja-

mais si bien connu... C'est un garçon surprenant...
(*Cécile se lève encore*). Mais tu es bien pressée ?

CÉCILE.

Il est vrai.

LE COMMANDEUR.

Qu'as-tu, qui t'appelle ?

CÉCILE.

J'attendois mon père. Il tarde à venir ; et j'en suis inquiète.

SCÈNE VIII.

LE COMMANDEUR, *seul*.

INQUIÈTE; je te conseille de l'être. Tu ne sais pas ce qui t'attend.... Tu auras beau pleurer, gémir, soupirer, il faudra se séparer de l'ami Germeuil.... Un ou deux ans de couvent seulement... Mais j'ai fait une bevue. Le nom de cette Clairet eût été fort bien sur ma lettre de cachet ; et il n'en auroit pas coûté davantage.... Mais le bonhomme ne vient point.... Je n'ai plus rien à faire ; et je commence à m'ennuyer.... (*Il se retourne ; et appercevant le Père de famille qui vient, il lui dit*): Arrivez-donc, bonhomme ; arrivez-donc.

SCÈNE IX.

LE COMMANDEUR, LE PÈRE DE FAMILLE.

LE PÈRE DE FAMILLE.

Et qu'avez-vous de si pressé à me dire ?

LE COMMANDEUR.

Vous l'allez savoir... Mais attendez un moment. (*Il s'avance doucement vers le fond de la salle, et dit à la femme-de-chambre qu'il surprend au guet*) : Mademoiselle, approchez. Ne vous gênez pas. Vous entendrez mieux.

LE PÈRE DE FAMILLE.

Qu'est-ce qu'il y a ? A qui parlez-vous ?

LE COMMANDEUR.

Je parle à la femme-de-chambre de votre fille, qui nous écoute.

LE PÈRE DE FAMILLE.

Voilà l'effet de la méfiance que vous avez semée entre vous et mes enfans. Vous les avez éloignés de moi, et vous les avez mis en société avec leurs gens.

LE COMMANDEUR.

Non, mon frère, ce n'est pas moi qui les ai éloignés de vous ; c'est la crainte que leurs démarches ne fussent éclairées de trop près. S'ils sont, pour parler comme vous, en société avec leurs gens, c'est par le besoin qu'ils ont eu de quelqu'un qui les servît dans leur mauvaise conduite. Entendez-vous, mon frère?.... Vous ne savez pas ce qui se passe autour de vous. Tandis que vous dormez dans une sécurité qui n'a point d'exemple, ou que vous vous abandonnez à une tristesse inutile, le désordre s'est établi dans votre maison. Il a gagné de toute part, et les valets, et les enfans, et leurs entours.... Il n'y eut jamais ici de subordination; il n'y a plus ni décence, ni mœurs.

LE PÈRE DE FAMILLE.

Ni mœurs !

LE COMMANDEUR.

Ni mœurs.

LE PÈRE DE FAMILLE.

M. le Commandeur, expliquez-vous.... Mais non, épargnez-moi....

LE COMMANDEUR.

Ce n'est pas mon dessein.

LE PÈRE DE FAMILLE.

J'ai de la peine, tout ce que j'en peux porter.

LE COMMANDEUR.

Du caractère foible dont vous êtes, je n'espère pas que vous en conceviez le ressentiment vif et profond qui conviendroit à un père. N'importe j'aurai fait ce que j'ai dû; et les suites en retomberont sur vous seul.

LE PÈRE DE FAMILLE.

Vous m'effrayez. Qu'est-ce donc qu'ils ont fait ?

ACTE V.

LE COMMANDEUR.

Ce qu'ils ont fait ? De belles choses. Ecoutez, écoutez.

LE PÈRE DE FAMILLE.

J'attends.

LE COMMANDEUR.

Cette petite fille, dont vous êtes si fort en peine...

LE PÈRE DE FAMILLE.

Eh bien ?

LE COMMANDEUR.

Où croyez-vous qu'elle soit ?

LE PÈRE DE FAMILLE.

Je ne sais.

LE COMMANDEUR.

Vous ne savez ?.... Sachez-donc qu'elle est chez vous.

LE PÈRE DE FAMILLE.

Chez moi !

LE COMMANDEUR.

Chez vous. Oui, chez vous.... Et qui croyez-vous qui l'y ait introduite ?

LE PÈRE DE FAMILLE.

Germeuil ?

LE COMMANDEUR.

Et celle qui l'a reçue ?

LE PÈRE DE FAMILLE.

Mon frère, arrêtez.... Cécile.... ma fille....

LE COMMANDEUR.

Oui, Cécile; oui, votre fille a reçu chez elle la

maîtresse de son frère. Cela est honnête, qu'en pensez-vous ?

LE PÈRE DE FAMILLE.

Ah !

LE COMMANDEUR.

Ce Germeuil reconnoît d'une étrange manière les obligations qu'il vous a.

LE PÈRE DE FAMILLE.

Ah ! Cécile, Cécile ! où sont les principes que vous a inspirés votre mère ?

LE COMMANDEUR.

La maîtresse de votre fils, chez vous, dans l'appartement de votre fille ! Jugez, jugez.

LE PÈRE DE FAMILLE.

Ah Germeuil !.... ah mon fils !.... que je suis malheureux !

LE COMMANDEUR.

Si vous l'êtes, c'est par votre faute. Rendez-vous justice.

LE PÈRE DE FAMILLE.

Je perds tout en un moment ; mon fils, ma fille, un ami.

LE COMMANDEUR.

C'est votre faute.

LE PÈRE DE FAMILLE.

Il ne me reste qu'un frère cruel, qui se plaît à agraver sur moi la douleur.... Homme cruel, éloignez-vous. Faites-moi venir mes enfans ; je veux voir mes enfans.

ACTE V.

LE COMMANDEUR.

Vos enfans ? Vos enfans ont bien mieux à faire que d'écouter vos lamentations. La maîtresse de votre fils.... à côté de lui.... dans l'appartement de votre fille.... Croyez-vous qu'ils s'ennuyent ?

LE PÈRE DE FAMILLE.

Frère barbare, arrêtez.... Mais non, achevez de m'assassiner.

LE COMMANDEUR.

Puisque vous n'avez pas voulu que je prévinsse votre peine, il faut que vous en buviez toute l'amertume.

LE PÈRE DE FAMILLE.

O mes espérances perdues !

LE COMMANDEUR.

Vous avez laissé croître leurs défauts avec eux ; et s'il arrivoit qu'on vous les montrât, vous avez détourné la vue. Vous leur avez appris vous-même à mépriser votre autorité : ils ont tout osé, parce qu'ils le pouvoient impunément.

LE PÈRE DE FAMILLE.

Quel sera le reste de ma vie ? qui adoucira les peines de mes dernières années ? qui me consolera ?

LE COMMANDEUR.

Quand je vous disois : Veillez sur votre fille ; votre fils se dérange ; vous avez chez vous un coquin ; j'étois un homme dur, méchant, importun.

LE PÈRE DE FAMILLE.

J'en mourrai, j'en mourrai. Et qui chercherai-je autour de moi.... Ah!.... ah!....

(*Il pleure*).

LE COMMANDEUR.

Vous avez négligé mes conseils ; vous en avez ri. Pleurez, pleurez maintenant.

LE PÈRE DE FAMILLE.

J'aurai eu des enfans, j'aurai vécu malheureux, et je mourrai seul !... Que m'aura-t-il servi d'avoir été père ?.... Ah !....

LE COMMANDEUR.

Pleurez.

LE PÈRE DE FAMILLE.

Homme cruel! épargnez-moi. A chaque mot qui sort de votre bouche, je sens une secousse qui tire mon ame et qui la déchire.... Mais non, mes enfans ne sont pas tombés dans les égaremens que vous leur reprochez. Ils sont innocens ; je ne croirai point qu'ils se soient avilis, qu'ils m'aient oublié jusques-là.... Saint-Albin !.... Cécile !... Germeuil !.... Où sont-ils ?...S'ils peuvent vivre sans moi, je ne peux vivre sans eux.... J'ai voulu les quitter... Moi, les quitter!... Qu'ils viennent... qu'ils viennent tous se jeter à mes pieds.

LE COMMANDEUR.

Homme pusillanime, n'avez-vous point de honte?

LE PÈRE DE FAMILLE.

Qu'ils viennent.... qu'ils s'accusent.... qu'ils se repentent....

LE COMMANDEUR.

Non ; je voudrois qu'ils fussent cachés quelque part, et qu'ils vous entendissent.

LE PÈRE DE FAMILLE.

Et qu'entendroient-ils, qu'ils ne sachent ?

LE COMMANDEUR.

Et dont ils n'abusent.

LE PÈRE DE FAMILLE.

Il faut que je les voie et que je leur pardonne ; ou que je les haïsse...

LE COMMANDEUR.

Eh bien ! voyez-les ; pardonnez-leur. Aimez-les ; et qu'ils soient à jamais votre tourment et votre honte. Je m'en irai si loin, que je n'entendrai parler ni d'eux ni de vous.

SCÈNE X.

LE COMMANDEUR, LE PÈRE DE FAMILLE, mad. HEBERT, M. LE BON, DESCHAMPS.

LE COMMANDEUR, *appercevant madame Hébert.*

Femme maudite ! (*A Deschamps*) : Et toi, coquin, que fais-tu ici ?

mad. HÉBERT, M. LE BON et DESCHAMPS, *au Commandeur.*

Monsieur.

LE COMMANDEUR, *à madame Hébert.*

Que venez-vous chercher ? Retournez-vous-en. Je sais ce que je vous ai promis ; et je vous tiendrai parole.

mad. HÉBERT.

Monsieur... vous voyez ma joie... Sophie...

LE COMMANDEUR.

Allez, vous dis-je.

M. LE BON.

Monsieur, monsieur, écoutez-la.

mad. HÉBERT.

Ma Sophie... mon enfant... n'est pas ce qu'on pense... M. Le Bon... parlez... je ne puis.

LE COMMANDEUR, *à M. Le Bon.*

Est-ce que vous ne connoissez pas ces femmes-là, et les contes qu'elles savent faire ?... M. Le Bon, à votre âge vous donnez là-dedans ?

mad. HÉBERT, *au Père de famille.*

Monsieur, elle est chez vous.

LE PÈRE DE FAMILLE, *à part, et douloureusement.*

Il est donc vrai !

mad. HÉBERT.

Je ne demande pas qu'on m'en croie... Qu'on la fasse venir.

LE COMMANDEUR.

Ce sera quelque parente de ce Germeuil, qui n'aura pas de souliers à mettre à ses pieds.

(*Ici on entend, au-dedans, du bruit, du tumulte, des cris confus*).

LE PÈRE DE FAMILLE.

J'entends du bruit.

LE COMMANDEUR.

Ce n'est rien.

CÉCILE, *au-dedans.*

Philippe, Philippe, appelez mon père.

LE PÈRE DE FAMILLE.

C'est la voix de ma fille.

mad. HÉBERT, *au Père de famille.*

Monsieur, faites venir mon enfant.

SAINT-ALBIN, *au-dedans.*

N'approchez pas. Sur votre vie, n'approchez pas.

mad. HÉBERT et M. LE BON, *au Père de famille.*

Monsieur, accourez.

LE COMMANDEUR, *au Père de famille.*

Ce n'est rien, vous dis-je.

SCÈNE XI.

LE COMMANDEUR, LE PÈRE DE FAMILLE, mad. HEBERT, M. LE BON, DESCHAMPS, mlle. CLAIRET.

m^{lle}. CLAIRET, *effrayée, au Père de famille.*

Des épées, un exempt, des gardes. Monsieur, accourez, si vous ne voulez pas qu'il arrive malheur.

SCÈNE XII et dernière.

LE PÈRE DE FAMILLE, LE COMMANDEUR, mad. HEBERT, M. LE BON, DESCHAMPS, Mlle. CLAIRET, CÉCILE, SOPHIE, SAINT-ALBIN, GERMEUIL, UN EXEMPT, PHILIPPE, *des domestiques, toute la maison.*

(*Cécile, Sophie, l'exempt, Saint-Albin, Germeuil et Philippe entrent en tumulte; Saint-Albin a l'épée tirée, et Germeuil le retient*).

CÉCILE, *entre en criant :*
Mon père !

SOPHIE, *en courant vers le Père de famille, et en criant :*
Monsieur !

LE COMMANDEUR, *à l'exempt, en criant :*
Monsieur l'exempt, faites votre devoir.

ACTE V.

SOPHIE et mad. HÉBERT, *en s'adressant au Père de famille, et la première, en se jetant à ses genoux.*

Monsieur !

SAINT-ALBIN, *toujours retenu par Germeuil.*

Auparavant, il faut m'ôter la vie. Germeuil, laissez-moi.

LE COMMANDEUR, *à l'exempt.*

Faites votre devoir.

LE PÈRE DE FAMILLE, SAINT-ALBIN, mad. HÉBERT, M. LE BON, *à l'exempt.*

Arrêtez.

mad. HÉBERT et M. LE BON, *au Commandeur, en tournant de son côté Sophie, qui est toujours à genoux.*

Monsieur, regardez-la.

LE COMMANDEUR, *sans la regarder.*

De par le roi, M. l'exempt, faites votre devoir.

SAINT-ALBIN, *en criant.*

Arrêtez.

mad. HÉBERT et M. LE BON, *en criant au Commandeur, et en-même-temps que Saint-Albin.*

Regardez-la.

SOPHIE, *en s'adressant au Commandeur.*

Monsieur !

LE COMMANDEUR *se retourne, la regarde, et s'écrie, stupéfait :*

Ah !

mad. HÉBERT et M. LE BON.

Oui, monsieur, c'est elle. C'est votre nièce.

SAINT-ALBIN, CÉCILE, GERMEUIL, mlle. CLAIRET.

Sophie, la nièce du Commandeur !

SOPHIE, *toujours à genoux, au Commandeur.*

Mon cher oncle.

LE COMMANDEUR, *brusquement.*

Que faites-vous ici ?

SOPHIE, *tremblante.*

Ne me perdez pas.

LE COMMANDEUR.

Que ne restiez-vous dans votre province ? Pourquoi n'y pas retourner, quand je vous l'ai fait dire ?

SOPHIE.

Mon cher oncle, je m'en irai ; je m'en retournerai ; ne me perdez pas.

LE PÈRE DE FAMILLE.

Venez, mon enfant, levez-vous.

mad. HÉBERT.

Ah, Sophie !

SOPHIE.

Ah, ma bonne !

mad. HÉBRET.

Je vous embrasse.

SOPHIE, *en-même-temps.*

Je vous revois.

CÉCILE, *en se jetant aux pieds de son père.*

Mon père, ne condamnez pas votre fille sans

l'entendre. Malgré les apparences, Cécile n'est point coupable ; elle n'a pu ni délibérer, ni vous consulter...

LE PÈRE DE FAMMILLE, *d'un air un peu sévère, mais touché.*

Ma fille, vous êtes tombée dans une grande imprudence.

CÉCILE.

Mon père !

LE PÈRE DE FAMILLE, *avec tendresse.*
Levez-vous.

SAINT-ALBIN.

Mon père, vous pleurez.

LE PÈRE DE FAMILLE.

C'est sur vous, c'est sur votre sœur. Mes enfans, pourquoi m'avez-vous négligé ? Voyez, vous n'avez pu vous éloigner de moi, sans vous égarer.

SAINT-ALBIN, et CÉCILE, *en lui baisant les mains.*

Ah, mon père !

(*Cependant le Commandeur paroît confondu*).

LE PÈRE DE FAMILLE, *après avoir essuyé ses larmes, prend un air d'autorité, et dit au Commandeur :*

M. le Commandeur, vous avez oublié que vous étiez chez moi.

L'EXEMPT.

Est-ce que monsieur n'est pas le maître de la maison ?

LE PÈRE DE FAMILLE, *à l'exempt.*

C'est ce que vous auriez dû savoir, avant que d'y entrer. Allez, monsieur ; je réponds de tout.

(*L'exempt sort*).

SAINT-ALBIN.

Mon père !

LE PÈRE DE FAMILLE, *avec tendresse.*

Je t'entends.

SAINT-ALBIN, *en présentant Sophie au Commandeur.*

Mon oncle !

SOPHIE, *au Commandeur qui se détourne d'elle.*

Ne repoussez pas l'enfant de votre frère.

LE COMMANDEUR, *sans la regarder.*

Oui, d'un homme sans arrangement, sans conduite, qui avoit plus que moi, qui a tout dissipé, et qui vous a réduits dans l'état où vous êtes.

SOPHIE.

Je me souviens, lorsque j'étois enfant : alors vous daigniez me caresser. Vous disiez que je vous étois chère. Si je vous afflige aujourd'hui, je m'en irai, je m'en retournerai. J'irai retrouver ma mère, ma pauvre mère, qui avoit mis toutes ses espérances en vous.

SAINT-ALBIN.

Mon oncle !

LE COMMANDEUR.

Je ne veux ni vous voir, ni vous entendre.

ACTE V.

LE PÈRE DE FAMILLE, SAINT-ALBIN,
M. LE BON, *en s'assemblant autour de lui.*

Mon frère.... Monsieur le Commandeur....
Mon oncle.

LE PÈRE DE FAMILLE.

C'est votre nièce.

LE COMMANDEUR.

Qu'est-elle venue faire ici ?

LE PÈRE DE FAMILLE.

C'est votre sang.

LE COMMANDEUR.

J'en suis assez fâché.

LE PÈRE DE FAMILLE.

Ils portent votre nom.

LE COMMANDEUR.

C'est ce qui me désole.

LE PÈRE DE FAMILLL ; *en montrant Sophie.*

Voyez-la. Où sont les parens qui n'en fussent vains ?

LE COMMANDEUR.

Elle n'a rien : je vous en avertis.

SAINT-ALBIN.

Elle a tout.

LE PÈRE DE FAMILLE.

Ils s'aiment.

LE COMMANDEUR, *au Père de famille.*

Vous la voulez pour votre fille ?

LE PÈRE DE FAMILLE.

Ils s'aiment.

LE COMMANDEUR, *à Saint-Albin.*

Tu la veux pour ta femme ?

SAINT-ALBIN.

Si je la veux !

LE COMMANDEUR.

Aye-la, j'y consens : aussi bien je n'y consentirois pas, qu'il n'en seroit ni plus ni moins... (*Au Père de famille*). Mais c'est à une condition.

SAINT-ALBIN, *à Sophie.*

Ah, Sophie ! nous ne serons plus séparés.

LE PÈRE DE FAMILLE.

Mon frère, grace entière. Point de condition.

LE COMMANDEUR.

Non. Il faut que vous me fassiez justice de votre fille, et de cet homme-là.

SAINT-ALBIN.

Justice ! Et de quoi ? Qu'ont-ils fait, mon père ? c'est à vous-même que j'en appelle.

LE PÈRE DE FAMILLE.

Cécile pense et sent. Elle a l'ame délicate ; elle se dira ce qu'elle a dû me paroître pendant un instant. Je n'ajouterai rien à son propre reproche.

Germeuil... je vous pardonne... Mon estime et mon amitié vous seront conservées ; mes bienfaits vous suivront par-tout ; mais...

(*Germeuil s'en va tristement, et Cécile le regarde aller*).

ACTE V.

LE COMMANDEUR.

Encore passe.

Mlle. CLAIRET.

Mon tour va venir. Allons préparer nos paquets.

(*Elle sort*).

SAINT-ALBIN, *à son père*.

Mon père, écoutez-moi... Germeuil, demeurez... C'est lui qui vous a conservé votre fils... Sans lui, vous n'en auriez plus. Qu'allois-je devenir?... C'est lui qui m'a conservé Sophie... Menacée par moi, menacée par mon oncle; c'est Germeuil, c'est ma sœur qui l'ont sauvée... Ils n'avoient qu'un instant... elle n'avoit qu'un asyle... Ils l'ont dérobée à ma violence... Les punirez-vous de ma faute?... Cécile, venez. Il faut fléchir le meilleur des pères.

(*Il amène sa sœur aux pieds de son père, et s'y jette avec elle*).

LE PÈRE DE FAMILLE.

Ma fille, je vous ai pardonné; que me demandez-vous?

SAINT-ALBIN.

D'assurer pour jamais son bonheur, le mien, et le vôtre. Cécile... Germeuil... Ils s'aiment, ils s'adorent... Mon père, livrez-vous à toute votre bonté. Que ce jour soit le plus beau jour de notre vie. (*Il court à Germeuil, il appelle Sophie*): Germeuil, Sophie... Venez, venez.... Allons tous nous jeter aux pieds de mon père.

SOPHIE, *se jettant aussi aux pieds du Père de famille, dont elle ne quitte guère les mains le reste de la scène.*

Monsieur !

LE PÈRE DE FAMILLE, *se penchant sur eux, et les relevant.*

Mes enfans... mes enfans !... Cécile, vous aimez Germeuil ?

LE COMMANDEUR.

Et ne vous en ai-je pas averti !

CÉCILE.

Mon père, pardonnez-moi.

LE PÈRE DE FAMILLE.

Pourquoi me l'avoir célé ? Mes enfans ! vous ne connoissez pas votre père... Germeuil, approchez. Vos réserves m'ont affligé ; mais je vous ai regardé de tout temps comme mon second fils. Je vous avois destiné ma fille. Qu'elle soit avec vous la plus heureuse des femmes.

LE COMMANDEUR.

Fort bien. Voilà le comble. J'ai vu arriver de loin cette extravagance ; mais il étoit dit qu'elle se feroit malgré moi ; et Dieu merci, la voilà faite. Soyons tous bien joyeux, nous ne nous reverrons plus.

LE PÈRE DE FAMILLE.

Vous vous trompez, M. le Commandeur.

SAINT-ALBIN.

Mon oncle !

ACTE V.

LE COMMANDEUR.

Retire-toi. Je voue à ta sœur la haine la mieux conditionnée ; et toi, tu aurois cent enfans, que je n'en nommerois pas un. Adieu.

(*Il sort*).

LE PÈRE DE FAMILLE.

Allons, mes enfans. Voyons qui de nous saura le mieux réparer les peines qu'il a causées.

SAINT-ALBIN.

Mon père, ma sœur, mon ami, je vous ai tous affligés. Mais voyez-la, et accusez-moi, si vous pouvez.

LE PÈRE DE FAMILLE.

Allons, mes enfans ; M. Le Bon, amenez mes pupilles. Madame Hébert, j'aurai soin de vous. Soyons tous heureux. (*A Sophie*): Ma fille, votre bonheur sera désormais l'occupation la plus douce de mon fils. Apprenez-lui, à votre tour, à calmer les emportemens d'un caractère trop violent. Qu'il sache qu'on ne peut être heureux, quand on abandonne son sort à ses passions. Que votre soumission, votre douceur, votre patience, toutes les vertus que vous nous avez montrées en ce jour, soient à jamais le modèle de sa conduite et l'objet de sa plus tendre estime...

SAINT-ALBIN, *avec vivacité*.

Ah ! oui, mon papa.

LE PÈRE DE FAMILLE, *à Germeuil*.

Mon fils, mon cher fils ! Qu'il me tarde de vous

appeler de ce nom. (*Ici Cécile baise la main de son père*). Vous ferez des jours heureux à ma fille. J'espère que vous n'en passerez avec elle aucun qui ne le soit... Je ferai, si je le puis, le bonheur de tous... Sophie, il faut appeler ici votre mère, vos frères. Mes enfans, vous allez faire, aux pieds des autels, le serment de vous aimer toujours. Vous ne sauriez en avoir trop de témoins. Approchez, mes enfans.... Venez, Germeuil, venez Sophie. (*Il unit ses quatre enfans, et il dit*) : Une belle femme, un homme de bien, sont les deux êtres les plus touchans de la nature. Donnez deux fois, en un même jour, ce spectacle aux hommes... Mes enfans, que le ciel vous bénisse, comme je vous bénis! (*Il étend les mains sur eux, et ils s'inclinent, pour recevoir sa bénédiction*). Le jour qui vous unira, sera le jour le plus solemnel de votre vie. Puisse-t-il être aussi le plus fortuné!... Allons, mes enfans....

Oh! qu'il est cruel... qu'il est doux d'être père! (*En sortant de la salle, le Père de famille conduit ses deux filles; Saint-Albin a les bras jettés autour de son ami Germeuil; M. Le Bon donne la main à madame Hébert; le reste suit, en confusion; et tous marquent le transport de la joie*).

FIN DU PÈRE DE FAMILLE.

DE LA
POÉSIE DRAMATIQUE.

A MON AMI M. GRIMM.

SOMMAIRES.

I. Des genres dramatiques. De l'habitude des peuples. Des limites de l'art. De l'injustice des hommes. Se complaire dans son travail. Chercher les suffrages de ses amis. Attendre les autres du temps. Intervalle des genres. Système dramatique.

II. De la Comédie sérieuse. Des qualités du poëte en ce genre. Objection. Réponse. Juger les productions de l'esprit en elles-mêmes. Avantages du comique honnête et sérieux, sur-tout chez un peuple corrompu. De quelques scènes du *Faux Généreux*. De l'honnête. Seconde objection. Réponse. *Le Juge*, comédie, sujet proposé. Manière de juger un ouvrage dramatique. De la nature humaine. Du spectacle. Des fictions. Du poëte; du romancier et du comédien. Du but commun à tous les arts d'imitation. Exemple d'un tableau honnête et pathétique.

III. D'une sorte de drame moral. Ses règles, ses avantages. Des impressions. Des applaudissemens.

IV. D'une sorte de drame philosophique. La mort de *Socrate*, exemple de ce drame. Du drame ancien et de sa simplicité.

V. DES DRAMES SIMPLES ET DES DRAMES COMPOSÉS. Le drame simple est préféré, et pourquoi. Difficulté de conduire deux intrigues à-la-fois. Exemples tirés de l'*Andrienne* et de l'*Eautontimorumenos*. Observation sur la conduite du *Père de famille*. Inconvénient des incidens multipliés.

VI. DU DRAME BURLESQUE. De son action et de son mouvement. Il exige une gaîté originale. Il n'est pas donné à tous d'y réussir. D'*Aristophane*. L'usage que le gouvernement pourroit faire d'un bon farceur. De l'action et du mouvement en général. De son accroissement.

VII. DU PLAN ET DU DIALOGUE. Quel est le plus difficile. Des qualités du poëte, pour former un plan. De ses qualités, pour bien dialoguer. Le plan et le dialogue ne peuvent être de deux mains différentes. Un même sujet fournira plusieurs plans ; mais les caractères étant donnés, les discours sont uns. Il y a plus de pièces bien dialoguées, que de pièces bien ordonnées. Un poëte forme son plan, et projette ses scènes d'après son talent et son caractère. Du soliloque et de son avantage. Défaut des jeunes poëtes.

VIII. DE L'ESQUISSE. Idée d'*Aristote*. Poëtiques d'*Aristote*, d'*Horace* et de *Boileau*. Exemple d'esquisse d'un poëme tragique. Exemple d'esquisse d'un poëme comique. Avantages de l'esquisse. Moyen de la féconder et d'en faire sortir les incidens.

IX. DES INCIDENS. Du choix des incidens. *Molière*

et *Racine*, cités. Des incidens frivoles. De la fatalité. Objection. Réponse. *Térence* et *Molière*, cités. Des fils. Des fils tendus à faux. *Molière*, cité.

X. Du plan de la tragédie, et du plan de la comédie. Quel est le plus difficile ? Trois ordres de choses. Le poëte comique, créateur de son genre. Son modèle. La poésie comparée à l'histoire plus utilement qu'à la peinture. Du merveilleux. Imitation de la nature, dans la combinaison des incidens extraordinaires. Des incidens simultanés. Du vernis romanesque. De l'illusion. L'illusion, quantité constante. Du drame et du roman. *Télémaque*, cité. Tragédies toutes d'invention. De la tragédie domestique. S'il faut l'écrire en vers. Résumé. Du poëte et du versificateur. De l'imagination. De la réalité et de la fiction. Du philosophe et du poëte. Ils sont conséquens et inconséquens dans le même sens. Eloge de l'imagination. Imagination réglée. Racheter le merveilleux par des choses communes. De la composition du drame. Faire la première scène la première, et la dernière scène la dernière. De l'influence des scènes les unes sur les autres. Objection. Réponse. Du *Père de famille*. De l'*Ami sincère de Goldoni*. Du *Fils naturel*. Réponse aux critiques du *Fils naturel*. De la simplicité. De la lecture des anciens. De la lecture d'*Homère*. Son utilité au poëte dramatique, prouvée par quelques morceaux traduits.

XI. De l'intérêt. Perdre de vue le spectateur. Faut-il l'instruire, ou le tenir dans l'ignorance des incidens ? Ineptie des règles générales. Exemples tirés de *Zaïre*, d'*Iphigénie en Tauride* et de *Britannicus*. Le sujet où les réticences sont nécessaires est ingrat. Preuves tirées du *Père de famille*, et de l'*Hécyre de Térence*. De l'effet des monologues. De la nature de l'intérêt, et de son accroissement. De l'art poëtique, et de ceux qui en ont écrit. Si un homme de génie compose jamais un art poëtique, savoir *si le mot spectateur s'y trouvera*. D'autres modèles, d'autres loix. Comparaison du peintre et du poëte dramatique. L'attention du poëte au spectateur gêne le poëte et suspend l'action. *Molière*, cité.

XII. DE L'EXPOSITION. Qu'est-ce que c'est ? Dans la comédie. Dans la tragédie. Y a-t-il toujours une exposition ? De l'avant-scène, ou du moment où commence l'action. Il importe de l'avoir bien choisi. Il faut avoir un censeur, et qui soit homme de génie. Expliquer ce qu'il faut expliquer. Négliger les minuties. Débuter fortement. Cependant une première situation forte n'est pas sans inconvénient.

XIII. DES CARACTÈRES. Il faut les mettre en contraste avec les situations et les intérêts, et non entre eux. Du contraste des caractères entre eux. Examen de ce contraste. Le contraste en général vicieux. Celui des caractères, multiplié dans un drame, le rendroit maussade. Fausse supposition qui le prouve. Il montre l'art. Il ajoute au vernis romanesque. Il gêne la conduite. Il rend le dialogue monotone. Bien fait, il rendroit le sujet du drame équivoque. Preuves tirées du *Misanthrope de Molière*, et des *Adelphes de Térence*. Drames sans contraste, plus vrais, plus simples, plus difficiles, et plus beaux. Il n'y a point de contraste dans la tragédie. *Corneille*, *Plaute*, *Molière*, *Térence*, cités. Le contraste des sentimens et des images est le seul qui me plaise. Ce que c'est. Exemples tirés d'*Homère*, de *Lucrèce*, d'*Horace*, d'*Anacréon*, de *Catulle*, de l'*Histoire naturelle*, de l'*Esprit*. D'un tableau du *Poussin*. Du contraste par la vertu. Du contraste par le vice. Contraste réel. Contraste feint. Les anciens n'ont pas connu le contraste.

XIV. DE LA DIVISION DE L'ACTION ET DES ACTES. De quelques règles arbitraires, comme paroître ou être annoncé; rentrer sur la scène, couper ses actes à-peu-près de la même longueur. Exemples du contraire.

XV. DES ENTR'ACTES. Ce que c'est. Quelle en est la loi. L'action ne s'arrête pas même dans l'entr'acte. Chaque acte d'une pièce bien faite pourroit avoir un titre. Des scènes supposées. Précepte important là-dessus. Exemple de ce précepte.

XVI. DES SCÈNES. Voir son personnage, quand il entre. Le faire parler d'après la situation de ceux qu'il aborde. Oublier le talent de l'acteur. Défaut des modernes, dans lequel sont aussi tombés les anciens. Des scènes pantomimes. Des scènes parlées. Des scènes pantomimes et parlées. Des scènes simultanées. Des scènes épisodiques. Avantages et exemples rares de ces scènes.

XVII. DU TON. Chaque caractère a le sien. De la

plaisanterie. De la vérité du discours en philosophie et en poésie. Peindre d'après la passion et l'intérêt. Combien il est injuste de confondre le poëte et le personnage. De l'homme, et de l'homme de génie. Différence d'un dialogue et d'une scène. Dialogue de *Corneille* et de *Racine*, comparé. Exemple. De la liaison du dialogue par les sentimens. Exemples. Dialogue de *Molière*. Les *Femmes savantes* et le *Tartuffe*, cités. Du dialogue de *Térence*. L'*Eunuque*, cité. Des scènes isolées. Difficulté des scènes, lorsque le sujet est simple. Faux jugement du spectateur. Des scènes du *Fils naturel*, et du *Père de famille*. Du monologue. Règle générale, et peut-être la seule de l'art dramatique. Des caricatures. Du foible et de l'outré. *Térence*, cité. Des Daves. Des amans de la scène ancienne, et des nôtres.

XVIII. DES MŒURS. De l'utilité des spectacles. Des mœurs des comédiens. De l'abus prétendu des spectacles. Des mœurs d'un peuple. Tout peuple n'est pas également propre à réussir dans toutes sortes de drames. Du drame, sous différens gouvernemens. De la comédie, dans un état monarchique. Inconvénient. De la poésie et des poëtes, chez un peuple esclave et avili. Des mœurs poëtiques. Des mœurs anciennes. De la nature propre à la poésie. Des temps qui annoncent la naissance des poëtes. Du génie. De l'art d'embellir les mœurs. Bizarreries des peuples policés. *Térence*, cité. Cause de l'incertitude du goût.

XIX. DE LA DÉCORATION. Montrer le lieu de la scène, tel qu'il est. De la peinture théâtrale. Deux poëtes ne peuvent à-la-fois se montrer avec un égal avantage. Du drame lyrique.

XX. DES VÊTEMENS. Du mauvais goût. Du luxe. De la représentation de l'*Orphelin de la Chine*. Des personnages du *Père de famille*, et de leur vêtement. Discours adressé à une célèbre actrice de nos jours.

XXI. DE LA PANTOMIME. Du jeu des *comédiens Italiens*. Objection. Réponse. Du jeu des principaux personnages. Du jeu des personnages subalternes. Pédanterie de théâtre. La pantomime, portion importante du drame. Vérité de quelques scènes pantomimes. Exemples. Nécessité d'écrire le jeu. Quand, et quel est son effet. *Térence* et *Molière*, cités. On connoit si le poëte a négligé ou considéré la pantomime. S'il l'a négligée, on ne l'introduira point dans son drame. *Molière* l'avoit écrite. Très-humble représentation à nos critiques. Endroits des anciens poëtes obscurs, et pourquoi? La pantomime, partie importante du roman. *Richardson*, cité. Scène d'*Oreste* et de *Pilade*, avec sa pantomime. Mort de *Socrate*, avec sa pantomime. Loix de la composition, communes à la peinture et à l'action dramatique. Difficulté de l'action théâtrale, sous ce point de vue. Objection. Réponse. Utilité de la pantomime écrite, pour nous. Qu'est-ce que la pantomime? Qu'est-ce que le poëte qui l'écrit dit au peuple? Qu'est-ce qu'il dit au comédien? Il est difficile de l'écrire, et facile de la critiquer.

XXII. DES AUTEURS ET DES CRITIQUES. Critiques

comparés à certains hommes sauvages, à une espèce de solitaire imbécille. Vanité de l'auteur. Vanité du critique. Plaintes des uns et des autres. Equité du public. Critique des vivans. Critique des morts. Le succès équivoque du *Misanthrope*, consolation des auteurs malheureux. L'auteur est le meilleur critique de son ouvrage. Auteurs et critiques, ni assez honnêtes-gens, ni assez instruits. Liaison du goût avec la morale. Conseils à un auteur. Exemple proposé aux auteurs et aux critiques, dans la personne d'*Ariste*. Soliloque d'*Ariste*, sur le vrai, le bon et le beau. Fin du discours sur la poésie dramatique.

DE LA POÉSIE DRAMATIQUE.

A MONSIEUR GRIMM.

> . . . . Vice cotis acutum
> Reddere quæ ferrum valet, exsors ipsa secandi.
> HORAT. *de Art. Poet.*

Si un peuple n'avoit jamais eu qu'un genre de spectacle, plaisant et gai, et qu'on lui en proposât un autre, sérieux et touchant, sauriez-vous, mon ami, ce qu'il en penseroit? Je me trompe fort, ou les hommes de sens, après en avoir conçu la possibilité, ne manqueroient pas de dire : A quoi bon ce genre ? La vie ne nous apporte-t-elle pas assez de peines réelles, sans qu'on nous en fasse encore d'imaginaires? Pourquoi donner entrée à la tristesse jusques dans nos amusemens? Ils parleroient comme des gens étrangers au plaisir de s'attendrir et de répandre des larmes.

L'habitude nous captive. Un homme a-t-il paru

avec une étincelle de génie ? a-t-il produit quelque ouvrage ? D'abord il étonne et partage les esprits ; peu-à-peu il les réunit ; bientôt il est suivi d'une foule d'imitateurs ; les modèles se multiplient, on accumule les observations, on pose des règles, l'art naît, on fixe ses limites ; et l'on prononce que tout ce qui n'est pas compris dans l'enceinte étroite qu'on a tracée, est bizarre et mauvais : ce sont les colonnes d'Hercule ; on n'ira point au-delà, sans s'égarer.

Mais rien ne prévaut contre le vrai. Le mauvais passe, malgré l'éloge de l'imbécillité ; et le bon reste, malgré l'indécision de l'ignorance et la clameur de l'envie. Ce qu'il y a de fâcheux, c'est que les hommes n'obtiennent justice, que quand ils ne sont plus. Ce n'est qu'après qu'on a tourmenté leur vie, qu'on jette sur leurs tombeaux quelques fleurs inodores. Que faire donc ? Se reposer, ou subir une loi à laquelle de meilleurs que nous ont été soumis. Malheur à celui qui s'occupe, si son travail n'est pas la source de ses instans les plus doux, et s'il ne sait pas se contenter de peu de suffrages ! Le nombre des bons juges est borné. O mon ami, lorsque j'aurai publié quelque chose, que ce soit l'ébauche d'un drame, une idée philosophique, un morceau de morale ou de littérature, car mon esprit se délasse par la variété, j'irai vous voir. Si ma présence ne vous gêne pas, si vous venez à moi d'un air satisfait, j'attendrai sans impatience que le temps et l'équité, que le temps amène toujours, ayent apprécié mon ouvrage.

S'il existe un genre, il est difficile d'en introduire un nouveau. Celui-ci est il introduit? autre préjugé : bientôt on imagine que les deux genres adoptés sont voisins et se touchent.

Zénon nioit la réalité du mouvement. Pour toute réponse, son adversaire se mit à marcher; et quand il n'auroit fait que boîter, il eût toujours répondu.

J'ai essayé de donner, dans le *Fils naturel*, l'idée d'un drame qui fût entre la comédie et la tragédie.

Le *Père de famille*, que je promis alors, et que des distractions continuelles ont retardé, est entre le genre sérieux du *Fils naturel*, et la comédie.

Et si jamais j'en ai le loisir et le courage, je ne désespère pas de composer un drame qui se place entre le genre sérieux et la tragédie.

Qu'on reconnoisse à ces ouvrages quelque mérite, ou qu'on ne leur en accorde aucun; ils n'en démontreront pas moins que l'intervalle que j'appercevois entre les deux genres établis, n'étoit pas chimérique.

Voici donc le système dramatique dans toute son étendue. La comédie gaie, qui a pour objet le ridicule et le vice; la comédie sérieuse, qui a pour objet la vertu et les devoirs de l'homme. La tragédie, qui auroit pour objet nos malheurs domestiques; la tragédie, qui a pour objet les catastrophes publiques et les malheurs des grands.

Mais, qui est-ce qui nous peindra fortement les devoirs des hommes? Quelles seront les qualités du poëte qui se proposera cette tâche?

Qu'il soit philosophe, qu'il ait descendu en lui-même, qu'il y ait vu la nature humaine, qu'il soit profondément instruit des états de la société, qu'il en connoisse bien les fonctions et le poids, les inconvéniens et les avantages.

= Mais, comment renfermer, dans les bornes étroites d'un drame, tout ce qui appartient à la condition d'un homme? Où est l'intrigue qui puisse embrasser cet objet? On fera, dans ce genre, de ces pièces que nous appelons à tiroir; des scènes épisodiques succéderont à des scènes épisodiques et décousues, ou tout au plus liées par une petite intrigue qui serpentera entre elles : mais plus d'unité, peu d'action, point d'intérêt. Chaque scène réunira les deux points si recommandés par Horace; mais il n'y aura point d'ensemble, et le tout sera sans consistance et sans énergie.

= Si les conditions des hommes nous fournissent des pièces, telles, par exemple, que les *Fâcheux* de Molière, c'est déjà quelque chose : mais je crois qu'on en peut tirer un meilleur parti. Les obligations et les inconvéniens d'un état, ne sont pas tous de la même importance. Il me semble qu'on peut s'attacher aux principaux, en faire la base de son ouvrage, et jeter le reste dans des détails. C'est ce que je me suis proposé dans le *Père de famille*, où l'établissement du fils et celui de la fille sont mes deux grands pivots. La fortune, la naissance, l'éducation, les devoirs des pères envers leurs enfans, et des enfans envers leurs parens, le mariage, le célibat, tout ce qui tient à l'état d'un père de famille, vient amené par le dialogue. Qu'un autre entre dans la carrière, qu'il ait le talent qui me manque; et vous verrez ce que son drame deviendra.

Ce qu'on objecte contre ce genre, ne prouve qu'une chose, c'est qu'il est difficile à manier; que ce ne peut être l'ouvrage d'un enfant; et qu'il suppose plus d'art, de connoissances, de gravité et de force d'esprit, qu'on n'en a communément quand on se livre au théâtre.

Pour bien juger d'une production, il ne faut pas la rapporter à une autre production. Ce fut ainsi qu'un de nos premiers critiques se trompa. Il dit: Les anciens n'ont point eu d'opéra, donc l'opéra est un mauvais genre. Plus circonspect ou plus instruit, il eût dit peut-être: Les anciens n'avoient qu'un opéra, donc notre tragédie n'est pas bonne. Meilleur logicien, il n'eût fait ni l'un ni l'autre raisonnement. Qu'il y ait ou non des modèles subsistans, il n'importe. Il est une règle antérieure à tout; et la raison poëtique étoit qu'il n'y avoit point encore de poëtes ; sans cela, comment auroit-on jugé le premier poëme ? Fut-il bon, parce qu'il plut ? ou plut-il, parce qu'il étoit bon ?

Les devoirs des hommes sont au fond aussi riches pour le poëte dramatique, que leurs ridicules et leurs vices; et les pièces honnêtes et sérieuses réussiront par-tout, mais plus sûrement encore chez un peuple corrompu qu'ailleurs. C'est en allant au théâtre qu'ils se sauveront de la compagnie des méchans dont ils sont entourés ; c'est là, qu'ils trouveront ceux avec lesquels ils aimeroient à vivre ; c'est là, qu'ils verront l'espèce humaine comme elle est, et qu'ils se réconcilieront avec elle. Les gens de bien sont rares ; mais il y en a. Celui qui pense autrement s'accuse lui-même, et montre combien il est malheureux dans sa femme, dans ses parens, dans ses amis, dans ses connoissances. Quelqu'un me disoit un jour, après la lecture d'un ouvrage honnête qui l'avoit délicieusement occupé: Il me semble que je suis resté seul. L'ouvrage méritoit cet éloge ; mais ses amis ne méritoient pas cette satyre.

C'est toujours la vertu et les gens vertueux qu'il faut avoir en vue quand on écrit. C'est vous, mon ami, que j'évoque, quand je prends la plume ; c'est vous que j'ai devant les yeux, quand j'agis. C'est à Sophie que je veux plaire. Si vous m'avez souri, si elle a versé une larme, si vous m'en aimez tous les deux davantage, je suis récompensé.

Lorsque j'entendis les scènes du Paysan dans le *Faux généreux*, je dis : Voilà qui plaira à toute la terre, et dans tous les temps ; voilà qui fera fondre en larmes. L'effet a confirmé mon jugement. Cet épisode est tout-à-fait dans le genre honnête et sérieux.

= L'exemple d'un épisode heureux ne prouve rien, dira-t-on. Et si vous ne rompez le discours monotone de la vertu, par le fracas de quelques caractères ridicules et même un peu forcés, comme tous les autres ont fait, quoi que vous disiez du genre honnête et sérieux, je craindrai toujours que vous n'en tiriez que des scènes froides et sans couleur, de la morale ennuyeuse et triste, et des espèces de sermons dialogués.

= Parcourons les parties d'un drame, et voyons. Est-ce par le sujet qu'il en faut juger ? Dans le genre honnête et sérieux, le sujet n'est pas moins important que dans la comédie gaie ; et il y est traité d'une manière plus vraie. Est-ce par les caractères ? Ils y peuvent être aussi divers et aussi originaux ; et le poëte est contraint de les dessiner encore plus fortement. Est-ce par les passions ? Elles s'y montreront d'autant plus énergiques, que l'intérêt sera plus grand. Est-ce par le style ? Il y sera plus nerveux, plus grave, plus élevé, plus violent, plus susceptible de ce que nous appelons le sentiment, qualité sans laquelle aucun style ne parle au cœur. Est-ce par l'absence du ridicule ?

Comme si la folie des actions et des discours, lorsqu'ils sont suggérés par un intérêt mal entendu, ou par le transport de la passion, n'étoit pas le vrai ridicule des hommes et de la vie.

J'en appelle aux beaux endroits de Térence ; et je demande dans quel genre sont écrites ses scènes de Pères et d'Amans ?

Si, dans le *Père de famille*, je n'ai pas su répondre à l'importance de mon sujet ; si la marche en est froide, les passions discoureuses et moralistes ; si les caractères du Père, de son Fils, de Sophie, du Commandeur, de Germeuil et de Cécile manquent de vigueur comique, sera-ce la faute du genre ou la mienne ?

Que quelqu'un se propose de mettre sur la scène la condition du Juge ; qu'il intrigue son sujet d'une manière aussi intéressante qu'il le comporte et que je le conçois ; que l'homme y soit forcé par les fonctions de son état, ou de manquer à la dignité et à la sainteté de son ministère, et de se déshonorer aux yeux des autres et aux siens, ou de s'immoler lui-même dans ses passions, ses goûts, sa fortune, sa naissance, sa femme et ses enfans ; et l'on prononcera après, si l'on veut, que le drame honnête et sérieux est sans chaleur, sans couleur et sans force.

Une manière de me décider, qui m'a souvent réussi, et à laquelle je reviens toutes les fois que l'habitude ou la nouveauté rend mon jugement in-

certain, car l'une et l'autre produisent cet effet,
c'est de saisir, par la pensée, les objets ; de les
transporter de la nature sur la toile, et de les
examiner à cette distance, où ils ne sont ni trop près,
ni trop loin de moi.

Appliquons ici ce moyen. Prenons deux comédies, l'une dans le genre sérieux, et l'autre dans le
genre gai ; formons-en, scène à scène, deux galeries
de tableaux ; et voyons celle où nous nous promènerons le plus long-temps et le plus volontiers ; où
nous éprouverons les sensations les plus fortes et
les plus agréables ; et où nous serons le plus pressés
de retourner.

Je le répète donc : l'honnête, l'honnête. Il nous
touche d'une manière plus intime et plus douce,
que ce qui excite notre mépris et nos ris. Poëte,
êtes-vous sensible et délicat ? pincez cette corde ;
et vous l'entendrez résonner, ou frémir dans toutes
les ames.

= La nature humaine est donc bonne ?

= Oui, mon ami, et très-bonne. L'eau, l'air,
la terre, le feu, tout est bon dans la nature ; et
l'ouragan, qui s'élève sur la fin de l'automne, secoue
les forêts, et frappant les arbres les uns contre les
autres, en brise et sépare les branches mortes ; et
la tempête, qui bat les eaux de la mer et les purifie ;
et le volcan, qui verse de son flanc entr'ouvert des
flots de matières embrasées, et porte dans l'air la
vapeur qui le nettoye.

Ce sont les misérables conventions qui pervertissent l'homme, et non la nature humaine qu'il faut accuser. En effet, qu'est-ce qui nous affecte comme le récit d'une action généréuse? Où est le malheureux, qui puisse écouter froidement la plainte d'un homme de bien?

Le parterre de la comédie est le seul endroit où les larmes de l'homme vertueux et du méchant soient confondues. Là, le méchant s'irrite contre des injustices qu'il auroit commises; compatit à des maux qu'il auroit occasionnés, et s'indigne contre un homme de son propre caractère. Mais l'impression est reçue; elle demeure en nous, malgré nous; et le méchant sort de sa loge, moins disposé à faire le mal, que s'il eût été commandé par un orateur sévère et dur.

Le poëte, le romancier, le comédien vont au cœur d'une manière détournée, et en frappent d'autant plus sûrement et plus fortement l'ame, qu'elle s'étend et s'offre d'elle-même au coup. Les peines sur lesquelles ils m'attendrissent sont imaginaires; d'accord: mais ils m'attendrissent. Chaque ligne de l'*Homme de qualité retiré du monde*, du *Doyen de Killerine* et de *Cleveland*, excite en moi un mouvement d'intérêt sur les malheurs de la vertu, et me coûte des larmes. Quel art seroit plus funeste que celui qui me rendroit complice du vicieux? Mais aussi quel art plus précieux, que celui qui m'attache imperceptiblement au sort de l'homme de bien ; qui me tire de la situation tranquille et douce dont je jouis, pour me promener avec lui, m'enfoncer dans les cavernes où il se réfugie, et m'associer à toutes les traverses par lesquelles il plaît au poëte d'éprouver sa constance.

O quel bien il en reviendroit aux hommes, si tous les arts d'imitation se proposoient un objet commun, et concouroient un jour avec les loix pour nous faire aimer la vertu et haïr le vice ! C'est au philosophe à les y inviter ; c'est à lui à s'adresser au poëte, au peintre, au musicien, et à leur crier avec force : Hommes de génie, pourquoi le ciel vous a-t-il doués ? S'il en est entendu, bientôt les images de la débauche ne couvriront plus les murs de nos palais ; nos voix ne seront plus des organes du crime ; et le goût et les mœurs y gagneront. Croit-on en effet que l'action de deux époux aveugles, qui se chercheroient encore dans un âge avancé, et qui, les paupières humides des larmes de la tendresse, se serreroient les mains et se caresseroient, pour ainsi dire, au bord du tombeau, ne demanderoit pas le même talent, et ne m'intéresseroit pas davantage que le spectacle des plaisirs violens dont leurs sens tout nouveaux s'enivroient dans l'adolescence ?

Quelquefois j'ai pensé qu'on discuteroit au théâtre des points de morale les plus importans ; et cela, sans nuire à la marche violente et rapide de l'action dramatique.

De quoi s'agiroit-il en effet ? De disposer le poëme de manière que les choses y fussent amenées, comme l'abdication de l'empire l'est dans Cinna. C'est ainsi qu'un poëte agiteroit la question du suicide, de l'honneur, du duel, de la fortune, des dignités, et cent autres. Nos poëmes en prendroient une gravité qu'il n'ont pas. Si une telle scène est nécessaire, si elle tient au fond, si elle est annoncée et que le spectateur la désire, il y donnera toute son attention, et il en sera bien autrement affecté que de ces petites sentences alambiquées, dont nos ouvrages modernes sont cousus.

Ce ne sont pas des mots que je veux remporter du théâtre, mais des impressions. Celui qui prononcera d'un drame, dont on citera beaucoup de pensées détachées, que c'est un ouvrage médiocre, se trompera rarement. Le poëme excellent est celui dont l'effet demeure long-temps en moi.

O poëtes dramatiques ! l'applaudissement vrai que vous devez vous proposer d'obtenir, ce n'est pas ce battement de mains qui se fait entendre subitement après un vers éclatant, mais ce soupir profond qui part de l'ame après la contrainte d'un long silence, et qui la soulage. Il est une impression plus violente encore, et que vous concevrez, si vous êtes nés pour votre art, et si vous en pressentez toute la magie : c'est de mettre un peuple comme à la gêne. Alors les esprits seront troublés, incertains, flottans, éperdus; et vos spectateurs, tels que ceux qui, dans les tremblemens d'une partie du globe, voient les murs de leurs maisons vaciller, et sentent la terre se dérober sous leurs pieds.

Il est une sorte de drame, où l'on présenteroit la morale directement et avec succès. En voici un exemple. Ecoutez bien ce que nos juges en diront; et s'ils le trouvent froid, croyez qu'ils n'ont ni énergie dans l'ame, ni idée de la véritable éloquence, ni sensibilité, ni entrailles. Pour moi, je pense que l'homme de génie qui s'en emparera, ne laissera pas aux yeux le temps de se sécher; et que nous lui devrons le spectacle le plus touchant, et une des lectures les plus instructives et les plus délicieuses que nous puissions faire. C'est la mort de Socrate.

La scène est dans une prison. On y voit le philosophe enchaîné et couché sur la paille. Il est endormi. Ses amis ont corrompu ses gardes; et ils viennent, dès la pointe du jour, lui annoncer sa délivrance.

Tout Athènes est dans la rumeur; mais l'homme juste dort.

De l'innocence de la vie. Qu'il est doux d'avoir bien vécu, lorsqu'on est sur-le-point de mourir!
Scène première.

Socrate s'éveille; il apperçoit ses amis; il est surpris de les voir si matin.

Le songe de Socrate.

Ils lui apprennent ce qu'ils ont exécuté; il examine avec eux ce qu'il lui convient de faire.

Du respect qu'on se doit à soi-même, et de la sainteté des loix. *Scène seconde.*

Les gardes arrivent; on lui ôte ses chaînes.

La fable sur la peine et sur le plaisir.

Les juges entrent; et avec eux, les accusateurs de Socrate et la foule du peuple. Il est accusé; et il se défend.

L'apologie. *Scène troisième.*

Il faut ici s'assujettir au costume: il faut qu'on lise les accusations; que Socrate interpelle ses juges, ses accusateurs et le peuple; qu'il les presse; qu'il les interroge; qu'il leur réponde. Il faut montrer la chose comme elle s'est passée; et le spectacle n'en sera que plus vrai, plus frappant et plus beau.

Les juges se retirent; les amis de Socrate restent; ils ont pressenti la condamnation. Socrate les entretient, et les console.

De l'immortalité de l'ame. *Scène quatrième.*

Il est jugé. On lui annonce sa mort. Il voit sa femme et ses enfans. On lui apporte la ciguë. Il meurt. *Scène cinquième.*

Ce n'est là qu'un acte; mais s'il est bien fait, il aura presque l'étendue d'une pièce ordinaire. Quelle éloquence ne demande-t-il pas? quelle profondeur de philosophie! quel naturel! quelle vérité! Si l'on saisit bien le caractère ferme, simple, tranquille, serein et élevé du philosophe, on éprouvera combien il est difficile à peindre. A chaque instant il doit amener le ris sur le bord des lèvres, et les larmes aux yeux. Je mourrois content, si j'avois rempli cette tâche comme je la conçois. Encore une fois, si les critiques ne voient là-dedans qu'un enchaînement de discours philosophiques et froids, ô les pauvres gens! que je les plains!

Pour moi, je fais plus de cas d'une passion, d'un caractère qui se développe peu-à-peu et qui finit par se montrer dans toute son énergie, que de ces combinaisons d'incidens dont on forme le tissu d'une pièce où les personnages et les spectateurs sont également ballotés. Il me semble que le bon goût les dédaigne, et que les grands effets ne s'en accommodent pas. Voilà cependant ce que nous appelons du mouvement. Les anciens en avoient une autre idée. Une conduite simple, une action prise le plus près de sa fin, pour que tout fût dans l'extrême; une catastrophe sans cesse imminente et toujours éloignée par une circonstance simple et vraie; des discours énergiques; des passions fortes; des tableaux; un ou deux caractères fermement dessinés: voilà tout leur appareil. Il n'en falloit pas davantage à Sophocle, pour renverser les esprits. Celui à qui la lecture des anciens a déplu, ne saura jamais combien notre Racine doit au vieil Homère.

N'avez-vous pas remarqué, comme moi, que, quelque compliquée que fût une pièce, il n'est-

presque personne qui n'en rendît compte au sortir de la première représentation. On se rappelle facilement les événemens, mais non les discours ; et les événemens une fois connus, la pièce compliquée a perdu son effet.

Si un ouvrage dramatique ne doit être représenté qu'une fois et jamais imprimé, je dirai au poëte : Compliquez tant qu'il vous plaira ; vous agiterez, vous occuperez sûrement ; mais soyez simple, si vous voulez être lu et rester.

Une belle scène contient plus d'idées que tout un drame ne peut offrir d'incidens ; et c'est sur les idées qu'on revient, c'est ce qu'on entend sans se lasser, c'est ce qui affecte en tout temps. La scène de Roland dans l'antre, où il attend en-vain la perfide Angélique ; le discours de Lusignan à sa fille ; celui de Clytemnestre à Agamemnon, me sont toujours nouveaux.

Quand je permets de compliquer tant qu'on voudra, c'est la même action. Il est presque impossible de conduire deux intrigues à-la-fois, sans que l'une n'intéresse aux dépens de l'autre. Combien j'en pourrois citer d'exemples modernes ! mais je ne veux pas offenser.

Qu'y a-t-il de plus adroit que la manière dont Térence a entrelacé les amours de Pamphile et de Charinus dans l'Andrienne ? Cependant l'a-t-il fait sans inconvénient ? Au commencement du second acte, ne croiroit-on pas entrer dans une autre pièce? et le cinquième finit-il d'une manière bien intéressante?

Celui qui s'engage à mener deux intrigues à-la-fois, s'impose la nécessité de les dénouer dans un même instant. Si la principale s'achève la première, celle qui reste ne se supporte plus; si c'est au contraire l'intrigue épisodique qui abandonne la principale, autre inconvénient; des personnages ou disparoissent tout-à-coup, ou se remontrent sans raison; et l'ouvrage se mutile ou se refroidit.

Que deviendroit la pièce que Térence a intitulée l'*Eautontimorumenos*, ou l'*Ennemi de lui-même*, si, par un effort de génie, le poëte n'avoit su reprendre l'intrigue de Clinia, qui se termine au troisième acte, et la renouer avec celle de Clitiphon.

Térence transporta l'intrigue de la Périnthienne de Ménandre dans l'Andrienne du même poëte grec; et de deux pièces simples il en fit une composée. Je fis le contraire dans *le Fils naturel*. Goldoni avoit fondu dans une farce en trois actes l'*Avare* de Molière avec les caractères de l'*Ami vrai*. Je séparai ces sujets, et je fis une pièce en cinq actes : bonne ou mauvaise, il est certain que j'eus raison en ce point.

Térence prétend que pour avoir doublé le sujet de l'*Eautontimorumenos*, sa pièce est nouvelle; et j'y consens : pour meilleure, c'est autre chose.

Si j'osois me flatter de quelque adresse dans le

Père de famille, ce seroit d'avoir donné à Germeuil et à Cécile une passion qu'ils ne peuvent s'avouer dans les premiers actes, et de l'avoir tellement subordonnée dans toute la pièce, à celle de Saint-Albin pour Sophie, que même après une déclaration, Germeuil et Cécile ne peuvent s'entretenir de leur passion, quoiqu'ils se retrouvent ensemble à tout moment.

Il n'y a point de milieu : on perd toujours d'un côté ce que l'on gagne de l'autre. Si vous obtenez de l'intérêt et de la rapidité par des incidens multipliés, vous n'aurez plus de discours ; vos personnages auront à-peine le temps de parler ; ils agiront au-lieu de se développer. J'en parle par expérience.

On ne peut mettre trop d'action et de mouvement dans la farce : qu'y diroit-on de supportable ? Il en faut moins dans la comédie gaie ; moins encore dans la comédie sérieuse, et presque point dans la tragédie.

Moins un genre est vraisemblable, plus il est facile d'y être rapide et chaud. On a de la chaleur aux dépens de la vérité et des bienséances. La chose la plus maussade, ce seroit un drame burlesque et froid. Dans les genres sérieux, le choix des incidens rend la chaleur difficile à conserver.

Cependant une farce excellente n'est pas l'ouvrage d'un homme ordinaire. Elle suppose une gaîté originale ; les caractères en sont comme les grotesques de Calot, où les principaux traits de la figure humaine sont conservés. Il n'est pas donné à tout le monde d'estropier ainsi. Si l'on croit qu'il y ait beaucoup plus d'hommes capables de faire *Pourceaugnac* que *le Misanthrope*, on se trompe.

Qu'est-ce qu'Aristophane ? Un farceur original. Un auteur de cette espèce doit être précieux pour le gouvernement, s'il sait l'employer. C'est à lui qu'il faut abandonner tous les enthousiastes qui troublent de temps-en-temps la société. Si on les expose à la foire, on n'en remplira pas les prisons.

Quoique le mouvement varie selon les genres qu'on traite, l'action marche toujours; elle ne s'arrête pas même dans les entr'actes. C'est une masse qui se détache du sommet d'un rocher : sa vîtesse s'accroît à-mesure qu'elle descend; et elle bondit d'espace en espace, par les obstacles qu'elle rencontre.

Si cette comparaison est juste; s'il est vrai qu'il y ait d'autant moins de discours qu'il y a plus d'action; on doit plus parler qu'agir dans les premiers actes, et plus agir que parler dans les derniers.

Est-il plus difficile d'établir le plan que de dialoguer? C'est une question que j'ai souvent entendu agiter; et il m'a toujours semblé que chacun répondoit plutôt selon son talent, que selon la vérité de la chose.

Un homme à qui le commerce du monde est familier, qui parle avec aisance, qui connoît les hommes, qui les a étudiés, écoutés, et qui sait écrire, trouve le plan difficile.

Un autre qui a de l'étendue dans l'esprit, qui a médité l'art poëtique, qui connoît le théâtre, à qui l'expérience et le goût ont indiqué les situations qui intéressent, qui sait combiner des événemens, formera son plan avec assez de facilité; mais les scènes lui donneront de la peine. Celui-ci se contentera d'autant moins de son travail, que, versé dans les meilleurs auteurs de sa langue et des langues anciennes, il ne peut s'empêcher de comparer ce qu'il fait à des chefs-d'œuvre qui lui sont présens. S'agit-il d'un récit? celui de l'Andrienne lui revient. D'une scène de passion? l'Eunuque lui en offrira dix pour une qui le désespéreront.

Au-reste, l'un et l'autre sont l'ouvrage du génie; mais le génie n'est pas le même. C'est le plan qui soutient une pièce compliquée ; c'est l'art du discours et du dialogue qui fait écouter et lire une pièce simple.

J'observerai pourtant qu'en général il y a plus de pièces bien dialoguées, que de pièces bien conduites. Le génie qui dispose les incidens, paroît plus rare que celui qui trouve les vrais discours. Combien de belles scènes dans Molière! On compte ses dénouemens heureux.

Les plans se forment d'après l'imagination; les discours, d'après la nature.

On peut former une infinité de plans d'un même sujet, et d'après les mêmes caractères. Mais les caractères étant donnés, la manière de faire parler est une. Vos personnages auront telle ou telle chose à dire, selon les situations où vous les aurez placés : mais étant les mêmes hommes dans toutes ces situations, jamais ils ne se contrediront.

On seroit tenté de croire qu'un drame devroit être l'ouvrage de deux hommes de génie ; l'un qui arrangeât, et l'autre qui fit parler. Mais qui est-ce qui pourra dialoguer d'après le plan d'un autre ? Le génie du dialogue n'est pas universel ; chaque homme se tâte et sent ce qu'il peut : sans qu'il s'en apperçoive, en formant son plan, il cherche les situations dont il espère sortir avec succès. Changez ces situations, et il lui semblera que son génie l'abandonne. Il faut à l'un des situations plaisantes ; à l'autre, des scènes morales et graves ; à un troisième, des lieux d'éloquence et de pathétique. Donnez à Corneille un plan de Racine, et à Racine un plan de Corneille ; et vous verrez comment ils s'en tireront.

Né avec un caractère sensible et droit, j'avoue, mon ami, que je n'ai jamais été effrayé d'un morceau d'où j'espérois sortir avec les ressources de la raison et de l'honnêteté. Ce sont des armes que mes parens m'ont appris à manier de bonne heure : je les ai si souvent employées contre les autres et contre moi.

Vous savez que je suis habitué de longue main à l'art du soliloque. Si je quitte la société et que je rentre chez moi, triste et chagrin, je me retire dans mon cabinet, et là je me questionne et je me demande : Qu'avez-vous ?... de l'humeur ?... Oui... Est-ce que vous vous portez mal ?... Non... Je me presse ; j'arrache de moi la vérité. Alors il me semble que j'aie une ame gaie, tranquille, honnête et sereine, qui en interroge une autre qui est honteuse de quelque sottise qu'elle craint d'avouer. Cependant l'aveu vient. Si c'est une sottise que j'ai commise, comme il m'arrive assez souvent, je m'absous. Si c'en est une qu'on m'a faite, comme il arrive quand j'ai rencontré des gens disposés à abuser de la facilité de mon caractère, je pardonne. La tristesse se dissipe ; je rentre dans ma famille, bon époux, bon père, bon maître, du-moins je l'imagine ; et personne ne se ressent d'un chagrin qui alloit se répandre sur tout ce qui m'eût approché.

Je conseillerai cet examen secret à tous ceux qui voudront écrire ; ils en deviendront à-coup-sûr plus honnêtes gens, et meilleurs auteurs.

Que j'aie un plan à former, sans que je m'en apperçoive, je chercherai des situations qui quadreront à mon talent et à mon caractère.

= Ce plan sera-t-il le meilleur ?

= Il me le paroîtra sans-doute.

= Mais aux autres ?

⹀ C'est une autre question.

Ecouter les hommes, et s'entretenir souvent avec soi : voilà les moyens de se former au dialogue.

Avoir une belle imagination ; consulter l'ordre et l'enchaînement des choses ; ne pas redouter les scènes difficiles, ni le long travail ; entrer par le centre de son sujet ; bien discerner le moment où l'action doit commencer ; savoir ce qu'il est à-propos de laisser en arrière ; connoître les situations qui affectent : voilà le talent d'après lequel on saura former un plan.

Sur-tout s'imposer la loi de ne pas jeter sur le papier, une seule idée de détail, que le plan ne soit arrêté.

Comme le plan coûte beaucoup, et qu'il veut être long-temps médité, qu'arrive-t-il à ceux qui se livrent au genre dramatique, et qui ont quelque facilité à peindre des caractères ? Ils ont une vue générale de leur sujet ; ils connoissent à-peu-près les situations ; ils ont projeté leurs caractères ; et lorsqu'ils se sont dit : Cette mère sera coquette ; ce père sera dur ; cet amant, libertin ; cette jeune fille, sensible et tendre ; la fureur de faire les scènes les prend. *Ils écrivent, ils écrivent* ; ils rencontrent des idées fines, délicates, fortes même ; ils ont des morceaux charmans et tout prêts : mais lorsqu'ils ont beaucoup travaillé, et qu'ils en viennent au plan, car c'est toujours là qu'il en faut venir, ils cherchent à placer ce morceau charmant ; ils ne se résoudront jamais à perdre cette idée délicate ou forte; ils feront le contraire de ce qu'il falloit, le plan pour les scènes qu'il falloit faire pour le plan. De-là, une conduite et même un dialogue contraints; beaucoup de peine et de temps perdus, et une multitude de copeaux qui demeurent sur le chantier. Quel chagrin, sur-tout si l'ouvrage est en vers !

J'ai connu un jeune poëte qui ne manquoit pas de génie, et qui a écrit plus de trois ou quatre mille vers d'une tragédie qu'il n'a point achevée, et qu'il n'achèvera jamais.

Soit donc que vous composiez en vers, ou que vous écriviez en prose, faites d'abord le plan; après cela vous songerez aux scènes.

Mais comment former le plan ? Il y a, dans la poëtique d'Aristote, une belle idée là-dessus. Elle m'a servi; elle peut servir à d'autres, et la voici:

Entre une infinité d'hommes qui ont écrit de l'art poëtique, trois sont particulièrement célèbres: Aristote, Horace et Boileau. Aristote est un philosophe, qui marche avec ordre, qui établit des principes généraux, et qui en laisse les conséquences à tirer, et les applications à faire. Horace est un homme de génie, qui semble affecter le désordre, et qui parle en poëte à des poëtes. Boileau est un maître, qui cherche à donner le précepte et l'exemple à son disciple.

Aristote dit en quelqu'endroit de sa poëtique:

Soit que vous travailliez sur un sujet connu, soit que vous en tentiez un nouveau, commencez par esquisser la fable; et vous penserez ensuite aux épisodes ou circonstances qui doivent l'étendre. Est-ce une tragédie? dites: Une jeune princesse est conduite sur un autel, pour y être immolée; mais elle disparoît tout-à-coup aux yeux des spectateurs, et elle est transportée dans un pays, où la coutume est de sacrifier les étrangers à la déesse qu'on y adore. On la fait prêtresse. Quelques années après, le frère de cette princesse arrive dans ce pays. Il est saisi par les habitans; et sur-le-point d'être sacrifié par les mains de sa sœur, il s'écrie: Ce n'est donc pas assez que ma sœur ait été sacrifiée, il faut que je le sois aussi! A ce mot, il est reconnu et sauvé.

Mais pourquoi la princesse avoit-elle été condamnée à mourir sur un autel?

Pourquoi immole-t-on les étrangers dans la terre barbare où son frère la rencontre?

Comment a-t-il été pris?

Il vient pour obéir à un oracle. Et pourquoi cet oracle?

Il est reconnu par sa sœur. Mais cette reconnoissance ne se pouvoit-elle faire autrement?

Toutes ces choses sont hors du sujet. Il faut les suppléer dans la fable.

Le sujet appartient à tous; mais le poëte disposera du reste à sa fantaisie; et celui qui aura rempli sa tâche, de la manière la plus simple et la plus nécessaire, aura le mieux réussi.

L'idée d'Aristote est propre à tous les genres dramatiques; et voici comment j'en ai fait usage pour moi.

Un père a deux enfans, un fils et une fille. La fille aime secrètement un jeune homme qui demeure dans la maison. Le fils est entêté d'une inconnue qu'il a vue dans son voisinage. Il a tâché de la corrompre, mais inutilement. Il s'est déguisé et établi à côté d'elle, sous un nom et sous des habits empruntés. Il passe, là, pour un homme du peuple, attaché à quelque profession mécanique. Censé le jour à son travail, il ne voit celle qu'il aime que le soir. Mais le père, attentif à ce qui se passe dans sa maison, apprend que son fils s'absente toutes les nuits. Cette conduite, qui annonce le dérèglement, l'inquiète : il attend son fils.

C'est là que la pièce commence.

Qu'arrive-t-il ensuite ? C'est que cette fille convient à son fils; et que, découvrant en-même-temps que sa fille aime le jeune homme à qui il la destinoit, il la lui accorde ; et qu'il conclut deux mariages contre le gré de son beau-frère, qui avoit d'autres vues.

Mais, pourquoi la fille aime-t-elle secrètement?

Pourquoi le jeune homme qu'elle aime est-il dans la maison? Qu'y fait-il ? qui est-il ?

Qui est cette inconnue, dont le fils est épris?

Comment est-elle tombée dans l'état de pauvreté où elle est?

D'où est-elle? Née dans la province, qu'est-ce qui l'a amenée à Paris? Qu'est-ce qui l'y retient?

Qu'est-ce que le beau-frère?

D'où vient l'autorité qu'il a dans la maison du père?

Pourquoi s'oppose-t-il à des mariages qui conviennent au père?

Mais, la scène ne pouvant se passer en deux endroits, comment la jeune inconnue entrera-t-elle dans la maison du père?

Comment le père découvre-t-il la passion de sa fille et du jeune homme qu'il a chez lui?

Quelle raison a-t-il de dissimuler ses desseins?

Comment arrive-t-il que la jeune inconnue lui convienne?

Quels sont les obstacles que le beau-frère apporte à ses vues?

Comment le double mariage se fait-il malgré ces obstacles?

Combien de choses qui demeurent indéterminées, après que le poëte a fait son esquisse! Mais voilà l'argument et le fond. C'est de-là qu'il doit tirer la division des actes, le nombre des personnages, leur caractère, et le sujet des scènes.

Je vois que cette esquisse me convient, parce que le père, dont je me propose de faire sortir le caractère, sera très-malheureux. Il ne voudra point un mariage qui convient à son fils ; sa fille lui paroîtra s'éloigner d'un mariage qu'il veut ; et la défiance d'une délicatesse réciproque les empêchera l'un et l'autre de s'avouer leurs sentimens.

Le nombre de mes personnages sera décidé.

Je ne suis plus incertain sur leurs caractères.

Le père aura le caractère de son état. Il sera bon, vigilant, ferme et tendre. Placé dans la circonstance la plus difficile de sa vie, elle suffira pour déployer toute son ame.

Il faut que son fils soit violent. Plus une passion est déraisonnable, moins il faut qu'elle soit libre.

Sa maîtresse ne sera jamais assez aimable. J'en ai fait un enfant innocent, honnête et sensible.

Le beau-frère, qui est mon machiniste, homme d'une tête étroite et à préjugés, sera dur, foible, méchant, importun, rusé, tracassier, le trouble de la maison, le fléau du père et des enfans, et l'aversion de tout le monde.

Qu'est-ce que Germeuil ? C'est le fils d'un ami du père de famille, dont les affaires se sont dérangées, et qui a laissé cet enfant sans ressource. Le père de famille l'a pris chez lui après la mort de son ami, et l'a fait élever comme son fils.

Cécile, persuadée que son père ne lui accordera jamais cet homme pour époux, le tiendra à une grande distance d'elle, le traitera quelquefois avec dureté ; et Germeuil, arrêté par cette conduite et par la crainte de manquer au père de famille, son bienfaiteur, se renfermera dans les bornes du respect ; mais les apparences ne seront pas si bien gardées de part et d'autre, que la passion ne perce, tantôt dans les discours, tantôt dans les actions, mais toujours d'un manière incertaine et légère.

Germeuil sera donc d'un caractère ferme, tranquille, et un peu renfermé.

Et Cécile, un composé de hauteur, de vivacité, de réserve et de sensibilité.

L'espèce de dissimulation, qui contiendra ces amans, trompera aussi le père de famille. Détourné de ses desseins par cette fausse antipathie, il n'osera proposer à sa fille, pour époux, un homme qui ne laisse appercevoir aucun penchant pour elle, et qu'elle paroît avoir pris en aversion.

Le père dira : N'est-ce pas assez de tourmenter mon fils, en lui ôtant une femme qu'il aime, sans aller encore persécuter ma fille, en lui proposant pour époux un homme qu'elle n'aime pas ?

La fille dira : N'est-ce pas assez du chagrin que mon père et mon oncle ressentent de la passion de mon frère, sans l'accroître encore par un aveu qui révolteroit tout le monde ?

Par ce moyen, l'intrigue de la fille et de Germeuil sera sourde, ne nuira point à celle du fils et de sa maîtresse, et ne servira qu'à augmenter l'humeur de l'oncle et le chagrin du père.

J'aurai réussi au-delà de mes espérances, si je

parviens à tellement intéresser ces deux personnages à la passion du fils, qu'ils ne puissent s'occuper de la leur. Leur penchant ne partagera plus l'intérêt ; il rendra seulement leurs scènes plus piquantes.

J'ai voulu que le père fût le personnage principal. L'esquisse restoit la même ; mais tous les épisodes changeoient, si j'avois choisi pour mon héros, ou le fils, ou l'ami, ou l'oncle.

Si le poëte a de l'imagination, et qu'il se repose sur son esquisse, il la fécondera ; il en verra sortir une foule d'incidens ; et il ne sera plus embarrassé que du choix.

Qu'il se rende difficile sur ce point, lorsque son sujet est sérieux. On ne souffriroit pas, aujourd'hui, qu'un père vînt avec une cloche de mulet mettre en fuite un pédant, ni qu'un mari se cachât sous une table, pour s'assurer, par lui-même, des discours qu'on tient à sa femme. Ces moyens sont de la farce.

Si une jeune princesse est conduite vers un autel sur lequel on doit l'immoler, on ne voudra pas qu'un si grand événement ne soit fondé que sur l'erreur d'un messager qui suit un chemin, tandis que la princesse et sa mère s'avancent par un autre.

= La fatalité qui nous joue, n'attache-t-elle pas des révolutions plus importantes à des causes plus légères ?

== Il est vrai. Mais le poëte ne doit pas l'imiter en cela ; il emploiera cet incident, s'il est donné par l'histoire : mais il ne l'inventera pas. Je jugerai ses moyens plus sévèrement, que la conduite des dieux.

Qu'il soit scrupuleux dans le choix des incidens, et sobre dans leur usage ; qu'il les proportionne à l'importance de son sujet ; et qu'il établisse entre eux une liaison presque nécessaire.

== Plus les moyens, par lesquels la volonté des dieux s'accomplira sur les hommes, seront obscurs et foibles, plus je serai effrayé sur leur sort.

== J'en conviens. Mais il faut que je ne puisse douter que telle a été la volonté, non du poëte, mais des dieux.

La tragédie demande de l'importance dans les moyens ; la comédie, de la finesse.

Un amant jaloux est-il incertain des sentimens de son ami ? Térence laissera sur la scène un Dave qui écoutera les discours de celui-ci, et qui en fera le récit à son maître. Nos Français voudront que leur poëte en sache davantage.

Un vieillard, sottement vain, changera son nom bourgeois d'Arnolphe, en celui de M. de la Souche ; et cet expédient ingénieux fondera toute l'intrigue, et en amènera le dénouement d'une manière simple et inattendue ; alors ils s'écrieront : à merveilles ! et ils auront raison. Mais si, sans aucune vraisemblance, et cinq ou six fois de suite, on leur montre cet Arnolphe devenu le confident de son rival et la dupe de sa pupile ; allant de Valère à Agnès, et retournant d'Agnès à Valère, ils diront : Ce n'est pas un drame, que cela ; c'est un conte : et si vous n'avez pas tout l'esprit, toute la gaîté, tout le génie de Molière, ils vous accuseront d'avoir manqué d'invention ; et ils répéteront : C'est un conte à dormir.

Si vous avez peu d'incidens, vous aurez peu de personnages. N'ayez point de personnages superflus, et que des fils imperceptibles lient tous vos incidens.

Sur-tout, ne tendez point de fils à faux : en m'occupant d'un embarras qui ne viendra point, vous égarerez mon attention.

Tel est, si je ne me trompe, l'effet du discours de Frosine dans l'*Avare*. Elle s'engage à détourner l'Avare du dessein d'épouser Marianne, par le moyen d'une vicomtesse de Basse-Bretagne, dont elle se promet des merveilles, et le spectateur avec elle. Cependant la pièce finit, sans qu'on revoie ni Frosine, ni sa Basse-Bretonne qu'on attend toujours.

Quel ouvrage, qu'un plan contre lequel on n'auroit point d'objection ! Y en a-t-il un ? Plus il sera compliqué, moins il sera vrai. Mais on demande du plan d'une comédie et du plan d'une tragédie, quel est le plus difficile ?

Il y a trois ordres de choses. L'histoire, où le

fait est donné; la tragédie, où le poëte ajoute à l'histoire ce qu'il imagine en pouvoir augmenter l'intérêt; la comédie, où le poëte invente tout.

D'où l'on peut conclure que le poëte comique est le poëte par excellence. C'est lui qui fait; il est, dans sa sphère, ce que l'Être tout-puissant est dans la nature. C'est lui qui crée, qui tire du néant; avec cette différence, que nous n'entrevoyons dans la nature, qu'un enchaînement d'effets dont les causes nous sont inconnues, au-lieu que la marche du drame n'est jamais obscure; et que, si le poëte nous cache assez de ses ressorts pour nous piquer, il nous en laisse toujours appercevoir assez pour nous satisfaire.

= Mais, la comédie étant une imitation de la nature dans toutes ses parties, le poëte n'a-t-il pas un modèle auquel il se doive conformer, même lorsqu'il forme son plan?

= Sans-doute.

= Quel est donc ce modèle?

= Avant que de répondre, je demanderai, qu'est-ce qu'un plan?

= Un plan, c'est une histoire merveilleuse, distribuée selon les règles du genre dramatique; histoire, qui est en partie de l'invention du poëte tragique, et toute entière de l'invention du poëte comique.

= Fort bien. Quel est donc le fondement de l'art dramatique?

= L'art historique.

= Rien n'est plus raisonnable. On a comparé la poésie à la peinture ; et l'on a bien fait : mais une comparaison plus utile et plus féconde en vérités, ç'auroit été celle de l'histoire à la poésie. On se seroit ainsi formé des notions exactes du vrai, du vraisemblable, et du possible ; et l'on eût fixé l'idée nette et précise du merveilleux, terme commun à tous les genres de poésie, et que peu de poëtes sont en état de bien définir.

Tous les événemens historiques ne sont pas propres à faire des tragédies ; ni tous les événemens domestiques, à fournir des sujets de comédie. Les anciens renfermoient le genre tragique dans les familles d'Alcméon, d'OEdipe, d'Oreste, de Méléagre, de Thyeste, de Télephe et d'Hercule.

Horace ne veut pas qu'on mette sur la scène un personnage qui arrache un enfant tout vivant des entrailles d'une Lamie. Si on lui montre quelque chose de semblable, il n'en pourra ni croire la possibilité, ni supporter la vue. Mais où est le terme où l'absurdité des événemens cesse, et où la vraisemblance commence ? Comment le poëte sentira-t-il ce qu'il peut oser ?

Il arrive quelquefois à l'ordre naturel des choses, d'enchaîner des incidens extraordinaires. C'est le même ordre qui distingue le merveilleux du miraculeux. Les cas rares sont merveilleux ; les cas naturellement impossibles sont miraculeux : l'art dramatique rejette les miracles.

Si la nature ne combinoit jamais des événemens

d'une manière extraordinaire, tout ce que le poëte imagineroit au-delà de la simple et froide uniformité des choses communes, seroit incroyable. Mais il n'en est pas ainsi. Que fait donc le poëte ? Ou il s'empare de ces combinaisons extraordinaires, ou il en imagine de semblables. Mais, au lieu que la liaison des événemens nous échappe souvent dans la nature, et que, faute de connoître l'ensemble des choses, nous ne voyons qu'une concomitance fatale dans les faits ; le poëte veut, lui, qu'il règne dans toute la texture de son ouvrage une liaison apparente et sensible ; en sorte qu'il est moins vrai et plus vraisemblable que l'historien.

= Mais, puisqu'il suffit de la seule co-existence des événemens, pour fonder le merveilleux dans l'histoire, pourquoi le poëte ne s'en contenteroit-il pas ?

= Il s'en contente aussi quelquefois, surtout le poëte tragique. Mais la supposition d'incidens simultanés n'est pas aussi permise au poëte comique.

= Et la raison ?

= C'est que la portion connue, que le poëte tragique emprunte de l'histoire, fait adopter ce qui est d'imagination, comme s'il étoit historique. Les choses qu'il invente reçoivent de la vraisemblance par celles qui lui sont données. Mais rien n'est donné au poëte comique : il lui est donc moins permis de s'appuyer sur la simultanéité des événemens. D'ailleurs, la fatalité ou la volonté des dieux, qui effraie si fort les hommes, de qui la destinée se trouve abandonnée à des êtres supérieurs auxquels ils ne peuvent se soustraire, dont la main les suit et les atteint au moment où ils sont dans la sécurité la plus entière, est plus nécessaire à la tragédie. S'il y a quelque chose de touchant, c'est le spectacle d'un homme rendu coupable et malheureux malgré lui.

Il faut que les hommes fassent, dans la comédie, le rôle que font les dieux dans la tragédie. La fatalité et la méchanceté, voilà, dans l'un et l'autre genre, les bases de l'intérêt dramatique.

= Qu'est-ce donc que le vernis romanesque, qu'on reproche à quelques-unes de nos pièces ?

= Un ouvrage sera romanesque, si le merveilleux naît de la simultanéité des événemens ; si l'on y voit les dieux ou les hommes trop méchans ou trop bons ; si les choses et les caractères y diffèrent trop de ce que l'expérience ou l'histoire nous les montre; et sur-tout si l'enchaînement des événemens y est trop extraordinaire et trop compliqué.

D'où l'on peut conclure que le roman, dont on ne pourra faire un bon drame, ne sera pas mauvais pour cela; mais qu'il n'y a point de bon drame, dont on ne puisse faire un excellent roman. C'est par les règles que ces deux genres de poésie diffèrent.

L'illusion est leur but commun : mais, d'où dépend l'illusion ? Des circonstances. Ce sont les circonstances qui la rendent plus ou moins difficile à produire.

Me permettra-t-on de parler un moment la langue des géomètres? On sait ce qu'ils appellent une équation. L'illusion est seule d'un côté. C'est une quantité constante, qui est égale à une somme de termes, les uns positifs, les autres négatifs; dont le nombre et la combinaison peuvent varier sans fin, mais dont la valeur totale est toujours la même. Les termes positifs représentent les circonstances communes; et les négatifs, les circonstances extraordinaires. Il faut qu'elles se rachètent les unes par les autres.

L'illusion n'est pas volontaire. Celui qui diroit : Je veux me faire illusion, ressembleroit à celui qui diroit : J'ai une expérience des choses de la vie, à laquelle je ne ferai aucune attention.

Quand je dis que l'illusion est une quantité constante, c'est dans un homme qui juge de différentes productions, et non dans des hommes différens. Il n'y a peut-être pas, sur toute la surface de la terre, deux individus qui aient la même mesure de la certitude; et cependant le poëte est condamné à faire illusion également à tous! Le poëte se joue de la raison et de l'expérience de l'homme instruit, comme une gouvernante se joue de l'imbécillité d'un enfant. Un bon poëme est un conte digne d'être fait à des hommes sensés.

Le romancier a le temps et l'espace qui man-

quent au poëte dramatique : à mérite égal, j'estimerai donc moins un roman, qu'une pièce de théâtre. D'ailleurs, il n'y a point de difficulté que le premier ne puisse esquiver. Il dira : « La vapeur
» du sommeil ne coule pas plus doucement dans
» les yeux appesantis et dans les membres fatigués
» d'un homme abattu, que les paroles flatteuses
» de la déesse ; mais elle sentoit toujours je ne
» sais quoi, qui repoussoit ses efforts et qui se
» jouoit de ses charmes... Mentor, immobile dans
» ses sages conseils, se laissoit presser ; quelque-
» fois même il lui laissoit espérer qu'elle l'embar-
» rasseroit par ses questions ; mais au moment où
» elle croyoit satisfaire sa curiosité, ses espérances
» s'évanouissoient. Ce qu'elle imaginoit tenir, lui
» échappoit tout-à-coup ; et une réponse courte la
» replongeoit dans les incertitudes »... Et voilà le romancier hors d'affaire. Mais, quelque difficulté qu'il y eût eu à faire cet entretien, il eût fallu, ou que le poëte dramatique renversât son plan, ou qu'il la surmontât. Quelle différence de peindre un effet, ou de le produire !

Les anciens ont eu des tragédies où tout étoit de l'invention du poëte. L'histoire n'offroit pas même les noms des personnages. Et qu'importe, si le poëte n'excède pas la vraie mesure du merveilleux ?

Ce qu'il y a d'historique dans un drame est connu d'assez peu de personnes ; si cependant le poëme est bien fait, il intéresse également tout le monde, plus peut-être le spectateur ignorant, que le spectateur instruit. Tout est d'une égale vérité pour celui-là ; au-lieu que les épisodes ne sont que vraisemblables pour celui-ci. Ce sont des mensonges mêlés à des vérités avec tant d'art, qu'il n'éprouve aucune répugnance à les recevoir.

La tragédie domestique auroit la difficulté des deux genres ; l'effet de la tragédie héroïque à produire, et tout le plan à former d'invention, ainsi que dans la comédie.

Je me suis demandé quelquefois si la tragédie domestique se pouvoit écrire en vers ; et sans trop savoir pourquoi, je me suis répondu que non. Cependant, la comédie ordinaire s'écrit en vers ; la tragédie héroïque s'écrit en vers. Que ne peut-on pas écrire en vers ! Ce genre exigeroit-il un style particulier, dont je n'ai pas la notion ? ou la vérité du sujet et la violence de l'intérêt rejetteroient-elles un langage symmétrisé ? La condition des personnages seroit-elle trop voisine de la nôtre, pour admettre une harmonie régulière ?

Résumons. Si l'on mettoit en vers l'histoire de Charles XII, elle n'en seroit pas moins une histoire. Si l'on mettoit la Henriade en prose, elle n'en seroit pas moins un poëme. Mais l'historien a écrit ce qui est arrivé, purement et simplement ; ce qui ne fait pas toujours sortir les caractères autant qu'ils pourroient ; ce qui n'émeut ni n'intéresse pas autant qu'il est possible d'émouvoir et d'intéresser. Le poëte eût écrit tout ce qui lui auroit semblé devoir affecter le plus. Il eût imaginé des événemens. Il eût feint des discours. Il eût chargé l'histoire. Le point important pour lui eût été d'être merveilleux, sans cesser d'être vraisemblable; ce qu'il eût obtenu, en se conformant à l'ordre de la nature, lorsqu'elle se plaît à combiner des incidens extraordinaires, et à sauver les incidens extraordinaires par des circonstances communes.

Voilà la fonction du poëte. Quelle différence entre le versificateur et lui! Cependant ne croyez pas que je méprise le premier; son talent est rare. Mais si vous faites du versificateur un Apollon, le poëte sera pour moi un Hercule. Or, supposez une lyre à la main d'Hercule; et vous n'en ferez pas un Apollon. Appuyez un Apollon sur une massue, jetez sur ses épaules la peau du lion de Némée; et vous n'en ferez pas un Hercule.

D'où l'on voit qu'une tragédie en prose est tout autant un poëme, qu'une tragédie en vers; qu'il en est de même de la comédie et du roman; mais que le but de la poésie est plus général que celui de l'histoire. On lit, dans l'histoire, ce qu'un homme du caractère de Henri IV a fait et souffert. Mais combien de circonstances possibles où il eût agi et souffert d'une manière conforme à son caractère, plus merveilleuse, que l'histoire n'offre pas, mais que la poésie imagine.

L'imagination ; voilà la qualité sans laquelle on n'est ni un poëte, ni un philosophe, ni un homme d'esprit, ni un être raisonnable, ni un homme.

= Qu'est-ce donc que l'imagination, me direz-vous ?

= O mon ami, quel piége vous tendez à celui qui s'est proposé de vous entretenir de l'art dramatique! S'il se met à philosopher, adieu son objet.

L'imagination est la faculté de se rappeler des images. Un homme, entièrement privé de cette faculté seroit un stupide, dont toutes les fonctions intellectuelles se réduiroient à produire les sons qu'il auroit appris à combiner dans l'enfance, et à les appliquer machinalement aux circonstances de la vie.

C'est la triste condition du peuple, et quelquefois du philosophe. Lorsque la rapidité de la conversation entraîne celui-ci, et ne lui laisse pas le temps de descendre des mots aux images ; que fait-il autre chose, si ce n'est de se rappeler des sons et de les produire combinés dans un certain ordre ? O combien l'homme qui pense le plus est encore automate !

Mais quel est le moment où il cesse d'exercer sa mémoire, et où il commence à appliquer son imagination ? C'est celui où, de questions en questions, vous le forcez d'imaginer ; c'est-à-dire, de passer, de sons abstraits et généraux, à des sons moins abstraits et moins généraux, jusqu'à ce qu'il soit arrivé à quelque représentation sensible, le dernier terme et le repos de sa raison. Alors, que devient-il ? Peintre ou poëte.

Demandez-lui, par exemple : qu'est-ce que la justice ? et vous serez convaincu qu'il ne s'entendra lui-même que quand, la connoissance se portant de son ame vers les objets par le même chemin qu'elle y est venue, il imaginera deux hommes conduits par la faim vers un arbre chargé de fruits ; l'un monté sur l'arbre, et cueillant ; et l'autre s'emparant, par la violence, du fruit que le premier a cueilli. Alors il vous fera remarquer les mouvemens qui se manifesteront en eux ; les signes du ressentiment d'un côté, les symptômes de la crainte de l'autre ; celui-là se tenant pour offensé, et l'autre se chargeant lui-même du titre odieux d'offenseur.

Si vous faites la même question à un autre, sa dernière réponse se résoudra à un autre tableau. Autant de têtes, autant de tableaux différens peut-être : mais tous représenteront deux hommes éprouvant dans un même instant des impressions contraires ; produisant des mouvemens opposés ; ou poussant des cris inarticulés et sauvages, qui, rendus avec le temps dans la langue de l'homme policé, signifient et signifieront éternellement, justice, injustice.

C'est par un toucher, qui se diversifie dans la nature animée en une infinité de manières et de dégrés, et qui s'appelle dans l'homme, voir, entendre, flairer, goûter et sentir, qu'il reçoit des impressions qui se conservent dans ses organes; qu'il distingue ensuite par des mots, et qu'il se rappelle ou par ces mots mêmes, ou par des images.

Se rappeler une suite nécessaire d'images telles qu'elles se succèdent dans la nature, c'est raisonner d'après les faits. Se rappeler une suite d'images comme elles se succéderoient nécessairement dans la nature, tel ou tel phénomène étant donné, c'est raisonner d'après une hypothèse, ou feindre; c'est être philosophe ou poëte, selon le but qu'on se propose.

Et le poëte qui feint, et le philosophe qui raisonne, sont également, et dans le même sens, conséquens ou inconséquens; car être conséquent, ou avoir l'expérience de l'enchaînement nécessaire des phénomènes, c'est la même chose.

En voilà, ce me semble, assez pour montrer l'analogie de la vérité et de la fiction, caractériser le poëte et le philosophe, et relever le mérite du poëte, sur-tout épique ou dramatique. Il a reçu de la nature, dans un dégré supérieur, la qualité qui distingue l'homme de génie de l'homme ordinaire, et celui-ci du stupide; l'imagination, sans laquelle le discours se réduit à l'habitude mécanique d'appliquer des sons combinés.

Mais, le poëte ne peut s'abandonner à toute la fougue de son imagination; il est des bornes qui lui sont prescrites. Il a le modèle de sa conduite dans les cas rares de l'ordre général des choses. Voilà sa règle.

Plus ces cas seront rares et singuliers, plus il lui faudra d'art, de temps, d'espace et de circonstances communes pour en compenser le merveilleux et fonder l'illusion.

Si le fait historique n'est pas assez merveilleux, il le fortifiera par des incidens extraordinaires; s'il l'est trop, il l'affoiblira par des incidens communs.

Ce n'est pas assez, ô poëte comique, d'avoir dit, dans votre esquisse : Je veux que ce jeune homme ne soit que foiblement attaché à cette courtisanne; qu'il la quitte; qu'il se marie; qu'il ne manque pas de goût pour sa femme; que cette femme soit aimable; et que son époux se promette une vie supportable avec elle : je veux encore qu'il couche à côté d'elle pendant deux mois, sans en approcher; et cependant, qu'elle se trouve grosse. Je veux une belle-mère qui soit folle de sa bru; j'ai besoin d'une courtisanne qui ait des sentimens; je ne puis me passer d'un viol, et je veux qu'il se soit fait dans la rue, par un jeune homme ivre. Fort bien, courage; entassez, entassez circonstances bizarres sur circonstances bizarres; j'y consens. Votre fable sera merveilleuse, sans contredit; mais n'oubliez pas que vous aurez à racheter tout ce merveilleux par une multitude d'incidens communs qui le sauvent et qui m'en imposent.

L'art poëtique seroit donc bien avancé, si le

traité de la certitude historique étoit fait. Les mêmes principes s'appliqueroient au conte, au roman, à l'opéra, à la farce, à toutes les sortes de poëmes, sans en excepter la fable.

Si un peuple étoit persuadé, comme d'un point fondamental de sa croyance, que les animaux parloient autrefois; la fable auroit, chez ce peuple, un dégré de vraisemblance qu'elle ne peut avoir parmi nous.

Lorsque le poëte aura formé son plan, en donnant à son esquisse l'étendue convenable, et que son drame sera distribué par actes et par scènes, qu'il travaille; qu'il commence par la première scène, et qu'il finisse par la dernière. Il se trompe, s'il croit pouvoir impunément s'abandonner à son caprice, sauter d'un endroit à un autre, et se porter par-tout où son génie l'appellera. Il ne sait pas la peine qu'il se prépare, s'il veut que son ouvrage soit un. Combien d'idées déplacées, qu'il arrachera d'un endroit pour les insérer dans un autre. L'objet de sa scène aura beau être déterminé, il le manquera.

Les scènes ont une influence les unes sur les autres, qu'il ne sentira pas. Ici, il sera diffus; là, trop court; tantôt, froid; tantôt, trop passionné. Le désordre de sa manière de faire se répandra sur toute sa composition; et, quelque soin qu'il se donne, il en restera toujours des traces.

Avant que de passer d'une scène à celle qui

suit, on ne peut trop se remplir de celles qui précèdent.

= Voilà une manière de travailler bien sévère.

= Il est vrai.

= Que fera le poëte, si au commencement de son poëme, c'est la fin qui l'inspire ?

= Qu'il se repose.

= Mais, plein de ce morceau, il l'eût exécuté de génie.

= S'il a du génie, qu'il n'appréhende rien. Les idées, qu'il craint de perdre, reviendront ; elles reviendront fortifiées d'un cortége d'autres qui naîtront de ce qu'il aura fait, et qui donneront à la scène plus de chaleur, plus de couleur, et plus de liaison avec le tout. Tout ce qu'il pourra dire, il le dira ; et croyez-vous qu'il en soit ainsi, s'il marche par bonds et par sauts ?

Ce n'est pas ainsi que j'ai cru devoir travailler, convaincu que ma manière étoit la plus pure et la plus aisée.

Le *Père de famille* a cinquante-trois scènes ; la première a été écrite la première, la dernière a été écrite la dernière ; et sans un enchaînement de circonstances singulières, qui m'ont rendu la vie pénible et le travail rebutant, cette occupation n'eût été pour moi qu'un amusement de quelques semaines. Mais comment se métamorphoser en différens caractères, lorsque le chagrin nous attache à nous-mêmes ? Comment s'oublier, lorsque l'enmi nous rappelle à notre existence ? Comment échauffer, éclairer les autres, lorsque la lampe de l'enthousiasme est éteinte, et que la flamme du génie ne luit plus sur le front ?

Que d'efforts n'a-t-on pas fait pour m'étouffer en naissant ? Après la persécution du *Fils naturel*, croyez-vous, ô mon ami ! que je dusse être tenté de m'occuper du *Père de famille* ? Le voilà cependant. Vous avez exigé que j'achevasse cet ouvrage; et je n'ai pu vous refuser cette satisfaction. En revanche, permettez-moi de dire un mot de ce *Fils naturel* si méchamment persécuté.

Charles Goldoni a écrit en italien une comédie, ou plutôt une farce en trois actes, qu'il a intitulée *l'Ami sincère*. C'est un tissu des caractères de *l'Ami vrai*, et de *l'Avare* de Molière. La cassette et le vol y sont; et la moitié des scènes se passent dans la maison d'un père avare.

Je laissai là toute cette portion de l'intrigue, car je n'ai, dans le *Fils naturel*, ni avare, ni père, ni vol, ni cassette.

Je crus que l'on pouvoit faire quelque chose de supportable de l'autre portion; et je m'en emparai comme d'un bien qui m'eût appartenu. Goldoni n'avoit pas été plus scrupuleux; il s'étoit emparé de l'*Avare*, sans que personne se fût avisé de le trouver mauvais; et l'on n'avoit point imaginé parmi nous d'accuser Molière ou Corneille de plagiat, pour avoir emprunté tacitement l'idée de quelque pièce, ou d'un auteur italien, ou du théâtre espagnol. Quoiqu'il en soit de cette portion d'une farce en trois actes, j'en fis la comédie du *Fils naturel* en cinq ; et mon dessein n'étant pas de donner cet ouvrage au théâtre, j'y joignis quelques idées que j'avois sur la poëtique, la musique, la déclamation, et la pantomime ; et je formai de tout une espèce de roman que j'intitulai le *Fils naturel*, ou les *Épreuves de la vertu*, avec l'histoire véritable de la pièce.

Sans la supposition que l'aventure du *Fils naturel* étoit réelle, que devenoient l'illusion de ce roman, et toutes les observations répandues dans les entretiens, sur la différence qu'il y a entre un fait vrai, et un fait imaginé ; des personnages réels, et des personnages fictifs ; des discours tenus, et des discours supposés ; en un mot, toute la poëtique où la vérité est mise sans cesse en parallèle avec la fiction ?

Mais comparons un peu plus rigoureusement l'*Ami vrai*, du poëte italien, avec le *Fils naturel*.

Quelles sont les parties principales d'un drame ? L'intrigue, les caractères et les détails.

La naissance illégitime de Dorval, est la base du *Fils naturel*. Sans cette circonstance, la fuite de son père aux îles reste sans fondement. Dorval ne peut ignorer qu'il a une sœur, et qu'il vit à côté d'elle. Il n'en deviendra pas amoureux ; il ne sera plus le rival de son ami ; il faut que Dorval soit riche; et son père n'aura plus aucune raison de l'enrichir. Que signifie la crainte qu'il a de s'ouvrir à Constance ? La scène d'André n'a plus lieu. Plus de père qui revienne des îles, qui soit pris dans la traversée, et qui dénoue. Plus d'intrigue. Plus de pièce.

Or y a-t-il, dans l'*Ami sincère*, aucune de ces choses, sans lesquelles le *Fils naturel* ne peut subsister ? Aucune. Voilà pour l'intrigue.

Venons aux caractères. Y a-t-il un amant violent, tel que Clairville ? Non. Y a-t-il une fille ingénue, telle que Rosalie ? Non. Y a-t-il une femme qui ait l'ame et l'élévation des sentimens de Constance ? Non. Y a-t-il un homme du caractère sombre et farouche de Dorval ? Non. Il n'y a donc, dans l'*Ami vrai*, aucun de mes caractères ? Aucun, sans excepter André. Passons aux détails.

Dois-je au poëte étranger une seule idée qu'on puisse citer ? Pas une.

Qu'est-ce que sa pièce ? Une farce. Est-ce une farce, que le *Fils naturel* ? Je ne le crois pas.

Je puis donc avancer :

Que celui qui dit que le genre, dans lequel j'ai écrit le *Fils naturel*, est le même que le genre, dans lequel Goldoni a écrit l'*Ami vrai*, dit un mensonge :

Que celui qui dit que mes caractères et ceux de Goldoni ont la moindre ressemblance, dit un mensonge :

Théâtre.

Que celui qui dit qu'il y a dans les détails un mot important, qu'on ait transporté de l'*Ami vrai* dans le *Fils naturel*, dit un mensonge :

Que celui qui dit que la conduite du *Fils naturel* ne diffère point de celle de l'*Ami vrai*, dit un mensonge.

Cet auteur a écrit une soixantaine de pièces. Si quelqu'un se sent porté à ce genre de travail, je l'invite à choisir parmi celles qui restent, et à en composer un ouvrage qui puisse nous plaire.

Je voudrois bien qu'on eût une douzaine de pareils larcins à me reprocher ; et je ne sais si le *Père de famille* aura gagné quelque chose à m'appartenir en entier.

Au reste, puisqu'on n'a pas dédaigné de m'adresser les mêmes reproches que certaines gens faisoient autrefois à Térence, je renverrai mes censeurs aux prologues de ce poëte. Qu'ils les lisent, pendant que je m'occuperai, dans mes heures de délassement, à écrire quelque pièce nouvelle. Comme mes vues sont droites et pures, je me consolerai facilement de leur méchanceté, si je puis réussir encore à attendrir les honnêtes-gens.

La nature m'a donné le goût de la simplicité ; et je tâche de le perfectionner par la lecture des anciens. Voilà mon secret. Celui qui liroit Homère avec un peu de génie, y découvriroit bien plus sûrement la source où je puise.

O mon ami, que la simplicité est belle ! Que nous avons mal fait de nous en éloigner !

Voulez-vous entendre ce que la douleur inspire à un père qui vient de perdre son fils ? Écoutez Priam.

« Eloignez-vous, mes amis ; laissez-moi seul ;
» votre consolation m'importune... J'irai sur les vais-
» seaux des Grecs : oui, j'irai. Je verrai cet homme
» terrible ; je le supplierai. Peut-être il aura pitié
» de mes ans ; il respectera ma vieillesse... Il a un
« père âgé comme moi... Hélas ! ce père l'a mis
» au monde pour la honte et le désastre de cette
» ville !... Quels maux ne nous a-t-il pas faits à
» tous ? Mais à qui en a-t-il fait autant qu'à moi ?
» Combien ne m'a-t-il pas ravi d'enfans, et dans
» la fleur de leur jeunesse !... Tous m'étoient
» chers... je les ai tous pleurés. Mais c'est la perte
» de ce dernier qui m'est sur-tout cruelle ; j'en
» porterai la douleur jusqu'aux enfers... Eh ! pour-
» quoi n'est-il pas mort entre mes bras ?....
» Nous nous serions rassasiés de pleurs sur lui,
» moi, et la mère malheureuse qui lui donna la
» vie ».

Voulez-vous savoir quels sont les vrais discours d'un père suppliant aux genoux du meurtrier de son fils ? Ecoutez le même Priam aux genoux d'Achille.

« Achille, ressouvenez-vous de votre père ; il est
» du même âge que moi, et nous gémissons tous

» les deux sous le poids des années... Hélas ! peut-
» être est-il pressé par des voisins ennemis, sans
» avoir à côté de lui personne, qui puisse éloigner le
» péril qui le menace... Mais s'il a entendu dire
» que vous vivez, son cœur s'ouvre à l'espérance
» et à la joie ; et il passe les jours dans l'attente
» du moment où il reverra son fils... Quelle diffé-
» rence de son sort au mien !... J'avois des en-
» fans, et je suis comme si je les avois tous perdus...
» De cinquante que je comptois autour de moi,
» lorsque les Grecs sont arrivés, il ne m'en restoit
» qu'un qui pût nous défendre ; et il vient de périr
» par vos mains, sous les murs de cette ville.....
» Rendez-moi son corps ; recevez mes présens ;
» respectez les dieux ; rappelez-vous de votre
» père, et ayez pitié de moi... Voyez où j'en suis
» réduit... Fut-il un monarque plus humilié ? un
» homme plus à plaindre ? Je suis à vos pieds, et
» je baise vos mains teintes du sang de mon fils ».

Ainsi parla Priam ; et le fils de Pelée sentit, au souvenir de son père, la pitié s'émouvoir au fond de son cœur. Il releva le vieillard ; et le repoussant doucement, il l'écarta de lui.

Qu'est-ce qu'il y a là-dedans ? Point d'esprit, mais des choses d'une vérité si grande, qu'on se persuaderoit presque qu'on les auroit trouvées comme Homère. Pour nous, qui connoissons un peu la difficulté et le mérite d'être simple, lisons ces morceaux ; lisons-les bien ; et puis prenons

tous nos papiers, et les jetons au feu. Le génie se
sent; mais il ne s'imite point.

Dans les pièces compliquées, l'intérêt est plus
l'effet d'un plan que des discours; c'est au contraire
plus l'effet des discours que du plan, dans les
pièces simples. Mais à qui doit-on rapporter l'intérêt ? Est-ce aux personnages ? est-ce aux spectateurs ?

Les spectateurs ne sont que des témoins ignorés
de la chose.

= Ce sont donc les personnages qu'il faut avoir
en vue ?

= Je le crois. Qu'ils forment le nœud, sans s'en
appercevoir; que tout soit impénétrable pour
eux; qu'ils s'avancent au dénouement, sans s'en
douter. S'ils sont dans l'agitation, il faudra bien
que je suive, et que j'éprouve les mêmes mouvemens.

Je suis si loin de penser, avec la plupart de ceux
qui ont écrit de l'art dramatique, qu'il faille dérober au spectateur le dénouement, que je ne croirois
pas me proposer une tâche fort au-dessus de mes
forces, si j'entreprenois un drame, où le dénouement seroit annoncé dès la première scène, et où
je ferois sortir l'intérêt le plus violent de cette circonstance même.

Tout doit être clair pour le spectateur. Confident de chaque personnage, instruit de ce qui s'est
passé et de ce qui se passe, il y a cent momens où

l'on n'a rien de mieux à faire que de lui déclarer nettement ce qui se passera.

O faiseurs de règles générales, que vous ne connoissez guère l'art, et que vous avez peu de ce génie qui a produit les modèles sur lesquels vous avez établi ces règles, qu'il est le maître d'enfeindre quand il lui plaît !

On trouvera, dans mes idées, tant de paradoxes qu'on voudra ; mais je persisterai à croire que, pour une occasion où il est à-propos de cacher au spectateur un incident important avant qu'il ait lieu, il y en a plusieurs où l'intérêt demande le contraire.

Le poëte me ménage, par le secret, un instant de surprise ; il m'eût exposé, par la confidence, à une longue inquiétude.

Je ne plaindrai qu'un instant celui qui sera frappé et accablé dans un instant. Mais que deviens-je, si le coup se fait attendre, si je vois l'orage se former sur ma tête ou sur celle d'un autre, et y demeurer long-temps suspendu ?

Lusignan ignore qu'il va retrouver ses enfans ; le spectateur l'ignore aussi. Zaïre et Nérestan ignorent qu'ils sont frère et sœur ; le spectateur l'ignore aussi. Mais, quelque pathétique que soit cette reconnoissance, je suis sûr que l'effet en eût été beaucoup plus grand encore, si le spectateur eût été prévenu. Que ne me serois-je pas dit à moi-même, à l'approche de ces quatre personnages ? Avec quelle attention et quel trouble n'aurois-je pas écouté chaque mot qui seroit sorti de leur bouche ? A quelle gêne le poëte ne m'auroit-il pas mis ? Mes larmes ne coulent qu'au moment de la reconnoissance; elles auroient coulé long-temps auparavant.

Quelle différence d'intérêt entre cette situation où je ne suis pas du secret, et celle où je sais tout, et où je vois Orosmane, un poignard à la main, attendre Zaïre, et cette infortunée, s'avancer vers le coup ? Quels mouvemens le spectateur n'eût-il pas éprouvés, s'il eût été libre au poëte de tirer de cet instant tout l'effet qu'il pouvoit produire; et si notre scène, qui s'oppose aux plus grands effets, lui eût permis de faire entendre dans les ténèbres, la voix de Zaïre, et de me la montrer de plus loin ?

Dans Iphigénie en Tauride, le spectateur connoît l'état des personnages; supprimez cette circonstance, et voyez si vous ajouterez ou si vous ôterez à l'intérêt.

Si j'ignore que Néron écoute l'entretien de Britannicus et de Junie, je n'éprouve plus la terreur.

Lorsque Lusignan et ses enfans se sont reconnus, en deviennent-ils moins intéressans ? Nullement. Qu'est-ce qui soutient et fortifie l'intérêt ? C'est ce que le sultan ne sait pas, et ce dont le spectateur est instruit.

Que tous les personnages s'ignorent, si vous le voulez; mais que le spectateur les connoisse tous.

J'oserois presque assurer qu'un sujet où les réticences sont nécessaires, est un sujet ingrat; et qu'un plan où l'on y a recours est moins bon, que si l'on eût pu s'en passer. On n'en tirera rien de bien énergique ; on s'assujettira à des préparations toujours trop obscures ou trop claires. Le poëme deviendra un tissu de petites finesses, à l'aide desquelles on ne produira que de petites surprises. Mais, tout ce qui concerne les personnages est-il connu ? J'entrevois, dans cette supposition, la source des mouvemens les plus violens. Le poëte grec, qui différa jusqu'à la dernière scène la reconnoissance d'Oreste et d'Iphigénie, fut un homme de génie. Oreste est appuyé sur l'autel ; sa sœur a le couteau sacré levé sur son sein. Oreste, prêt à périr, s'écrie : N'étoit-ce pas assez que la sœur fût immolée ? falloit-il que le frère le fût aussi ? Voilà le moment, que le poëte m'a fait attendre pendant cinq actes.

= Dans quelque drame que ce soit, le nœud est connu ; il se forme en présence du spectateur. Souvent le titre seul d'une tragédie en annonce le dénouement ; c'est un fait donné par l'histoire. C'est la mort de César, c'est le sacrifice d'Iphigénie : mais il n'en est pas ainsi dans la comédie.

= Pourquoi donc ? Le poëte n'est-il pas le maître de me révéler de son sujet ce qu'il juge à propos ? Pour moi, je me serois beaucoup applaudi, si, dans le *Père de famille* (qui n'eût plus été le *Père de famille*, mais une pièce d'un autre nom), j'avois pu ramasser toute la persécution du Commandeur sur Sophie. L'intérêt ne se seroit-il pas accru, par la connoissance que cette jeune fille, dont il parloit si mal, qu'il poursuivoit si vivement, qu'il vouloit faire enfermer, étoit sa propre nièce ? Avec quelle impatience n'auroit-on pas attendu l'instant de la reconnoissance, qui ne produit, dans ma pièce, qu'une surprise passagère ? C'eût été celui du triomphe d'une infortunée à laquelle on eût pris le plus grand intérêt, et de la confusion d'un homme dur qu'on n'aimoit pas.

Pourquoi l'arrivée de Pamphile n'est-elle, dans l'Hecyre, qu'un incident ordinaire ? c'est que le spectateur ignore que sa femme est grosse ; qu'elle ne l'est pas de lui ; et que le moment de son retour est précisément celui des couches de sa femme.

Pourquoi certains monologues ont-ils de si grands effets ? c'est qu'ils m'instruisent des desseins secrets d'un personnage ; et que cette confidence me saisit à l'instant de crainte ou d'espérance.

Si l'état des personnages est inconnu, le spectateur ne pourra prendre à l'action plus d'intérêt que les personnages : mais l'intérêt doublera pour le spectateur, s'il est assez instruit, et qu'il sente que les actions et les discours seroient bien différens, si les personnages se connoissoient. C'est ainsi que vous produirez en moi une attente violente de ce qu'ils deviendront, lorsqu'ils pourront comparer ce qu'ils sont avec ce qu'ils ont fait ou voulu faire.

Que le spectateur soit instruit de tout, et que les personnages s'ignorent s'il se peut ; que satisfait de ce qui est présent, je souhaite vivement ce qui va suivre; qu'un personnage m'en fasse désirer un autre; qu'un incident me hâte vers l'incident qui lui est lié; que les scènes soient rapides; qu'elles ne contiennent que des choses essentielles à l'action; et je serai intéressé.

Au reste, plus je réfléchis sur l'art dramatique, plus j'entre en humeur contre ceux qui en ont écrit. C'est un tissu de loix particulières, dont on a fait des préceptes généraux. On a vu certains incidens produire de grands effets; et aussi-tôt on a imposé au poëte la nécessité des mêmes moyens, pour obtenir les mêmes effets; tandis qu'en y regardant de plus près, ils auroient apperçu de plus grands effets encore à produire par des moyens tout contraires. C'est ainsi que l'art s'est surchargé de règles; et que les auteurs, en s'y assujettissant servilement, se sont quelquefois donné beaucoup de peine, pour faire moins bien.

Si l'on avoit conçu que, quoiqu'un ouvrage dramatique ait été fait pour être représenté, il falloit cependant que l'auteur et l'acteur oubliassent le spectateur, et que tout l'intérêt fût relatif aux personnages, on ne liroit pas si souvent dans les poëtiques : Si vous faites ceci ou cela, vous affecterez ainsi ou autrement votre spectateur. On y liroit au contraire : Si vous faites ceci ou cela, voici ce qui en résultera parmi vos personnages.

Ceux qui ont écrit de l'art dramatique ressemblent à un homme qui, s'occupant des moyens de remplir de trouble toute une famille, au-lieu de peser ces moyens par rapport au trouble de la famille, les peseroit relativement à ce qu'en diront les voisins. Eh! laissez là les voisins; tourmentez vos personnages; et soyez sûr que ceux-ci n'éprouveront aucune peine, que les autres ne partagent.

D'autres modèles; l'on eût prescrit d'autres loix, et peut-être on eût dit: Que votre dénouement soit connu; qu'il le soit de bonne heure; et que le spectateur soit perpétuellement suspendu dans l'attente du coup de lumière qui va éclairer tous les personnages sur leurs actions et sur leur état.

Est-il important de rassembler l'intérêt d'un drame vers sa fin? Ce moyen m'y paroît aussi propre que le moyen contraire. L'ignorance et la perplexité excitent la curiosité du spectateur, et la soutiennent; mais ce sont les choses connues et toujours attendues, qui le troublent et qui l'agitent. Cette ressource est sûre pour tenir la catastrophe toujours présente.

Si, au-lieu de se renfermer entre les personnages, et de laisser le spectateur devenir ce qu'il voudra, le poëte sort de l'action, et descend dans le parterre, il gênera son plan. Il imitera les peintres, qui, au-lieu de s'attacher à la représentation rigoureuse de la nature, la perdent de vue pour s'occuper des ressources de l'art, et songent, non pas à me la montrer comme elle est et comme ils la voient, mais à en disposer relativement à des moyens techniques et communs.

Tous les points d'un espace ne sont-ils pas diversement éclairés ? ne se séparent-ils pas ? ne fuient-ils pas dans une plaine aride et déserte, comme dans le paysage le plus varié ? Si vous suivez la routine du peintre, il en sera de votre drame ainsi que de son tableau. Il a quelques beaux endroits, vous aurez quelques beaux instans : mais il ne s'agit pas de cela ; il faut que le tableau soit beau dans toute son étendue ; et votre drame, dans toute sa durée.

Et l'acteur, que deviendra-t-il, si vous vous êtes occupé du spectateur ? Croyez-vous qu'il ne sentira pas que ce que vous avez placé dans cet endroit et dans celui-ci n'a pas été imaginé pour lui ? Vous avez pensé au spectateur, il s'y adressera. Vous avez voulu qu'on vous applaudît, il voudra qu'on l'applaudisse ; et je ne sais plus ce que l'illusion deviendra.

J'ai remarqué que l'acteur jouoit mal tout ce que le poëte avoit composé pour le spectateur ; et que, si le parterre eût fait son rôle, il eût dit au personnage : « A qui en voulez-vous ? je n'en suis » pas. Est-ce que je me mêle de vos affaires ? » rentrez chez vous » ; et que, si l'auteur eût fait le sien, il seroit sorti de la coulisse et eût répondu au parterre : « Pardon, messieurs, c'est ma faute ; » une autre fois je ferai mieux, et lui aussi ».

Soit donc que vous composiez, soit que vous jouiez, ne pensez non plus au spectateur, que s'il n'existoit pas. Imaginez, sur le bord du théâtre, un grand mur qui vous sépare du parterre ; jouez comme si la toile ne se levoit pas.

= Mais l'Avare qui a perdu sa cassette, dit cependant au spectateur : Messieurs, mon voleur n'est-il pas parmi vous ?

= Eh ! laissez là cet auteur. L'écart d'un homme de génie ne prouve rien contre le sens commun. Dites-moi seulement s'il est possible que vous vous adressiez un instant au spectateur sans arrêter l'action ; et si le moindre défaut des détails où vous l'aurez considéré, n'est pas de disperser autant de petits repos sur toute la durée de votre drame, et de le rallentir ?

Qu'un auteur intelligent fasse entrer, dans son ouvrage, des traits que le spectateur s'applique, j'y consens ; qu'il y rappelle des ridicules en vogue, des vices dominans, des événemens publics ; qu'il instruise et qu'il plaise ; mais que ce soit sans y penser. Si l'on remarque son but, il le manque ; il cesse de dialoguer, il prêche.

La première partie d'un plan, disent nos critiques, c'est l'exposition.

Une exposition dans la tragédie, où le fait est connu, s'exécute en un mot. Si ma fille met le pied dans l'Aulide, elle est morte. Dans la comédie, si j'osois, je dirois que c'est l'affiche. Dans le

Tartuffe, où est l'exposition ? J'aimerois autant qu'on demandât au poëte d'arranger ses premières scènes, de manière qu'elles continssent l'esquisse même de son drame.

Tout ce que je conçois, c'est qu'il y a un moment où l'action dramatique doit commencer ; et que si le poëte a mal choisi ce moment, il sera trop éloigné ou trop voisin de la catastrophe. Trop voisin de la catastrophe, il manquera de matière ; et peut-être sera-t-il forcé d'étendre son sujet par une intrigue épisodique. Trop éloigné, son mouvement sera lâche, ses actes longs et chargés d'événemens ou de détails qui n'intéresseront pas.

La clarté veut qu'on dise tout. Le genre veut qu'on soit rapide. Mais, comment tout dire, et marcher rapidement ?

L'incident qu'on aura choisi, comme le premier, sera le sujet de la première scène. Il amènera la seconde ; la seconde amènera la troisième, et l'acte se remplira. Le point important, c'est que l'action croisse en vîtesse, et soit claire ; c'est ici le cas de penser au spectateur. D'où l'on voit que l'exposition se fait à-mesure que le drame s'accomplit ; et que le spectateur ne sait tout et n'a tout vu, que quand la toile tombe.

Plus le premier incident laissera de choses en arrière, plus on aura de détails pour les actes suivans. Plus le poëte sera rapide et plein, plus il faudra qu'il soit attentif. Il ne peut se supposer à la place du spectateur, que jusqu'à un certain point. Son intrigue lui est si familière, qu'il lui sera facile de se croire clair, quand il sera obscur. C'est à son censeur à l'instruire; car, quelque génie qu'ait un poète, il lui faut un censeur. Heureux, mon ami, s'il en rencontre un qui soit vrai, et qui ait plus de génie que lui! C'est de lui qu'il apprendra que l'oubli le plus léger suffit pour détruire toute illusion; qu'une petite circonstance omise ou mal présentée décèle le mensonge; qu'un drame est fait pour le peuple, et qu'il ne faut supposer au peuple ni trop d'imbécillité, ni trop de finesse.

Expliquer tout ce qui le demande, mais rien au-delà.

Il y a des choses minutieuses que le spectateur ne se soucie pas d'apprendre, et dont il se rendra raison à lui-même. Un incident n'a-t-il qu'une cause, et cette cause ne se présente-t-elle pas tout-à-coup à l'esprit? C'est une énigme qu'on laisseroit à deviner. Un incident a-t-il pu naître d'une manière simple et naturelle? L'expliquer, c'est s'appésantir sur un détail qui n'excite point ma curiosité.

Rien n'est beau, s'il n'est un; et c'est le premier incident, qui décidera de la couleur de l'ouvrage entier.

Si l'on débute par une situation forte, tout le reste sera de la même vigueur, ou languira. Combien de pièces, que le début a tuées! Le poète a craint de commencer froidement ; et ses situations ont été si fortes, qu'il n'a pu soutenir les premières impressions qu'il m'a faites.

Si le plan de l'ouvrage est bien fait ; si le poëte a bien choisi son premier moment, s'il est entré par le centre de l'action, s'il a bien dessiné ses caractères, comment n'auroit-*il* pas du succès ?

Mais c'est aux situations à décider des caractères.

Le plan d'un drame peut être fait et bien fait, sans que le poëte sache rien encore du caractère qu'il attachera à ses personnages. Des hommes de différens caractères sont tous les jours exposés à un même événement. Celui qui sacrifie sa fille peut être ambitieux, foible ou féroce. Celui qui a perdu son argent, riche ou pauvre. Celui qui craint pour sa maîtresse, bourgeois ou héros, tendre ou jaloux, prince ou valet.

Les caractères seront bien pris, si les situations en deviennent plus embarrassantes et plus fâcheuses. Songez que les vingt-quatre heures, que vos personnages vont passer, sont les plus agitées et les plus cruelles de leur vie. Tenez-les donc dans la plus grande gêne possible. Que vos situations soient fortes ; opposez-les aux caractères ; opposez encore les intérêts aux intérêts. Que l'un ne puisse tendre à son but, sans croiser les desseins d'un autre ; et que, tous occupés d'un même événement, chacun le veuille à sa manière,

Le véritable contraste, c'est celui des caractères avec les situations ; c'est celui des intérêts avec les intérêts. Si vous rendez Alceste amoureux, que ce soit d'une coquette ; Harpagon, d'une fille pauvre.

= Mais, pourquoi ne pas ajouter à ces deux sortes de contrastes, celui des caractères entre eux ? Cette ressource est si commode au poëte.

= Ajoutez, et si commune, que celle de placer sur le devant d'un tableau des objets qui servent de repoussoir, n'est pas plus familière au peintre.

Je veux que les caractères soient différens ; mais je vous avoue que le contraste m'en déplaît. Ecoutez mes raisons, et jugez.

Je remarque d'abord que le contraste est mauvais dans le style. Voulez-vous que des idées grandes, nobles et simples se réduisent à rien ? faites-les contraster entre elles, ou dans l'expression.

Voulez-vous qu'une pièce de musique soit sans expression et sans génie ? jetez-y du contraste, et vous n'aurez qu'une suite alternative de doux et de fort, de grave et d'aigu.

Voulez-vous qu'un tableau soit d'une composition désagréable et forcée ? méprisez la sagesse de Raphaël ; strapassez, faites contraster vos figures.

L'architecture aime la grandeur et la simplicité ; je ne dirai pas qu'elle rejette le contraste ; elle ne l'admet point.

V.*

Dites-moi comment il se fait que le contraste soit une si pauvre chose dans tous les genres d'imitation, excepté dans le dramatique ?

Mais, un moyen sûr de gâter un drame et de le rendre insoutenable à tout homme de goût, ce seroit d'y multiplier les contrastes.

Je ne sais quel jugement on portera du Père de famille; mais s'il n'est que mauvais, je l'aurois rendu détestable, en mettant le Commandeur en contraste avec le Père de famille; Germeuil, avec Cécile ; Saint-Albin, avec Sophie ; et la femme-de-chambre, avec un des valets. Voyez ce qui résulteroit de ces antithèses ; je dis, antithèses ; car le contraste des caractères est dans le plan d'un drame, ce que cette figure est dans le discours. Elle est heureuse, mais il en faut user avec sobriété ; et celui qui a le ton élevé, s'en passe toujours.

Une des parties les plus importantes dans l'art dramatique, et une des plus difficiles, n'est-ce pas de cacher l'art ? Or, qu'est-ce qui en montre plus que le contraste ? Ne paroît-il pas fait à la main ? N'est-ce pas un moyen usé ? Quelle est la pièce comique, où il n'ait pas été mis en œuvre ? Et quand on voit arriver sur la scène un personnage impatient ou bourru, où est le jeune homme échappé du collége, et caché dans un coin du parterre, qui ne se dise à lui-même : Le personnage tranquille et doux n'est pas loin ?

Mais n'est-ce pas assez du vernis romanesque, malheureusement attaché au genre dramatique par la nécessité de n'imiter l'ordre général des choses que dans le cas où il s'est plu à combiner des incidens extraordinaires, sans ajouter encore à ce vernis si opposé à l'illusion un choix de caractères qui ne se trouvent presque jamais rassemblés? Quel est l'état commun des sociétés? Est-ce celui où les caractères sont différens, ou celui où ils sont contrastés? Pour une circonstance de la vie où le contraste des caractères se montre aussi tranché qu'on le demande au poëte, il y en a cent mille où ils ne sont que différens.

Le contraste des caractères avec les situations, et des intérêts entr'eux, est au contraire de tous les instans.

Pourquoi a-t-on imaginé de faire contraster un caractère avec un autre? C'est sans-doute afin de rendre l'un des deux plus sortant; mais on n'obtiendra cet effet qu'autant que ces caractères paroîtront ensemble : de-là, quelle monotonie pour le dialogue, quelle gêne pour la conduite! Comment réussirai-je à enchaîner naturellement les événemens, et à établir entre les scènes la succession convenable, si je suis occupé de la nécessité de rapprocher tel personnage de tel autre? Combien de fois n'arrivera-t-il pas que le contraste demande une scène, et que la vérité de la fable en demande une autre?

D'ailleurs, si les deux personnages contrastans étoient dessinés avec la même force, ils rendroient le sujet du drame équivoque.

Je suppose que le *Misanthrope* n'eût point été affiché, et qu'on l'eût joué sans annonce ; que seroit-il arrivé si Philinte eût eu son caractère, comme Alceste a le sien ? Le spectateur n'auroit-il pas été dans le cas de demander, du-moins à la première scène, où rien ne distingue encore le personnage principal, lequel des deux on jouoit, du Philanthrope ou du Misanthrope ? Et comment évite-t-on cet inconvénient ? On sacrifie l'un des deux caractères. On met, dans la bouche du premier, tout ce qui est pour lui ; et l'on fait du second, un sot ou un mal-adroit. Mais le spectateur ne sent-il pas ce défaut, sur-tout lorsque le caractère vicieux est le principal, comme dans l'exemple que je viens de citer ?

= La première scène du *Misanthrope* est cependant un chef-d'œuvre.

= Oui : mais qu'un homme de génie s'en empare ; qu'il donne à Philinte autant de sang-froid, de fermeté, d'éloquence, d'honnêteté, d'amour pour les hommes, d'indulgence pour leurs défauts, de compassion pour leur foiblesse qu'un ami véritable du genre humain en doit avoir ; et tout-à-coup, sans toucher au discours d'Alceste, vous verrez le sujet de la pièce devenir incertain. Pourquoi donc ne l'est-il pas ? Est-ce qu'Alceste a raison? Est-ce que Philinte a tort? Non; c'est que l'un plaide bien sa cause, et que l'autre défend mal la sienne.

Voulez-vous, mon ami, vous convaincre de toute la force de cette observation? ouvrez les Adelphes de Térence, vous y verrez deux pères contrastés; et tous les deux, avec la même force; et défiez le critique le plus délié, de vous dire, de Micion ou de Déméa, qui est le personnage principal? S'il ose prononcer avant la dernière scène, il trouvera, à son étonnement, que celui qu'il a pris pendant cinq actes pour un homme sensé, n'est qu'un fou; et que celui qu'il a pris pour un fou, pourroit bien être l'homme sensé.

On diroit, au commencement du cinquième acte de ce drame, que l'auteur, embarrassé du contraste qu'il avoit établi, a été contraint d'abandonner son but, et de renverser l'intérêt de sa pièce. Mais, qu'est-il arrivé? C'est qu'on ne sait plus à qui s'intéresser; et qu'après avoir été pour Micion contre Déméa, on finit sans savoir pour qui l'on est. On désireroit presque un troisième père qui tînt le milieu entre ces deux personnages, et qui en fît connoître le vice.

Si l'on croit qu'un drame sans personnages contrastés en sera plus facile, on se trompe. Lorsque le poëte ne pourra faire valoir ses rôles que par leurs différences, avec quelle vigueur ne faudra-t-il pas qu'il les dessine et les colorie? S'il ne veut pas être aussi froid qu'un peintre qui placeroit des objets blancs sur un fond blanc, il aura sans cesse les yeux sur la diversité des états, des âges, des situations et des intérêts ; et loin d'être jamais dans le cas d'affoiblir un caractère pour donner de la force à un autre, son travail sera de les fortifier tous.

Plus un genre sera sérieux, moins il me semblera admettre le contraste. Il est rare dans la tragédie. Si on l'y introduit, ce n'est qu'entre les subalternes. Le héros est seul. Il n'y a point de contraste dans *Britannicus*, point dans *Andromaque*, point dans *Cinna*, point dans *Iphigénie*, point dans *Zaïre*, point dans le *Tartuffe*.

Le contraste n'est pas nécessaire dans les comédies de caractère; il est au-moins superflu dans les autres.

Il y a une tragédie de Corneille ; c'est, je crois, *Nicomède*, où la générosité est la qualité dominante de tous les personnages. Quel mérite ne lui a-t-on pas fait de cette fécondité, et avec combien juste raison ?

Térence contraste peu ; Plaute contraste moins encore; Molière, plus souvent. Mais, si le contraste fut quelquefois pour Molière le moyen d'un homme de génie, est-ce une raison pour le prescrire aux autres poëtes ? N'en seroit-ce pas une au contraire, pour le leur interdire ?

Mais que devient le dialogue entre des personnages contrastans ? Un tissu de petites idées, d'antithèses ; car il faudra bien que les propos aient entre eux la même opposition que les caractères. Or c'est à vous, mon ami, que j'en appelle, et à tout homme de goût. L'entretien simple et naturel de deux hommes qui auront des intérêts, des passions, et des âges différens, ne vous plaira-t-il pas davantage ?

Je ne puis supporter le contraste dans l'épique, à-moins qu'il ne soit de sentimens ou d'images. Il me déplaît dans la tragédie. Il est superflu dans le comique sérieux. On peut s'en passer dans la comédie gaie. Je l'abandonnerai donc au farceur. Pour celui-ci, qu'il le multiplie et le force dans sa composition, tant qu'il lui plaira ; il n'a rien qui vaille à gâter.

Quant à ce contraste de sentimens ou d'images que j'aime dans l'épique, dans l'ode et dans quelques genres de poésie élevée, si l'on me demande ce que c'est, je répondrai : C'est un des caractères les plus marqués du génie ; c'est l'art de porter dans l'ame des sensations extrêmes et opposées ; de la secouer, pour ainsi dire, en sens contraires, et d'y exciter un tressaillement mêlé de peine et de plaisir, d'amertume et de douceur, de douceur et d'effroi.

Tel est l'effet de cet endroit de l'Iliade, où le poëte me montre Jupiter assis sur l'Ida ; au pied du mont, les Troyens et les Grecs s'entr'égorgeant dans la nuit qu'il a répandue sur eux, et cependant les regards du dieu, inattentifs et sereins, tournés sur les campagnes innocentes des Éthiopiens qui vivent de lait. C'est ainsi qu'il m'offre à-la-fois le spectacle de la misère et du bonheur, de la paix et du trouble, de l'innocence et du crime, de la fatalité de l'homme et de la grandeur des dieux. Je ne vois, au pied de l'Ida, qu'un amas de fourmis.

Le même poëte propose-t-il un prix à des combattans ? Il met devant eux des armes, un taureau qui menace de la corne, des belles femmes, et du fer.

Lucrèce a bien connu ce que pouvoit l'opposition du terrible et du voluptueux, lorsqu'ayant à peindre le transport effréné de l'amour, quand il s'est emparé des sens, il me réveille l'idée d'un lion qui, les flancs traversés d'un trait mortel, s'élance avec fureur sur le chasseur qui l'a blessé, le renverse, cherche à expirer sur lui, et le laisse tout couvert de son propre sang.

L'image de la mort est à côté de celle du plaisir, dans les odes les plus piquantes d'Horace, et dans les chansons les plus belles d'Anacréon.

Et Catulle ignoroit-il la magie de ce contraste, lorsqu'il a dit :

> Vivamus, mea Lesbia, atque amemus ;
> Rumoresque senum severiorum
> Omnes unius æstimemus assis.

Soles occidere, et redire possunt;
Nobis cum semel occidet brevis lux,
Nox est perpetua una dormienda.
Da mi basia mille.

Et l'auteur de l'*Histoire naturelle*, lorsqu'après la peinture d'un jeune animal, tranquille habitant des forêts, qu'un bruit subit et nouveau a rempli d'effroi, opposant le délicat et le sublime, il ajoute : « Mais si le bruit est sans effet, s'il cesse, » l'animal reconnoît le silence ordinaire de la na- » ture ; il se calme, il s'arrête, et regagne, à pas » égaux, sa paisible retraite ».

Et l'auteur de l'*Esprit*, lorsque, confondant des idées sensuelles à des idées féroces, il s'écrie, par la bouche d'un fanatique expirant : « Je meurs ; mais » j'éprouve une douceur incroyable à mourir ! J'en- » tends la voix d'Odin qui m'appelle. Déjà les » portes de son palais sont ouvertes. J'en vois sortir » des filles à demi-nues. Elles sont ceintes d'une » écharpe d'azur, qui relève la blancheur de leur » sein. Elles s'avancent vers moi, et m'offrent une » bierre délicieuse dans le crâne sanglant de mes » ennemis ».

Il y a un paysage du Poussin, où l'on voit de jeunes bergères qui dansent au son du chalumeau ; et à l'écart, un tombeau avec cette inscription : *Je vivois aussi dans la délicieuse Arcadie.* Le prestige de style dont il s'agit, tient quelquefois à un mot qui détourne ma vue du sujet principal, et qui me montre de côté, comme dans le paysage du Poussin, l'espace, le temps, la vie, la mort, ou quelque autre idée grande et mélancolique, jetée tout au travers des images de la gaîté.

Voilà les seuls contrastes qui me plaisent. Au reste, il y en a de trois sortes entre les caractères. Un contraste de vertu, et un contraste de vice. Si un personnage est avare, un autre peut contraster avec lui, ou par l'économie, ou par la prodigalité; et le contraste de vice ou de vertu peut être réel ou feint. Je ne connois aucun exemple de ce dernier: il est vrai que je connois peu le théâtre. Il me semble que, dans la comédie gaie, il feroit un effet assez agréable; mais une fois seulement. Ce caractère sera usé dès la première pièce. J'aimerois bien à voir un homme qui ne fût pas, mais qui affectât d'être d'un caractère opposé à un autre. Ce caractère seroit original; pour neuf, je n'en sais rien.

Concluons qu'il n'y a qu'une raison pour contraster les caractères, et qu'il y en a plusieurs pour les montrer différens.

Mais qu'on lise les poëtiques; on n'y trouvera pas un mot de ces contrastes. Il me paroît donc qu'il en est de cette loi comme de beaucoup d'autres; qu'elle a été faite d'après quelque production de génie, où l'on aura remarqué un grand effet du contraste, et qu'on aura dit: Le contraste fait bien ici; donc on ne peut bien faire sans contraste. Voilà la logique de la plupart de ceux qui ont osé donner des bornes à un art, dans lequel ils ne se sont jamais exercés. C'est aussi celle des critiques sans expérience, qui nous jugent d'après ces autorités.

Je ne sais, mon ami, si l'étude de la philosophie ne me rappellera pas à elle; et si le *Père de famille* est ou n'est pas mon dernier drame : mais je suis sûr de n'introduire le contraste des caractères dans aucun.

Lorsque l'esquisse est faite et remplie, et que les caractères sont arrêtés, on passe à la division de l'action.

Les actes sont les parties du drame. Les scènes sont les parties de l'acte.

L'acte est une portion de l'action totale d'un drame. Il en renferme un ou plusieurs incidens.

Après avoir donné l'avantage aux pièces simples sur les pièces composées, il seroit bien singulier que je préférasse un acte rempli d'incidens, à un acte qui n'en auroit qu'un.

On a voulu que les principaux personnages se montrassent ou fussent nommés dans le premier acte; je ne sais trop pourquoi. Il y a telle action dramatique, où il ne faudroit faire ni l'un ni l'autre.

On a voulu qu'un même personnage ne rentrât pas sur la scène plusieurs fois dans un même acte : et pourquoi l'a-t-on voulu ? Si ce qu'il vient dire, il ne l'a pu quand il étoit sur la scène; si ce qui le ramène s'est passé pendant son absence; s'il a laissé sur la scène celui qu'il y cherche; si celui-ci y est en effet; ou si, n'y étant pas, il ne le sait pas ailleurs; si le moment le demande; si son retour ajoute à l'intérêt; en un mot, s'il reparoît dans l'action, comme il nous arrive tous les jours dans la société; alors, qu'il revienne; je suis tout prêt à le revoir et à l'écouter. Le critique citera ses auteurs tant qu'il voudra: le spectateur sera de mon avis.

On exige que les actes soient à-peu-près de la même longueur: il seroit bien plus sensé de demander que la durée en fût proportionnée à l'étendue de l'action qu'ils embrassent.

Un acte sera toujours trop long, s'il est vide d'action et chargé de discours; et il sera toujours assez court, si les discours et les incidens dérobent au spectateur sa durée. Ne diroit-on pas qu'on écoute un drame, la montre à la main? Il s'agit de sentir; et toi, tu comptes les pages et les lignes.

Le premier acte de l'*Eunuque* n'a que deux scènes et un petit monologue; et le dernier acte en a dix. Ils sont, l'un et l'autre, également courts, parce que le spectateur n'a langui ni dans l'un, ni dans l'autre.

Le premier acte d'un drame en est peut-être la portion la plus difficile. Il faut qu'il entame, qu'il marche, quelquefois qu'il expose, et toujours qu'il lie.

Si ce qu'on appelle une exposition n'est pas amené par un incident important, ou s'il n'en est pas suivi, l'acte sera froid. Voyez la différence du premier acte de l'*Andrienne* ou de l'*Eunuque*, et du premier acte de l'*Hécyre*.

On appelle entr'acte, la durée qui sépare un acte du suivant. Cette durée est variable; mais puisque l'action ne s'arrête point, il faut que, lorsque le mouvement cesse sur la scène, il continue derrière. Point de repos; point de suspension. Si les personnages reparoissoient, et que l'action ne fût pas plus avancée que quand ils ont disparu, ils se seroient tous reposés, ou ils auroient été distraits par des occupations étrangères; deux suppositions contraires, si-non à la vérité, du-moins à l'intérêt.

Le poëte aura rempli sa tâche, s'il m'a laissé dans l'attente de quelque grand événement, et si l'action qui doit remplir son entr'acte excite ma curiosité, et fortifie l'impression que j'ai préconçue. Car, il ne s'agit pas d'élever dans mon ame différens mouvemens, mais d'y conserver celui qui y règne, et de l'accroître sans-cesse. C'est un dard qu'il faut enfoncer depuis la pointe jusqu'à son autre extrémité; effet qu'on n'obtiendra point d'une pièce compliquée, à-moins que tous les incidens rapportés à un seul personnage ne fondent sur lui, ne l'atterrent et ne l'écrasent. Alors ce personnage est vraiment dans la situation dramatique. Il est gémissant et passif; c'est lui qui parle; et ce sont les autres qui agissent.

Il se passe toujours, dans l'entr'acte, et souvent il survient, dans le courant de la pièce, des incidens que le poëte dérobe aux spectateurs, et qui supposent, dans l'intérieur de la maison, des entretiens entre ses personnages. Je ne demanderai pas qu'il s'occupe de ces scènes, et qu'il les rende avec le même soin que si je devois les entendre. Mais s'il en faisoit une esquisse, elle achèveroit de le remplir de son sujet et de ses caractères ; et communiquée à l'acteur, elle le soutiendroit dans l'esprit de son rôle, et dans la chaleur de son action. C'est un surcroît de travail que je me suis quelquefois donné.

Ainsi, lorsque le Commandeur pervers va trouver Germeuil pour le perdre, en l'embarquant dans le projet d'enfermer Sophie, il me semble que je le vois arriver d'une démarche composée, avec un visage hypocrite et radouci, et que je lui entends dire, d'un ton insinuant et patelin :

LE COMMANDEUR.

Germeuil, je te cherchois.

GERMEUIL.

Moi, M. le Commandeur ?

LE COMMANDEUR.

Toi-même.

GERMEUIL.

Cela vous arrive peu.

LE COMMANDEUR.

Il est vrai ; mais un homme tel que Germeuil se fait rechercher tôt ou tard. J'ai réfléchi sur ton caractère ; je me suis rappelé tous les services que tu as rendus à la famille ; et comme je m'interroge quelquefois quand je suis seul, je me suis demandé à quoi tenoit cette espèce d'aversion qui duroit entre nous, et qui éloignoit deux honnêtes gens l'un de l'autre ? J'ai découvert que j'avois tort ; et je suis venu sur-le-champ te prier d'oublier le passé : oui, te prier, et te demander si tu veux que nous soyons amis ?

GERMEUIL.

Si je le veux, monsieur ? En pouvez-vous douter ?

LE COMMANDEUR.

Germeuil, quand je hais, je hais bien.

GERMEUIL.

Je le sais.

LE COMMANDEUR.

Quand j'aime aussi, c'est de même ; et tu vas en juger.

Ici, le Commandeur laisse appercevoir à Germeuil, que les vues qu'il peut avoir sur sa nièce ne lui sont pas cachées. Il les approuve, et s'offre à le servir. == « Tu recherches ma nièce ; tu n'en conviendras pas, je te connois. Mais pour te rendre de bons offices auprès d'elle, auprès de son père, je n'ai que faire de ton aveu ; et tu me trouveras, quand il en sera temps ».

Germeuil connoît trop bien le Commandeur, pour se tromper à ses offres. Il ne doute point que ce préambule obligeant n'annonce quelque scélératesse, et il dit au Commandeur :

GERMEUIL.

Ensuite, M. le Commandeur, de quoi s'agit-il ?

LE COMMANDEUR.

D'abord, de me croire vrai, comme je le suis.

GERMEUIL.

Cela se peut.

LE COMMANDEUR.

Et de me montrer que tu n'es pas indifférent à mon retour et à ma bienveillance.

GERMEUIL.

J'y suis disposé.

Alors le Commandeur, après un peu de silence, jette négligemment et comme par forme de conversation : = « Tu as vu mon neveu » ?

GERMEUIL.

Il sort d'ici.

LE COMMANDEUR.

Tu ne sais pas ce que l'on dit ?

GERMEUIL.

Et que dit-on ?

LE COMMANDEUR.

Que c'est toi qui l'entretiens dans sa folie ; mais il n'en est rien ?

GERMEUIL.

Rien, monsieur.

DRAMATIQUE.

LE COMMANDEUR.

Et tu ne prends aucun intérêt à cette petite fille ?

GERMEUIL.

Aucun.

LE COMMANDEUR.

D'honneur ?

GERMEUIL.

Je vous l'ai dit.

LE COMMANDEUR.

Et si je te proposois de te joindre à moi, pour terminer en un moment tout le trouble de la famille, tu le ferois ?

GERMEUIL.

Assurément.

LE COMMANDEUR.

Et je pourrois m'ouvrir à toi ?

GERMEUIL.

Si vous le jugez à propos.

LE COMMANDEUR.

Et tu me garderois le secret ?

GERMEUIL.

Si vous l'exigez.

LE COMMANDEUR.

Germeuil..... et qui empêcheroit..... tu ne devines pas ?

GERMEUIL.

Est-ce qu'on vous devine ?

Le Commandeur lui révèle son projet. Germeuil voit tout-d'un-coup le danger de cette confidence; il en est troublé. Il cherche, mais inutilement, à ramener le Commandeur. Il se récrie sur l'inhumanité qu'il y a à persécuter une innocente... Où est la commisération, la justice ? = « La commisération ? il s'agit bien de cela ; et la justice est à séquestrer des créatures qui ne sont dans le monde, que pour égarer les enfans et désoler leurs parens ». Et votre neveu ? = « Il en aura d'abord quelque chagrin ; mais une autre fantaisie effacera celle-là. Dans deux jours, il n'y paroîtra plus ; et nous lui aurons rendu un service important ». Et ces ordres qui disposent des citoyens, croyez-vous qu'on les obtienne ainsi ? = « J'attends le mien ; et dans une heure ou deux nous pourrons manœuvrer ». M. le Commandeur, à quoi m'engagez-vous ? = « Il accède ; je le tiens. A faire ta cour à mon frère, et à m'attacher à toi pour jamais ». = Saint-Albin!... « Eh bien ! Saint-Albin ; Saint-Albin ! c'est ton ami, mais ce n'est pas toi. Germeuil, soi, soi d'abord, et les autres après, si l'on peut ». Monsieur. = « Adieu ; je vais savoir si ma lettre-de-cachet est venue, et te rejoindre sur-le-champ ». Un mot encore, s'il vous plaît. = « Tout est entendu, tout est dit ; ma fortune et ma nièce ».

Le Commandeur, rempli d'une joie qu'il a peine à dissimuler, s'éloigne vite ; il croit Germeuil embarqué et perdu sans ressource ; il craint de lui donner le temps du remords. Germeuil le rappelle ; mais il va toujours, et ne se retourne que pour lui dire, du fond de la salle : = « Et ma fortune, et ma nièce ».

Je me trompe fort, ou l'utilité de ces scènes ébauchées dédommageroit un auteur de la peine légère qu'il auroit prise à les faire.

Si un poëte a bien médité son sujet et bien divisé son action, il n'y aura aucun de ses actes auquel il ne puisse donner un titre ; et de même que dans le poëme épique on dit la descente aux enfers, les jeux funèbres, le dénombrement de l'armée, l'apparition de l'ombre ; on diroit, dans le dramatique, l'acte des soupçons, l'acte des fureurs, celui de la reconnoissance ou du sacrifice. Je suis étonné que les anciens ne s'en soient pas avisés : cela est tout-a-fait dans leur goût. S'ils eussent intitulé leurs actes, ils auroient rendu service aux modernes, qui n'auroient pas manqué de les imiter ; et le caractère de l'acte fixé, le poëte auroit été forcé de le remplir.

Lorsque le poëte aura donné à ses personnages les caractères les plus convenables ; c'est-à-dire les plus opposés aux situations, s'il a un peu d'imagination, je ne pense pas qu'il puisse s'empêcher de s'en former des images. C'est ce qui nous arrive tous les jours à l'égard des personnes dont nous avons beaucoup entendu parler. Je ne sais s'il y a quelque analogie entre les physionomies et les actions ; mais je sais que les passions, les discours et les actions ne nous sont pas plus-tôt connus, qu'au même instant nous imaginons un visage auquel nous les rapportons ; et s'il arrive que nous rencontrions l'homme, et qu'il ne ressemble pas à l'image que nous nous en sommes formée, nous lui dirions volontiers que nous ne le reconnoissons pas, quoique nous ne l'ayons jamais vu. Tout peintre, tout poëte dramatique sera physionomiste.

Ces images, formées d'après les caractères, influeront aussi sur les discours et sur le mouvement de la scène ; sur-tout si le poëte les évoque, les voit, les arrête devant lui, et en remarque les changemens.

Pour moi, je ne conçois pas comment le poëte peut commencer une scène, s'il n'imagine pas l'action et le mouvement du personnage qu'il introduit ; si sa démarche et son masque ne lui sont pas présens. C'est ce simulacre qui inspire le premier mot, et le premier mot donne le reste.

Si le poëte est secouru par ces physionomies idéales, lorsqu'il débute, quel parti ne tirera-t-il pas des impressions subites et momentanées qui les font varier dans le cours du drame, et même dans le cours d'une scène ?... Tu pâlis... tu trembles... tu me trompes... Dans le monde, parle-t-on à quelqu'un ? On le regarde, on cherche à démêler dans ses yeux, dans ses mouvemens, dans ses traits, dans sa voix, ce qui se passe au fond de son cœur ; rarement au théâtre. Pourquoi ? c'est que nous sommes encore loin de la vérité.

Un personnage sera nécessairement chaud et pathétique, s'il part de la situation même de ceux qu'il trouve sur la scène.

Attachez une physionomie à vos personnages ; mais que ce ne soit pas celle des acteurs. C'est à l'acteur à convenir au rôle, et non pas au rôle à convenir à l'acteur. Qu'on ne dise jamais de vous, qu'au-lieu de chercher vos caractères dans les situations, vous avez ajusté vos situations au caractère et au talent du comédien.

N'êtes-vous pas étonné, mon ami, que les anciens soient quelquefois tombés dans cette petitesse ? Alors on couronnoit le poëte et le comédien. Et lorsqu'il y avoit un acteur aimé du public, le poëte complaisant inséroit dans son drame un épisode qui communément le gâtoit, mais qui amenoit sur la scène l'acteur chéri.

J'appelle scènes composées, celles où plusieurs personnages sont occupés d'une chose, tandis que d'autres personnages sont à une chose différente ou à la même chose, mais à part.

Dans une scène simple, le dialogue se succède sans interruption. Les scènes composées sont ou parlées, ou pantomimes et parlées, ou toutes pantomimes.

Lorsqu'elles sont pantomimes et parlées, le

discours se place dans les intervalles de la pantomime; et tout se passe sans confusion. Mais il faut de l'art, pour ménager ces jours.

C'est ce que j'ai essayé dans la première scène du second acte du *Père de famille;* c'est ce que j'aurois pu tenter à la troisième scène du même acte. Madame Hébert, personnage pantomime et muet, auroit pu jetter, par intervalles, quelques mots qui n'auroient pas nui à l'effet; mais il falloit trouver ces mots. Il en eût été de même de la scène du quatrième acte, où Saint-Albin revoit sa maîtresse en présence de Germeuil et de Cécile. Là, un plus habile eût exécuté deux scènes simultanées; l'une, sur le devant, entre Saint-Albin et Sophie; l'autre, sur le fond, entre Cécile et Germeuil, peut-être en ce moment plus difficiles à peindre que les premiere; mais des acteurs intelligens sauront bien créer cette scène.

Combien je vois encore de tableaux à exposer, si j'osois, ou plutôt si je réunissois le talent de faire à celui d'imaginer!

Il est difficile au poëte d'écrire en-même-temps ces scènes simultanées; mais comme elles ont des objets distincts, il s'occupera d'abord de la principale. J'appelle la principale, celle qui, pantomime ou parlée, doit sur-tout fixer l'attention du spectateur.

J'ai tâché de séparer tellement les deux scènes simultanées de Cécile et du Père de famille, qui commencent le second acte, qu'on pourroit les imprimer à deux colonnes, où l'on verroit la pantomime de l'une correspondre au discours de l'autre; et le discours de celle-ci correspondre alternativement à la pantomime de celle-là. Ce partage seroit commode pour celui qui lit, et qui n'est pas fait au mélange du discours et du mouvement.

Il est une sorte de scènes épisodiques, dont nos poëtes nous offrent peu d'exemples, et qui me paroissent bien naturelles. Ce sont des personnages comme il y en a tant dans le monde et dans les familles, qui se fourrent par-tout sans être appelés, et qui, soit bonne ou mauvaise volonté, intérêt, curiosité, ou quelqu'autre motif pareil, se mêlent de nos affaires, et les terminent ou les brouillent malgré nous. Ces scènes, bien ménagées, ne suspendroient point l'intérêt; loin de couper l'action, elles pourroient l'accélérer. On donnera à ces intervenans le caractère qu'on voudra; rien n'empêche même qu'on ne les fasse contraster. Ils demeurent trop peu pour fatiguer. Ils relèveront alors le caractère auquel on les opposera. Telle est madame Pernelle dans le *Tartuffe*, et Antiphon dans *l'Eunuque*. Antiphon court après Chéréa, qui s'étoit chargé d'arranger un souper; il le rencontre avec son habit d'eunuque, au sortir de chez la courtisanne, appelant un ami dans le sein de qui il puisse répandre toute la joie scélérate dont son ame est remplie. Antiphon est amené là fort naturellement et fort à propos. Passé cette scène, on ne le revoit plus.

La ressource de ces personnages nous est d'autant plus nécessaire, que, privés des chœurs qui représentoient le peuple dans les drames anciens, nos pièces, renfermées dans l'intérieur de nos habitations, manquent, pour ainsi dire, d'un fond sur lequel les figures soient projetées.

Il y a, dans le drame, ainsi que dans le monde, un ton propre à chaque caractère. La bassesse de l'ame, la méchanceté tracassière, et la bonhommie, ont pour l'ordinaire le ton bourgeois et commun.

Il y a de la différence entre la plaisanterie de théâtre et la plaisanterie de société. Celle-ci seroit trop foible sur la scène, et n'y feroit aucun effet. L'autre seroit trop dur dans le monde, et elle offenseroit. Le cynisme, si odieux, si incommode dans la société, est excellent sur la scène.

Autre chose est la vérité en poésie; autre chose, en philosophie. Pour être vrai, le philosophe doit conformer son discours à la nature des objets; le poëte, à la nature de ses caractères.

Peindre d'après la passion et l'intérêt, voilà son talent.

De-là, à chaque instant la nécessité de fouler aux pieds les choses les plus saintes, et de préconiser des actions atroces.

Il n'y a rien de sacré pour le poëte, pas même

la vertu, qu'il couvrira de ridicule, si la personne et le moment l'exigent. Il n'est ni impie, lorsqu'il tourne ses regards indignés vers le ciel, et qu'il interpelle les dieux dans sa fureur; ni religieux, lorsqu'il se prosterne au pied de leurs autels, et qu'il leur adresse une humble prière.

Il a introduit un méchant? Mais ce méchant vous est odieux; ses grandes qualités, s'il en a, ne vous ont point ébloui sur ses vices; vous ne l'avez point vu; vous ne l'avez point entendu, sans en frémir d'horreur; et vous êtes sorti consterné sur son sort.

Pourquoi chercher l'auteur dans ses personnages? Qu'a de commun Racine avec *Athalie*, Molière avec le *Tartuffe?* Ce sont des hommes de génie qui ont su fouiller au fond de nos entrailles, et en arracher le trait qui nous frappe. Jugeons les poëmes, et laissons là les personnes.

Nous ne confondrons, ni vous, ni moi, l'homme qui vit, pense, agit et se meut au milieu des autres; et l'homme enthousiaste, qui prend la plume, l'archet, le pinceau, ou qui monte sur ses tréteaux. Hors de lui, il est tout ce qu'il plaît à l'art qui le domine. Mais l'instant de l'inspiration passé, il rentre et redevient ce qu'il étoit; quelquefois un homme commun. Car, telle est la différence de l'esprit et du génie, que l'un est presque toujours présent, et que souvent l'autre s'absente.

Il ne faut pas considérer une scène comme un

dialogue. Un homme d'esprit se tirera d'un dialogue isolé. La scène est toujours l'ouvrage du génie. Chaque scène a son mouvement et sa durée. On ne trouve point le mouvement vrai, sans effort d'imagination. On ne mesure pas exactement la durée, sans l'expérience et le goût.

Cet art du dialogue dramatique, si difficile, personne, peut-être, ne l'a possédé au même dégré que Corneille. Ses personnages se pressent sans ménagemens; ils parent et portent en-même-temps; c'est une lutte. La réponse ne s'accroche pas au dernier mot de l'interlocuteur; elle touche à la chose et au fond. Arrêtez-vous où vous voudrez; c'est toujours celui qui parle, qui vous paroît avoir raison.

Lorsque livré tout entier à l'étude des lettres, je lisois Corneille, souvent je fermois le livre au milieu d'une scène, et je cherchois la réponse : il est assez inutile de dire que mes efforts ne servoient communément qu'à m'effrayer sur la logique et sur la force de tête de ce poëte. J'en pourrois citer mille exemples ; mais en voici un entre autres, que je me rappelle : il est de sa tragédie de *Cinna*. Emilie a déterminé Cinna à ôter la vie à Auguste. Cinna s'y est engagé; il y va. Mais il se percera le sein du même poignard dont il l'aura vengée. Emilie reste avec sa confidente. Dans son trouble, elle s'écrie : « Cours après lui, Fulvie ». = Que lui dirai-je ? = « Dis lui.... qu'il dégage sa foi, et qu'il choisisse après de la mort ou de moi ». = C'est ainsi qu'il conserve le caractère, et qu'il satisfait en un mot à la dignité d'une ame romaine, à la vengeance, à l'ambition, à l'amour. Toute la scène de Cinna, de Maxime, et d'Auguste est incompréhensible.

Cependant ceux qui se piquent d'un goût délicat, prétendent que cette manière de dialoguer est roide; qu'elle présente par-tout un air d'argumentation; qu'elle étonne plus qu'elle n'émeut. Ils aiment mieux une scène où l'on s'entretient moins rigoureusement, et où l'on met plus de sentiment, et moins de dialectique. On pense bien que ces gens-là sont fous de Racine : et j'avoue que je le suis aussi.

Je ne connois rien de si difficile qu'un dialogue où les choses dites et répondues ne sont liées que par des sensations si délicates, des idées si fugitives, des mouvemens d'ame si rapides, des vues si légères, qu'elles en paroissent décousues, sur-tout à ceux qui ne sont pas nés pour éprouver les mêmes choses dans les mêmes circonstances. = « Ils ne se verront plus. Ils s'aimeront toujours ». = « Vous y serez ma fille ».

Et le discours de Clémentine troublée : « Ma mère étoit une bonne mère; mais elle s'en est allée, ou je m'en suis allée. Je ne sais lequel ».

Et les adieux de Barnevel et de son ami.

BARNEVEL.

« Tu ne sais pas quelle étoit ma fureur pour

elle !... Jusqu'où la passion avoit éteint en moi le sentiment de la bonté !... Ecoute.... Si elle m'avoit demandé de t'assassiner, toi.... je ne sais si je ne l'eusse pas fait.

L'AMI.

Mon ami, ne t'exagère point ta foiblesse.

BARNEVEL.

Oui, je n'en doute point... Je t'aurois assassiné.

L'AMI.

Nous ne nous sommes pas encore embrassés. Viens ».

Nous ne nous sommes pas encore embrassés : *quelle réponse à* je t'aurois assassiné !

Si j'avois un fils qui ne sentît point ici de liaison ; j'aimerois mieux qu'il ne fût pas né. Oui, j'aurois plus d'aversion pour lui que pour Barnevel, assassin de son oncle.

Et toute la scène du délire de Phèdre.

Et tout l'épisode de Clémentine.

Entre les passions, celles qu'on simuleroit le plus facilement, sont aussi les plus faciles à peindre. La grandeur d'ame est de ce nombre; elle comporte par-tout je ne sais quoi de faux et d'outré. En guindant son ame à la hauteur de celle de Caton, on trouve un mot sublime. Mais le poëte qui a fait dire à Phèdre :

Dieux ! que ne suis-je assise à l'ombre des forêts !...
Quand pourrai-je, au travers d'une noble poussière,
Suivre de l'œil un char fuyant dans la carrière ?

ce poëte même n'a pu se promettre ce morceau, qu'après l'avoir trouvé; et je m'estime plus d'en sentir le mérite, que de quelque chose que je puisse écrire de ma vie.

Je conçois comment, à force de travail, on réussit à faire une scène de Corneille, sans être né Corneille : je n'ai jamais conçu comment on réussissoit à faire une scène de Racine, sans être né Racine.

Molière est souvent inimitable. Il a des scènes monosyllabiques entre quatre à cinq interlocuteurs, où chacun ne dit que son mot; mais ce mot est dans le caractère, et le peint. Il est des endroits, dans les *Femmes savantes*, qui font tomber la plume des mains. Si l'on a quelque talent, il s'éclipse. On reste des jours entiers sans rien faire. On se déplaît à soi-même. Le courage ne revient qu'à-mesure qu'on perd la mémoire de ce qu'on a lu, et que l'impression qu'on a ressentie se dissipe.

Lorsque cet homme étonnant ne se soucie pas d'employer tout son génie, alors même il le sent: Elmire se jeteroit à la tête de Tartuffe, et Tartuffe auroit l'air d'un sot qui donne dans un piège grossier : mais voyez comment il se sauve de là. Elmire a entendu sans indignation la déclaration de Tartuffe. Elle a imposé silence à son fils. Elle remarque elle-même, qu'un homme passionné est facile à séduire. Et c'est ainsi que le poëte trompe le spectateur, et esquive une scène qui eût exigé, sans ces précautions, plus d'art encore, ce me semble, qu'il n'en a mis dans la sienne. Mais, si Dorine, dans la même pièce, a plus d'esprit, de sens, de finesse dans les idées, et même de noblesse dans l'expression, qu'aucun de ses maîtres; si elle dit :

> Des actions d'autrui, teintes de leurs couleurs,
> Ils pensent, dans le monde, autoriser les leurs;
> Et, sous le faux éclat de quelque ressemblance,
> Aux intrigues qu'ils ont, donner de l'innocence;
> Ou faire ailleurs tomber quelques traits partagés
> De ce blâme public dont ils sont trop chargés.

je ne croirai jamais que ce soit une suivante qui parle.

Térence est unique, sur-tout dans ses récits. C'est une onde pure et transparente qui coule toujours également, et qui ne prend de vîtesse et de murmure que ce qu'elle en reçoit de la pente et du terrain. Point d'esprit, nul étalage de sentiment, aucune sentence qui ait l'air épigrammatique, jamais de ces définitions qui ne seroient placées que dans Nicole ou la Rochefoucauld. Lorsqu'il généralise une maxime, c'est d'une manière simple et populaire; vous croiriez que c'est un proverbe reçu qu'il a cité : rien qui ne tienne au sujet. Aujourd'hui que *nous sommes devenus dissertateurs*, combien de scènes de Térence que nous appellerions vides ?

J'ai lu et relu ce poëte avec attention; jamais de

scènes superflues, ni rien de superflu dans les scènes. Je ne connois que la première du second acte de l'*Eunuque*, qu'on pourroit peut-être attaquer. Le capitaine Thrason a fait présent à la courtisanne Thaïs, d'une jeune fille. C'est le parasite Gnathon qui doit la présenter. Chemin faisant avec elle, il s'amuse à débiter au spectateur un éloge très-agréable de sa profession. Mais étoit-ce là le lieu ? Que Gnathon attende sur la scène la jeune fille qu'il s'est chargé de conduire, et qu'il se dise à lui-même tout ce qu'il voudra, j'y consens.

Térence ne s'embarrasse guère de lier ses scènes. Il laisse le théâtre vide jusqu'à trois fois de suite; et cela ne me déplaît pas, sur-tout dans les derniers actes.

Ces personnages qui se succèdent, et qui ne jettent qu'un mot en passant, me font imaginer un grand trouble.

Des scènes courtes, rapides, isolées, les unes pantomimes, les autres parlées, produiroient, ce me semble, encore plus d'effet dans la tragédie. Au commencement d'une pièce, je craindrois seulement qu'elles ne donnassent trop de vitesse à l'action; et ne causassent de l'obscurité.

Plus un sujet est compliqué, plus le dialogue en est facile. La multitude des incidens donne, pour chaque scène, un objet différent et déterminé; au lieu que si la pièce est simple, et qu'un seul incident fournisse à plusieurs scènes, il reste pour chacune je ne sais quoi de vague qui embarrasse un auteur ordinaire : mais c'est où se montre l'homme de génie.

Plus les fils qui lient la scène au sujet seront déliés, plus le poëte aura de peine. Donnez une de ces scènes indéterminées à faire à cent personnes, chacun la fera à sa manière : cependant il n'y en a qu'une bonne.

Des lecteurs ordinaires estiment le talent d'un poëte par les morceaux qui les affectent le plus. C'est au discours d'un factieux à ses conjurés ; c'est à une reconnoissance qu'ils se récrient. Mais qu'ils interrogent le poëte sur son propre ouvrage; et ils verront qu'ils ont laissé passer, sans l'avoir apperçu, l'endroit dont il se félicite.

Les scènes du *Fils naturel* sont presque toutes de la nature de celles dont l'objet vague pouvoit rendre le poëte perplexe. Dorval, mal avec lui-même, et cachant le fond de son ame à son ami, à Rosalie, à Constance; Rosalie et Constance, dans une situation à-peu-près semblable, n'offroient pas un seul morceau de détail qui ne pût être mieux ou plus mal traité.

Ces sortes de scènes sont plus rares dans le *Père de famille*, parce qu'il y a plus de mouvement.

Il y a peu de règles générales dans l'art poétique. En voici cependant une à laquelle je ne sais point d'exception. C'est que le monologue est un moment de repos pour l'action, et de trouble pour le personnage. Cela est vrai, même d'un monologue qui commence une pièce. Donc tranquille, il est contre la vérité selon laquelle l'homme ne se parle à lui-même que dans des instans de perplexité. Long, il pêche contre la nature de l'action dramatique qu'il suspend trop.

Je ne saurois supporter les caricatures, soit en beau, soit en laid ; car la bonté et la méchanceté peuvent être également outrées ; et quand nous sommes moins sensibles à l'un de ces défauts qu'à l'autre, c'est un effet de notre vanité.

Sur la scène, on veut que les caractères soient uns. C'est une fausseté palliée par la courte durée d'un drame : car, combien de circonstances dans la vie, où l'homme est distrait de son caractère ?

Le foible est l'opposé de l'outré. Pamphile me paroît foible dans l'*Andrienne*. Dave l'a précipité dans des nôces qu'il abhorre. Sa maîtresse vient d'accoucher. Il a cent raisons de mauvaise humeur. Cependant il prend tout assez doucement. Il n'en est pas ainsi de son ami Charinus, ni du Clinia de l'*Eautontimorumenos*. Celui-ci arrive de loin ; et, tandis qu'il se débotte, il ordonne à son Dave d'aller chercher sa maîtresse. Il y a peu de galanterie dans ces mœurs ; mais elles sont bien d'une autre énergie que les nôtres, et d'une autre ressource pour le poëte. C'est la nature abandonnée à ses mouvemens effrénés. Nos petits propos madrigalisés auroient bonne grace dans la bouche d'un Clinia ou d'un Chéréa ! Que nos rôles d'amans sont froids !

Ce que j'aime sur-tout de la scène ancienne, ce sont les amans et les pères. Pour les Daves, ils me déplaisent ; et je suis convaincu, qu'à-moins qu'un sujet ne soit dans les mœurs anciennes, ou malhonnête dans les nôtres, nous n'en reverrons plus.

Tout peuple a des préjugés à détruire, des vices à poursuivre, des ridicules à décrier, et a besoin de spectacle, mais qui lui soient propres. Quel moyen, si le gouvernement en sait user, et qu'il soit question de préparer le changement d'une loi, ou l'abrogation d'un usage !

Attaquer les comédiens par leurs mœurs, c'est en vouloir à tous les états.

Attaquer le spectacle par son abus, c'est s'élever contre tout genre d'instruction publique ; et ce qu'on a dit jusqu'à-présent là-dessus, appliqué à ce que les choses sont, ou ont été, et non à ce qu'elles pourroient être, est sans justice et sans vérité.

Un peuple n'est pas également propre à exceller dans tous les genres de drame. La tragédie me semble plus du *génie républicain* ; et la comédie, gaie sur-tout, plus du caractère monarchique.

Entre des hommes qui ne se doivent rien, la plaisanterie sera dure. Il faut qu'elle frappe en haut, pour devenir légère; et c'est ce qui arrivera dans un Etat, où les hommes sont distribués en différens ordres, qu'on peut comparer à une haute pyramide; où ceux qui sont à la base, chargés d'un poids qui les écrase, sont forcés de garder du ménagement jusques dans la plainte.

Un inconvénient trop commun, c'est que, par une vénération ridicule pour certaines conditions, bientôt ce sont les seules dont on peigne les mœurs; l'utilité des spectacles se restreint, et que peut-être même ils deviennent un canal par lequel les travers des grands se répandent et passent aux petits.

Chez un peuple esclave, tout se dégrade. Il faut s'avilir par le ton et par le geste, pour ôter à la vérité son poids et son offense. Alors les poëtes sont comme les fous à la cour des rois; c'est du mépris qu'on fait d'eux, qu'ils tiennent leur franc-parler. Ou, si l'on aime mieux, ils ressemblent à certains coupables qui, traînés devant nos tribunaux, ne s'en retournent absous que parce qu'ils ont su contrefaire les insensés.

Nous avons des comédies. Les Anglais n'ont que des satyres, à-la-vérité pleines de force et de gaîté, mais sans mœurs et sans goût. Les Italiens en sont réduits au drame burlesque.

En général, plus un peuple est civilisé, poli, moins ses mœurs sont poëtiques; tout s'affoiblit en s'adoucissant. Quand est-ce que la nature prépare des modèles à l'art? C'est au temps où les enfans s'arrachent les cheveux autour du lit d'un père moribond ; où une mère découvre son sein, et conjure son fils par les mamelles qui l'ont alaité ; où un ami se coupe la chevelure, et la répand sur le cadavre de son ami ; où c'est lui qui le soutient par la tête, et qui le porte sur un bûcher ; qui recueille sa cendre, et qui la renferme dans une urne qu'il va, en certains jours, arroser de ses pleurs ; où les veuves échevelées se déchirent le visage de leurs ongles, si la mort leur a ravi un époux ; où les chefs du peuple, dans les calamités publiques, posent leur front humilié dans la poussière, ouvrent leurs vêtemens dans la douleur, et se frappent la poitrine ; où un père prend entre ses bras son fils nouveau-né, l'élève vers le ciel, et fait sur lui sa prière aux dieux ; où le premier mouvement d'un enfant, s'il a quitté ses parens, et qu'il les revoie après une longue absence, c'est d'embrasser leurs genoux, et d'en attendre, prosterné, la bénédiction ; où les repas sont des sacrifices qui commencent et finissent par des coupes remplies de vin, et versées sur la terre ; où le peuple parle à ses maîtres, et où ses maîtres l'entendent et lui répondent ; où l'on voit un homme le front ceint de bandelettes devant un autel, et une prêtresse qui étend les mains sur lui en invoquant le ciel et en exécutant les cérémonies expiatoires et lustrales ; où des pythies écumantes par la présence d'un démon qui les tourmente, sont assises sur des trépieds, ont les yeux égarés, et font mugir de leurs cris prophétiques le fond obscur des antres ; où les dieux, altérés du sang humain, ne sont appaisés que par son effusion ; où des bacchantes, armées de thyrses, s'égarent dans les forêts, et inspirent l'effroi au profane qui se rencontre sur leur passage ; où d'autres femmes se dépouillent sans pudeur, ouvrent leurs bras au premier qui se présente, et se prostituent, etc.

Je ne dis pas que ces mœurs sont bonnes, mais qu'elles sont poétiques.

Qu'est-ce qu'il faut au poète ? Est-ce une nature brute ou cultivée, paisible ou troublée ? préférera-t-il la beauté d'un jour pur et serein à l'horreur d'une nuit obscure, où le sifflement interrompu des vents se mêle par intervalles au murmure sourd et continu d'un tonnerre éloigné, et où il voit l'éclair allumer le ciel sur sa tête ? Préférera-t-il le spectacle d'une mer tranquille à celui des flots agités ? Le muet et froid aspect d'un palais, à la promenade parmi des ruines ? Un édifice construit, un espace planté de la main des hommes, au touffu d'une antique forêt, au creux ignoré d'une roche déserte ? Des nappes d'eau, des bassins, des cascades, à la vue d'une cataracte qui se brise en tombant à travers des rochers, et dont le bruit se fait entendre au loin du berger qui a conduit son troupeau dans la montagne, et qui l'écoute avec effroi ?

La poésie veut quelque chose d'énorme, de barbare et de sauvage.

C'est lorsque la fureur de la guerre civile ou du fanatisme arme les hommes de poignards, et que le sang coule à grands flots sur la terre, que le laurier d'Apollon s'agite et verdit. Il en veut être arrosé. Il se flétrit dans les temps de la paix et du loisir. Le siècle d'or eût produit une chanson peut-être, ou une élégie. La poésie épique et dramatique demande d'autres mœurs.

Quand verra-t-on naître des poëtes ? Ce sera après les temps de désastres et de grands malheurs ; lorsque les peuples harassés commenceront à respirer. Alors les imaginations, ébranlées par des spectacles terribles, peindront des choses inconnues à ceux qui n'en ont pas été les témoins. N'avons-nous pas éprouvé, dans quelques circonstances, une sorte de terreur qui nous étoit étrangère ? Pourquoi n'a-t-elle rien produit ? n'avons nous plus de génie ?

Le génie est de tous les temps ; mais les hommes qui le portent en eux demeurent engourdis, à-moins que des événemens extraordinaires n'échauffent la masse, et ne les fassent paroître. Alors les sentimens s'accumulent dans la poitrine, la travaillent ; et ceux qui ont un organe, pressés de parler, le déploient et se soulagent.

Quelle sera donc la ressource d'un poëte, chez un peuple dont les mœurs sont foibles, petites et maniérées ; où l'imitation rigoureuse des conversations ne formeroit qu'un tissu d'expressions fausses, insensées et basses ; où il n'y a plus ni franchise, ni bonhommie ; où un père appelle son fils monsieur, et où une mère appelle sa fille mademoiselle ; où les cérémonies publiques n'ont rien d'auguste; la conduite domestique, rien de touchant et d'honnête ; les actes solemnels, rien de vrai ? Il tâchera de les embellir ; il choisira les circonstances qui prêtent le plus à son art ; il négligera les autres; et il osera en supposer quelques-unes.

Mais quelle finesse de goût ne lui faudra-t-il pas, pour sentir jusqu'où les mœurs publiques et particulières peuvent être embellies ? S'il passe la mesure, il sera faux et romanesque.

Si les mœurs qu'il supposera ont été autrefois, et que ce temps ne soit pas éloigné ; si un usage est passé, mais qu'il en soit resté une expression métaphorique dans la langue ; si cette expression porte un caractère d'honnêteté ; si elle marque une piété antique, une simplicité qu'on regrette ; si l'on y voit les pères plus respectés, les mères plus honorées, les rois populaires ; qu'il ose. Loin de lui reprocher d'avoir failli contre la vérité, on supposera que ces vieilles et bonnes mœurs se sont apparemment conservées dans cette famille. Qu'il s'interdise seulement ce qui ne seroit que dans les usages présens d'un peuple voisin.

Mais admirez la bizarrerie des peuples policés. La délicatesse y est quelquefois poussée au point, qu'elle interdit à leurs poëtes l'emploi de circonstances même qui sont dans leurs mœurs, et qui ont de la simplicité, de la beauté et de la vérité. Qui oseroit, parmi nous, étendre de la paille sur la scène, et y exposer un enfant nouveau-né? Si le poëte y plaçoit un berceau, quelque étourdi du parterre ne manqueroit pas de contrefaire les cris de l'enfant; les loges et l'amphitéâtre, de rire; et la la pièce, de tomber. O peuple plaisant et léger! quelles bornes vous donnez à l'art! quelle contrainte vous imposez à vos artistes! et de quels plaisirs votre délicatesse vous prive! A tout moment vous siffleriez sur la scène les seules choses qui vous plairoient, qui vous toucheroient en peinture. Malheur à l'homme né avec du génie, qui tentera quelque spectacle qui est dans la nature, mais qui n'est pas dans vos préjugés!

Térence a exposé l'enfant nouveau-né sur la scène. Il a fait plus. Il a fait entendre, du dedans de la maison, la plainte de la femme dans les douleurs qui le mettent au monde. Cela est beau; et cela ne vous plairoit pas.

Il faut que le goût d'un peuple soit incertain, lorsqu'il admettra dans la nature des choses dont il interdira l'imitation à ses artistes, ou lorsqu'il admirera dans l'art des effets qu'il dédaigneroit dans la nature. Nous dirions, d'une femme qui ressembleroit à quelqu'une de ces statues qui enchantent nos regards aux Tuileries, qu'elle a la tête jolie, mais le pied gros, la jambe forte; et point de taille. La femme, qui est belle pour le sculpteur sur un sopha, est laide dans son atelier. Nous sommes pleins de ces contradictions.

Mais, ce qui montre sur-tout combien nous sommes encore loin du bon goût et de la vérité, c'est la pauvreté et la fausseté des décorations, et le luxe des habits.

Vous exigez de votre poëte qu'il s'assujettisse à l'unité de lieu ; et vous abandonnez la scène à l'ignorance d'un mauvais décorateur.

Voulez-vous rapprocher vos poëtes du vrai, et dans la conduite de leurs pièces, et dans leur dialogue ; vos acteurs, du jeu naturel et de la déclamation réelle ? élevez la voix, demandez seulement qu'on vous montre le lieu de la scène tel qu'il doit être.

Si la nature et la vérité s'introduisent une fois sur vos théâtres dans la circonstance la plus légère, bientôt vous sentirez le ridicule et le dégoût se répandre sur tout ce qui fera contraste avec elles.

Le système dramatique le plus mal entendu, seroit celui qu'on pourroit accuser d'être moitié vrai et moitié faux. C'est un mensonge mal-adroit, où certaines circonstances me décèlent l'impossibilité du reste. Je souffrirai plutôt le mélange des disparates ; il est du-moins sans fausseté. Le défaut de Shakespear n'est pas le plus grand dans lequel un poëte puisse tomber. Il marque seulement peu de goût.

Que votre poëte, lorsque vous aurez jugé son

ouvrage digne de vous être représenté, envoie chercher le décorateur. Qu'il lui lise son drame. Que le lieu de la scène, bien connu de celui-ci, il le rende tel qu'il est, et qu'il songe sur-tout que la peinture théâtrale doit être plus rigoureuse, et plus vraie que tout autre genre de peinture.

La peinture théâtrale s'interdira beaucoup de choses, que la peinture ordinaire se permet. Qu'un peintre d'atelier ait une cabane à représenter, il en appuiera le bâtis contre une colonne brisée ; et d'un chapiteau corinthien renversé, il en fera un siége à la porte. En effet, il n'est pas impossible qu'il y ait une chaumière, où il y avoit auparavant un palais. Cette circonstance réveille en moi une idée accessoire qui me touche, en me retraçant l'instabilité des choses humaines. Mais, dans la peinture théâtrale, il ne s'agit pas de cela. Point de distraction, point de supposition qui fasse dans mon ame un commencement d'impression autre que celle que le poëte a intérêt d'y exciter.

Deux poëtes ne peuvent se montrer à-la-fois avec tous leurs avantages. Le talent subordonné sera en partie sacrifié au talent dominant. S'il alloit seul, il représenteroit une chose générale. Commandé par un autre, il n'a que la ressource d'un cas particulier. Voyez quelle différence pour la chaleur et l'effet, entre les marines que Vernet a peintes d'idée, et celles qu'il a copiées. Le peintre de théâtre est borné aux circonstances qui servent à l'illusion. Les accidens qui s'y opposeroient lui sont interdits. Il n'usera de ceux qui embelliroient sans nuire, qu'avec sobriété. Ils auront toujours l'inconvénient de distraire.

Voilà les raisons pour lesquelles la plus belle décoration de théâtre ne sera jamais qu'un tableau du second ordre.

Dans le genre lyrique, le poëme est fait pour le musicien, comme la décoration l'est pour le poëte : ainsi le poëme ne sera point aussi parfait, que si le poëte eût été libre.

Avez-vous un salon à représenter? Que ce soit celui d'un homme de goût. Point de magots; peu de dorure; des meubles simples : à-moins que le sujet n'exige expressément le contraire.

Le faste gâte tout. Le spectacle de la richesse n'est pas beau. La richesse a trop de caprices; elle peut éblouir l'œil, mais non toucher l'ame. Sous un vêtement surchargé de dorure, je ne vois jamais qu'un homme riche, et c'est un homme que je cherche. Celui qui est frappé des diamans qui déparent une belle femme, n'est pas digne de voir une belle femme.

La comédie veut être jouée en déshabillé. Il ne faut être sur la scène ni plus apprêté ni plus négligé que chez soi.

Si c'est pour le spectateur que vous vous ruinez en habits; acteurs, vous n'avez point de goût; et vous oubliez que le spectateur n'est rien pour vous.

Plus les genres sont sérieux, plus il faut de sévérité dans les vêtemens.

Quelle vraisemblance, qu'au moment d'une action tumultueuse, des hommes aient eu le temps de se parer comme dans un jour de représentation ou de fête ?

Dans quelles dépenses nos comédiens ne se sont-ils pas jetés pour la représentation de l'*Orphelin de la Chine* ? Combien ne leur en a-t-il pas coûté, pour ôter à cet ouvrage une partie de son effet ? En vérité, il n'y a que des enfans, comme on en voit s'arrêter ébahis dans nos rues lorsqu'elles sont bigarrées de tapisseries, à qui le luxe des vêtemens de théâtre puisse plaire. O Athéniens, vous êtes des enfans !

De belles draperies simples, d'une couleur sévère, voilà ce qu'il falloit, et non tout votre clinquant et toute votre broderie. Interrogez encore la Peinture là-dessus. Y a-t-il parmi nous un artiste assez Goth, pour vous montrer, sur la toile, aussi maussades et aussi brillans que nous vous avons vus sur la scène ?

Acteurs, si vous voulez apprendre à vous habiller ; si vous voulez perdre le faux goût du faste, et vous rapprocher de la simplicité qui conviendroit si fort aux grands effets, à votre fortune, et à vos mœurs ; fréquentez nos galeries.

S'il venoit jamais en fantaisie d'essayer le *Père de famille* au théâtre, je crois que ce personnage né pourroit être vêtu trop simplement. Il ne faudroit à Cécile, que le déshabillé d'une fille opulente. J'accorderois, si l'on veut, au Commandeur, un galon d'or uni, avec la canne à bec de corbin. S'il changeoit d'habit, entre le premier acte et le second, je n'en serois pas fort étonné de la part d'un homme aussi capricieux. Mais tout est gâté, si Sophie n'est pas en siamoise, et madame Hébert, comme une femme du peuple aux jours de dimanche. Saint-Albin est le seul à qui son âge et son état me feront passer, au second acte, de l'élégance et du luxe. Il ne lui faut, au premier, qu'une redingotte de pluche sur une veste d'étoffe grossière.

Le public ne sait pas toujours désirer le vrai. Quand il est dans le faux, il peut y rester des siècles entiers ; mais il est sensible aux choses naturelles ; et lorsqu'il en a reçu l'impression, il ne la perd jamais entièrement.

Une actrice courageuse vient de se défaire du panier ; et personne ne l'a trouvé mauvais. Elle ira plus loin, j'en réponds. Ah ! si elle osoit un jour se montrer sur la scène avec toute la noblesse et la simplicité d'ajustement que ses rôles demandent ! disons plus, dans le désordre où doit jeter un événement aussi terrible que la mort d'un époux, la perte d'un fils, et les autres catastrophes de la scène tragique ! que deviendroient, autour d'une femme échevelée, toutes ces poupées poudrées, frisées, pomponnées ? Il faudroit bien que tôt ou tard elles se missent à l'unisson. La nature, la nature! on ne lui résiste pas. Il faut ou la chasser, ou lui obéir.

O Clairon ! c'est à vous que je reviens ! Ne souffrez pas que l'usage et le préjugé vous subjuguent. Livrez-vous à votre goût et à votre génie ; montrez-nous la nature et la vérité : c'est le devoir de ceux que nous aimons, et dont les talens nous ont disposés à recevoir tout ce qu'il leur plaira d'oser.

Un paradoxe, dont peu de personnes sentiront le vrai, et qui révoltera les autres (mais que vous importe à vous et à moi ? premièrement dire la vérité, voilà notre devise), c'est que, dans les pièces italiennes, nos comédiens jouent avec plus de liberté que nos comédiens français ; ils font moins de cas du spectateur. Il y a cent momens où il en est tout-à-fait oublié. On trouve, dans leur action, je ne sais quoi d'original et d'aisé, qui me plaît et qui plairoit à tout le monde, sans les insipides discours et l'intrigue absurde qui le défigurent. A travers leur folie, je vois des gens en gaîté qui cherchent à s'amuser, et qui s'abandonnent à toute la fougue de leur imagination ; et j'aime mieux cette ivresse, que le roide, le pesant, et l'empesé.

= Mais, *ils improvisent : le rôle qu'ils font ne leur a point été dicté.*

= Je m'en apperçois bien.

= Et si vous voulez les voir aussi mesurés, aussi

compassés, et plus froids que d'autres, donnez-leur une pièce écrite.

= J'avoue qu'ils ne sont plus eux : mais qui les en empêche ? Les choses qu'ils ont apprises ne leur sont-elles pas aussi intimes, à la quatrième représentation, que s'ils les avoient imaginées ?

= Non. L'impromptu a un caractère que la chose préparée ne prendra jamais.

= Je le veux. Néanmoins, ce qui sur-tout les symmétrise, les empèse et les engourdit, c'est qu'ils jouent d'imitation ; qu'ils ont un autre théâtre et d'autres acteurs en vue. Que font-ils donc ? Ils s'arrangent en rond ; ils arrivent à pas comptés et mesurés ; ils quêtent des applaudissemens ; ils sortent de l'action ; ils s'adressent au parterre, ils lui parlent ; et ils deviennent maussades et faux.

Une observation que j'ai faite, c'est que nos insipides personnages subalternes demeurent plus communément dans leur humble rôle, que les principaux personnages. La raison, ce me semble, c'est qu'ils sont contenus par la présence d'un autre qui les commande : c'est à cet autre qu'ils s'adressent ; c'est là que toute leur action est tournée. Et tout iroit assez bien, si la chose en imposoit aux premiers rôles, comme la dépendance en impose aux rôles subalternes.

Il y a bien de la pédanterie dans notre poétique ; il y en a beaucoup dans nos compositions dramatiques : comment n'y en auroit-il pas dans la représentation ?

Cette pédanterie, qui est par-tout ailleurs si contraire au caractère facile de la nation, arrêtera long-temps encore les progrès de la pantomime, partie si importante de l'art dramatique.

J'ai dit que la pantomime est une portion du drame; que l'auteur s'en doit occuper sérieusement; que si elle ne lui est pas familière et présente, il ne saura ni commencer, ni conduire, ni terminer sa scène avec quelque vérité; et que le geste doit s'écrire souvent à la place du discours.

J'ajoute qu'il y a des scènes entières, où il est infiniment plus naturel aux personnages de se mouvoir que de parler; et je vais le prouver.

Il n'y a rien de ce qui se passe dans le monde, qui ne puisse avoir lieu sur la scène. Je suppose donc que deux hommes, incertains s'ils ont à être mécontens ou satisfaits l'un de l'autre, en attendent un troisième qui les instruise : que diront-ils jusqu'à ce que ce troisième soit arrivé ? Rien. Ils iront, ils viendront, ils montreront de l'impatience; mais ils se tairont. Ils n'auront garde de se tenir des propos dont ils pourroient avoir à se repentir. Voilà le cas d'une scène toute ou presque toute pantomime : et combien n'y en a-t-il pas d'autres ?

Pamphile se trouve sur la scène avec Chremès et Simon. Chremès prend tout ce que son fils lui dit pour les impostures d'un jeune libertin qui a des sottises à excuser. Son fils lui demande à produire un témoin. Chremès, pressé par son fils et par Simon, consent à écouter ce témoin. Pamphile va le chercher, Simon et Chremès restent. Je demande ce qu'ils font pendant que Pamphile est chez Glycérion, qu'il parle à Criton, qu'il l'instruit; qu'il lui explique ce qu'il en attend, et qu'il le détermine à venir et à parler à Chremès son père ? Il faut, ou les supposer immobiles et muets, ou imaginer que Simon continue d'entretenir Chremès; que Chremès, la tête baissée, et le menton appuyé sur sa main, l'écoute, tantôt avec patience, tantôt avec colère; et qu'il se passe entre eux une scène toute pantomime.

Mais cet exemple n'est pas le seul qu'il y ait dans ce poëte. Que fait ailleurs un des vieillards sur la scène, tandis que l'autre va dire à son fils que son père sait tout, le déshérite, et donne son bien à sa fille ?

Si Térence avoit eu l'attention d'écrire la pantomime, nous n'aurions là-dessus aucune incertitude. Mais qu'importe qu'il l'ait écrite ou non, puisqu'il faut si peu de sens pour la supposer ici ? Il n'en est pas toujours de même. Qui est-ce qui l'eût imaginée dans l'*Avare* ? Harpagnon est alternativement triste et gai, selon que Frosine lui parle de son indigence ou de la tendresse de Marianne. Là, le dialogue est institué entre le discours et le geste.

Il faut écrire la pantomime, toutes les fois qu'elle fait tableau; qu'elle donne de l'énergie ou de la clarté au discours; qu'elle lie le dialogue; qu'elle caractérise ; qu'elle consiste dans un jeu délicat qui ne se devine pas ; qu'elle tient lieu de réponse, et presque toujours au commencement des scènes.

Elle est tellement essentielle, que de deux pièces composées, l'une, eu égard à la pantomime, et l'autre sans cela, la facture sera si diverse, que celle où la pantomime aura été considérée comme partie du drame, ne se jouera pas sans pantomime ; et que celle où la pantomime aura été négligée, ne se pourra pantomimer. On ne l'ôtera point dans la représentation au poëme qui l'aura, et on ne la donnera point au poëme qui ne l'aura pas. C'est elle qui fixera la longueur des scènes, et qui colorera tout le drame.

Molière n'a pas dédaigné de l'écrire, c'est tout dire.

Mais quand Molière ne l'eût pas écrite, un autre auroit-il eu tort d'y penser ? O critiques, cervelles étroites, hommes de peu de sens, jusqu'à quand ne jugerez-vous rien en soi-même, et n'approuverez ou ne désapprouverez-vous que d'après ce qui est !

Combien d'endroits où Plaute, Aristophane et Térence ont embarrassé les plus habiles interprètes, pour n'avoir pas indiqué le mouvement de la scène ? Térence commence ainsi les *Adelphes* : « Storax.... Æschinus n'est pas rentré cette nuit ». Qu'est-ce que cela signifie ? Micion parle-t-il à

Storax ? Non. Il n'y a point de Storax sur la scène, dans ce moment ; ce personnage n'est pas même de la pièce. Qu'est-ce donc que cela signifie ? Le voici. Storax est un des valets d'Æschinus. Micion l'appelle ; et, Storax ne répondant point, il en conclut qu'Æschinus n'est pas rentré. Un mot de pantomime auroit éclairci cet endroit.

C'est la peinture des mouvemens, qui charme, sur-tout dans les romans domestiques. Voyez avec quelle complaisance l'auteur de *Paméla*, de *Grandisson* et de *Clarisse* s'y arrête ! Voyez quelle force, quel sens, et quel pathétique elle donne à son discours ! Je vois le personnage ; soit qu'il parle, soit qu'il se taise, je le vois ; et son action m'affecte plus que ses paroles.

Si un poëte a mis sur la scène Oreste et Pilade, se disputant la mort, et qu'il ait réservé, pour ce moment, l'approche des Euménides ; dans quel effroi ne me jetteroit-il pas, si les idées d'Oreste se troublent peu-à-peu, à-mesure qu'il raisonne avec son ami ; si ses yeux s'égarent ; s'il cherche autour de lui, s'il s'arrête, s'il continue de parler, s'il s'arrête encore, si le désordre de son action et de son discours s'accroit ; si les furies s'emparent de lui et le tourmentent ; s'il succombe sous la violence du tourment ; s'il en est renversé par terre ; si Pilade le relève, l'appuye, et lui essuye de sa main, le visage et la bouche ; si le malheureux fils de Clytemnestre reste un moment dans un état d'agonie et de mort; si, entr'ouvrant ensuite les paupières, et semblable à un homme qui revient d'une léthargie profonde, sentant les bras de son ami qui le soutiennent et qui le pressent, il lui dit, en penchant la tête de son côté, et d'une voix éteinte : = « Pilade, est-ce à toi de mourir » ? Quel effet cette pantomime ne produira-t-elle pas ? Y a-t-il quelque discours au monde qui m'affecte autant que l'action de Pilade relevant Oreste abattu, et lui essuyant de sa main, le visage et la bouche ? Séparez ici la pantomime du discours, et vous tuerez l'un et l'autre. Le poëte qui aura imaginé cette scène, aura sur-tout montré du génie, en réservant, pour ce moment, les fureurs d'Oreste. L'argument qu'Oreste tire de sa situation est sans réponse.

Mais il me prend envie de vous esquisser les derniers instans de la vie de Socrate. C'est une suite de tableaux, qui prouveront plus en faveur de la pantomime, que tout ce que je pourrois ajouter. Je me conformerai presque entièrement à l'histoire. Quel canevas pour un poëte !

Ses disciples n'en avoient point la pitié qu'on éprouve auprès d'un ami qu'on assiste au lit de la mort. Cet homme leur paroissoit heureux ; s'ils étoient touchés, c'étoit d'un sentiment extraordinaire mêlé de la douceur qui naissoit de ses discours, et de la peine qui naissoit de la pensée qu'ils alloient le perdre.

Lorsqu'ils entrèrent, on venoit de le délier. Xantippe étoit assise auprès de lui, tenant un de ses enfans entre ses bras.

Le philosophe dit peu de choses à sa femme : mais, combien de choses touchantes un homme sage, qui ne fait aucun cas de la vie, n'avoit-il pas à dire sur son enfant ?

Les philosophes entrèrent. A-peine Xantippe les apperçut-elle, qu'elle se mit à se désespérer et à crier, comme c'est la coutume des femmes en ces occasions : = « Socrate, vos amis vous parlent aujourd'hui pour la dernière fois ; c'est pour la dernière fois que vous embrassez votre femme, et que vous voyez votre enfant ».

Socrate se tournant du côté de Criton, lui dit : = « Mon ami, faites conduire cette femme chez elle ». Et cela s'exécuta.

On entraîne Xantippe ; mais elle s'élance du côté de Socrate, lui tend les bras, l'appelle, se meurtrit le visage de ses mains, et remplit la prison de ses cris.

Cependant Socrate dit encore un mot sur l'enfant qu'on emporte.

Alors, le philosophe prenant un visage serein, s'assied sur son lit, et pliant la jambe d'où l'on avoit ôté la chaîne, et la frottant doucement, il dit :

= « Que le plaisir et la peine se touchent de près ! Si Esope y avoit pensé, la belle fable qu'il en auroit faite !... Les Athéniens ont ordonné que je m'en aille ; et je m'en vais.... Dites à Evénus qu'il me suivra, s'il est sage ».

Ce mot engage la scène sur l'immortalité de l'ame.

Tentera cette scène qui l'osera ; pour moi, je me hâte vers mon objet. Si vous avez vu expirer un père au milieu de ses enfans, telle fut la fin de Socrate, au milieu des philosophes qui l'environnoient.

Lorsqu'il eut achevé de parler, il se fit un moment de silence, et Criton lui dit :

CRITON.

Qu'avez-vous à nous ordonner ?

SOCRATE.

De vous rendre semblables aux dieux, autant qu'il vous sera possible, et de leur abandonner le soin du reste.

CRITON.

Après votre mort, comment voulez-vous qu'on dispose de vous ?

SOCRATE.

Criton, tout comme il vous plaira, si vous me retrouvez.

Puis, regardant les philosophes en souriant, il ajouta :

« J'aurai beau faire, je ne persuaderai jamais à notre ami de distinguer Socrate de sa dépouille ».

Le satellite des Onze entra dans ce moment, et s'approcha de lui sans parler.

Socrate lui dit :

SOCRATE.

Que voulez-vous ?

LE SATELLITE.

Vous avertir, de la part des magistrats....

SOCRATE.

Qu'il est temps de mourir. Mon ami, apportez le poison, s'il est broyé, et soyez le bienvenu.

LE SATELLITE, *en se détournant et pleurant.*

Les autres me maudissent ; celui-ci me bénit.

CRITON.

Le soleil luit encore sur les montagnes.

SOCRATE.

Ceux qui diffèrent croient tout perdre à cesser de vivre ; et moi, je crois y gagner.

Alors, l'esclave qui portoit la coupe entra. Socrate la reçut, et lui dit :

SOCRATE.

Homme de bien, que faut-il que je fasse ; car vous savez cela ?

L'ESCLAVE.

Boire, et vous promener jusqu'à ce que vous sentiez vos jambes s'appesantir.

SOCRATE.

Ne pourroit-on pas en répandre une goutte en action de graces aux dieux ?

L'ESCLAVE.

Nous n'en avons broyé que ce qu'il faut.

SOCRATE.

Il suffit.... Nous pourrons du-moins leur adresser une prière.

Et tenant la coupe d'une main, et tournant ses regards vers le ciel, il dit :

« O Dieux qui m'appelez, daignez m'accorder un heureux voyage !

Après il garda le silence, et but.

Jusques-là, ses amis avoient eu la force de contenir leur douleur; mais lorsqu'il approcha la coupe de ses lèvres, ils n'en furent plus les maîtres.

Les uns s'enveloppèrent de leur manteau. Criton s'étoit levé, et il erroit dans la prison en poussant des cris. D'autres, immobiles et droits, regardoient Socrate dans un morne silence, et des larmes couloient le long de leurs joues. Apollodore s'étoit assis sur les pieds du lit, le dos tourné à Socrate, et la bouche penchée sur ses mains, il étouffoit ses sanglots.

Cependant Socrate se promenoit, comme l'esclave le lui avoit enjoint; et en se promenant, il s'adressoit à chacun d'eux, et les consoloit.

Il disoit à celui-ci : « Où est la fermeté, la philosophie, la vertu » ?... A celui-là : « C'est pour cela que j'avois éloigné les femmes »... A tous:

Pagination incorrecte — date incorrecte

NF Z 43-120-12

« Eh bien ! Anyte et Mélite auront donc pu me faire du mal !.... Mes amis, nous nous reverrons.... Si vous vous affligez ainsi, vous n'en croyez rien ».

Cependant ses jambes s'appésantirent, et il se coucha sur son lit. Alors il recommanda sa mémoire à ses amis, et leur dit, d'une voix qui s'affoiblissoit :

SOCRATE.

Dans un moment, je ne serai plus.... C'est par vous qu'ils me jugeront.... Ne reprochez ma mort aux Athéniens, que par la sainteté de votre vie.

Ses amis voulurent lui répondre ; mais ils ne le purent : ils se mirent à pleurer, et se turent.

L'esclave qui étoit au bas de son lit, lui prit les pieds et les lui serra ; et Socrate, qui le regardoit, lui dit :

« Je ne les sens plus ».

Un instant après, il lui prit les jambes et les lui serra ; et Socrate, qui le regardoit, lui dit :

« Je ne les sens plus ».

Alors ses yeux commencèrent à s'éteindre, ses lèvres et ses narines à se retirer, ses membres à s'affoiblir, et l'ombre de la mort à se répandre sur toute sa personne. Sa respiration s'embarrassoit, et on l'entendoit à-peine. Il dit à Criton qui étoit derrière lui :

« Criton, soulevez-moi un peu ».

Criton le souleva. Ses yeux se ranimèrent; et prenant un visage serein, et portant son action vers le ciel, il dit :

« Je suis entre la terre et l'élysée ».

Un moment après, ses yeux se couvrirent; et il dit à ses amis :

« Je ne vous vois plus.... Parlez-moi.... N'est-ce pas là la main d'Apollodore »?

On lui répondit que oui; et il la serra.

Alors il eut un mouvement convulsif, dont il revint avec un profond soupir; et il appela Criton. Criton se baissa : Socrate lui dit, et ce fut ses dernières paroles :

« Criton.... sacrifiez au dieu de la santé.... je guéris ».

Cébès, qui étoit vis-à-vis de Socrate, reçut ses derniers regards, qui demeurèrent attachés sur lui; et Criton lui ferma la bouche et les yeux.

Voilà les circonstances qu'il faut employer. Disposez-en comme il vous plaira; mais conservez-les. Tout ce que vous mettriez à la place, sera faux et de nul effet. Peu de discours et beaucoup de mouvement.

Si le spectateur est au théâtre, comme devant une toile, où des tableaux divers se succéderoient par enchantement, pourquoi le philosophe qui s'assied sur les pieds du lit de Socrate, et qui craint de le voir, ne seroit-il pas aussi pathétique sur la scène, que la femme et la fille d'Eudamidas, dans le tableau du Poussin ?

Appliquez les loix de la composition pittoresque à la pantomime; et vous verrez que ce sont les mêmes.

Dans une action réelle, à laquelle plusieurs personnes concourent, toutes se disposeront d'elles-mêmes de la manière la plus vraie; mais cette manière n'est pas toujours la plus avantageuse pour celui qui peint, ni la plus frappante pour celui qui regarde. De-là, la nécessité pour le peintre, d'altérer l'état naturel, et de le réduire à un état artificiel : et n'en sera-t-il pas de même sur la scène ?

Si cela est, quel art, que celui de la déclamation ! Lorsque chacun est maître de son rôle, il n'y a presque rien de fait. Il faut mettre les figures ensemble, les rapprocher ou les disperser, les isoler ou les groupper, et en tirer une succession de tableaux, tous composés d'une manière grande et vraie.

De quel secours le peintre ne seroit-il pas à l'acteur, et l'acteur au peintre ? Ce seroit un moyen de perfectionner deux talens importans. Mais je jette ces vues pour ma satisfaction particulière et la vôtre. Je ne pense pas que nous ai... ...ions jamais assez les spectacles pour en veni... ...là.

Une des principales diff...
...erences du ro...
...man do-

mestique et du drame, c'est que le roman suit le geste et la pantomime dans tous leurs détails ; que l'auteur s'attache principalement à peindre et les mouvemens et les impressions : au-lieu que le poëte dramatique n'en jette qu'un mot en passant.

= Mais ce mot coupe le dialogue, le ralentit et le trouble.

= Oui, quand il est mal placé ou mal choisi.

J'avoue cependant que, si la pantomime étoit portée sur la scène à un haut point de perfection, on pourroit souvent se dispenser de l'écrire ; et c'est la raison peut-être pour laquelle les anciens ne l'ont pas fait. Mais, parmi nous, comment le lecteur, je parle même de celui qui a quelque habitude du théâtre, la suppléera-t-il en lisant, puisqu'il ne la voit jamais dans le jeu ? Seroit-il plus acteur qu'un comédien par état ?

La pantomime seroit établie sur nos théâtres, qu'un poëte qui ne fait pas représenter ses pièces, sera froid, et quelquefois inintelligible, s'il n'écrit pas le jeu. N'est-ce pas pour un lecteur un surcroît de plaisir, que de connoître le jeu, tel que le poëte l'a conçu ? Et, accoutumés comme nous le sommes, à une déclamation maniérée, symmétrisée et si éloignée de la vérité, y a-t-il beaucoup de personnes qui puissent s'en passer ?

La pantomime est le tableau qui existoit dans l'imagination du poëte, lorsqu'il écrivoit ; et qu'il voudroit que la scène montrât à chaque instant lorsqu'on le joue. C'est la manière la plus simple d'apprendre au public ce qu'il est en droit d'exiger de ses comédiens. Le poëte vous dit : Comparez ce jeu avec celui de vos acteurs ; et jugez.

Au reste, quand j'écris la pantomime, c'est comme si je m'adressois en ces mots au comédien : C'est ainsi que je déclame ; voilà les choses comme elles se passoient dans mon imagination, lorsque je composois. Mais je ne suis ni assez vain pour croire qu'on ne puisse pas mieux déclamer que moi, ni assez imbécille pour réduire un homme de génie à l'état machinal.

On propose un sujet à peindre à plusieurs artistes ; chacun le médite et l'exécute à sa manière ; et il sort de leurs ateliers autant de tableaux différens. Mais on remarque à tous quelques beautés particulières.

Je dis plus. Parcourez nos galeries, et faites-vous montrer les morceaux où l'amateur a prétendu commander à l'artiste, et disposer de ses figures. Sur le grand nombre, à-peine en trouverez-vous deux ou trois, où les idées de l'un se soient tellement accordées avec le talent de l'autre, que l'ouvrage n'en ait pas souffert.

Acteurs, jouissez donc de vos droits ; faites ce que le moment et votre talent vous inspireront. Si vous êtes de chair, si vous avez des entrailles, tout ira bien, sans que je m'en mêle ; et j'aurai beau m'en mêler, tout ira mal, si vous êtes de marbre ou de bois.

Qu'un poëte ait ou n'ait pas écrit la pantomime, je reconnoîtrai, du premier coup, s'il a composé ou non d'après elle. La conduite de sa pièce ne sera pas la même; les scènes auront un tout autre tour; son dialogue s'en ressentira. Si c'est l'art d'imaginer des tableaux, doit-on le supposer à tout le monde; et tous nos poëtes dramatiques l'ont-ils possédé ?

Une expérience à faire, ce seroit de composer un ouvrage dramatique, et de proposer ensuite d'en écrire la pantomime à ceux qui traitent ce soin de superflu. Combien ils y feroient d'inepties ?

Il est facile de critiquer juste; et difficile d'exécuter médiocrement. Seroit-il donc si déraisonnable d'exiger que, par quelqu'ouvrage d'importance, nos juges montrassent qu'ils en savent du-moins autant que nous ?

Les voyageurs parlent d'une espèce d'hommes sauvages, qui soufflent au passant des aiguilles empoisonnées. C'est l'image de nos critiques.

Cette comparaison vous paroit-elle outrée ? Convenez du-moins qu'ils ressemblent assez à un solitaire, qui vivoit au fond d'une vallée, que des collines environnoient de toutes parts. Cet espace borné étoit l'univers pour lui. En tournant sur un pied, et parcourant d'un coup-d'œil son étroit horizon, il s'écrioit : *Je sais tout; j'ai tout vu*. Mais tenté un jour de se mettre en marche, et d'approcher de quelques objets qui se déroboient à sa vue, il grimpe au sommet d'une de ces collines. Quel ne fût pas son étonnement, lorsqu'il vit un espace immense se développer au-dessus de sa tête et devant lui ? Alors, changeant de discours, il dit : Je ne sais rien ; je n'ai rien vu.

J'ai dit que nos critiques ressembloient à cet homme ; je me suis trompé. Ils restent au fond de leur cahute, et ne perdent jamais la haute opinion qu'ils ont d'eux.

Le rôle d'un auteur est un rôle assez vain ; c'est celui d'un homme qui se croit en état de donner des leçons au public. Et le rôle du critique ? Il est bien plus vain encore ; c'est celui d'un homme qui se croit en état de donner des leçons à celui qui se croit en état d'en donner au public.

L'auteur dit : Messieurs, écoutez-moi ; car je suis votre maître. Et le critique : C'est moi, messieurs, qu'il faut écouter ; car je suis le maître de vos maîtres.

Pour le public, il prend son parti. Si l'ouvrage de l'auteur est mauvais, il s'en moque, ainsi que des observations du critique, si elles sont fausses.

Le critique s'écrie après cela : O temps ! O mœurs ! Le goût est perdu ! et le voilà consolé.

L'auteur, de son côté, accuse les spectateurs, les acteurs et la cabale. Il en appelle à ses amis ; il leur a lu sa pièce, avant que de la donner au théâtre : elle devoit aller aux nues. Mais vos amis aveuglés ou pusillanimes n'ont pas osé vous dire qu'elle étoit sans conduite, sans caractères et sans style ; et croyez-moi, le public ne se trompe guère.

Votre pièce est tombée, parce qu'elle est mauvaise.

« Mais le *Misanthrope* n'a-t-il pas chancelé »?

Il est vrai. O qu'il est doux, après un malheur, d'avoir pour soi cet exemple ? Si je monte jamais sur la scène, et que j'en sois chassé par les sifflets, je compte bien me le rappeler aussi.

La critique en use bien diversement avec les vivans et les morts. Un auteur est-il mort ? Elle s'occupe à relever ses qualités, et à pallier ses défauts. Est-il vivant ? c'est le contraire; ce sont ses défauts qu'elle relève, et ses qualités qu'elle oublie. Et il y a quelque raison à cela : on peut corriger les vivans ; et les morts sont sans ressource.

Cependant, le censeur le plus sévère d'un ouvrage, c'est l'auteur. Combien il se donne de peines pour lui seul ! C'est lui qui connoît le vice secret ; et ce n'est presque jamais là, que le critique pose le doigt. Cela m'a souvent rappelé le mot d'un philosophe : — « Ils disent du mal de » moi ? Ah ! s'ils me connoissoient, comme je me » connois »!.....

Les auteurs et les critiques anciens commençoient par s'instruire ; ils n'entroient dans la carrière des lettres, qu'au sortir des écoles de la philosophie. Combien de temps l'auteur n'avoit-il pas gardé son ouvrage, avant que de l'exposer au public ? De-là cette correction, qui ne peut être que l'effet des conseils, de la lime et du temps.

Nous nous pressons trop de paroître ; et nous

n'étions peut-être ni assez éclairés, ni assez gens de bien, quand nous avons pris la plume.

Si le système moral est corrompu, il faut que le goût soit faux.

La vérité et la vertu sont les amies des beaux-arts. Voulez-vous être auteur ? voulez-vous être critique ? commencez par être homme de bien. Qu'attendre de celui qui ne peut s'affecter profondément ? et de quoi m'affecterai-je profondément, si-non de la vérité et de la vertu, les deux choses les plus puissantes de la nature ?

Si l'on m'assure qu'un homme est avare, j'aurai peine à croire qu'il produise quelque chose de grand. Ce vice rapetisse l'esprit et rétrécit le cœur. Les malheurs publics ne sont rien pour l'avare. Quelquefois il s'en réjouit. Il est dur. Comment s'élevera-t-il à quelque chose de sublime ? il est sans cesse courbé sur un coffre fort. Il ignore la vitesse du temps et la brièveté de la vie. Concentré en lui-même, il est étranger à la bienfaisance. Le bonheur de son semblable n'est rien à ses yeux, en comparaison d'un petit morceau de métal jaune. Il n'a jamais connu le plaisir de donner à celui qui manque, de soulager celui qui souffre, et de pleurer avec celui qui pleure. Il est mauvais père, mauvais fils, mauvais ami, mauvais citoyen. Dans la nécessité de s'excuser son vice à lui-même, il s'est fait un système qui immole tous les devoirs à sa passion. S'il se proposoit de peindre la commusération, la libéralité, l'hospitalité, l'amour de la patrie, celui du genre humain, où en trouvera-t-il les couleurs ? Il a pensé dans le fond de son cœur, que ces qualités ne sont que des travers et des folies.

Après l'avare, dont tous les moyens sont vils et petits, et qui n'oseroit pas même tenter un grand crime pour avoir de l'argent, l'homme du génie le plus étroit et le plus capable de faire des maux, le moins touché du vrai, du bon et du beau, c'est le superstitieux.

Après le superstitieux, c'est l'hypocrite. Le superstitieux a la vue trouble ; et l'hypocrite a le cœur faux.

Si vous êtes bien né, si la nature vous a donné un esprit droit et un cœur sensible, fuyez pour un temps la société des hommes ; allez vous étudier vous-même. Comment l'instrument rendra-t-il une juste harmonie, s'il est désaccordé ? Faites-vous des notions exactes des choses ; comparez votre conduite avec vos devoirs ; rendez-vous homme de bien : et ne croyez pas que ce travail et ce temps si bien employés pour l'homme soient perdus pour l'auteur. Il rejaillira, de la perfection morale que vous aurez établie dans votre caractère et dans vos mœurs, une nuance de grandeur et de justice qui se répandra sur tout ce que vous écrirez. Si vous avez le vice à peindre, sachez une fois combien il est contraire à l'ordre général et au bonheur public et particulier; et vous le peindrez fortement. Si c'est la vertu, comment la peindrez-vous d'une manière à la faire aimer aux autres, si vous n'en êtes pas transporté? De retour parmi les hommes, écoutez beaucoup ceux qui parlent bien; et parlez-vous souvent à vous-même.

Mon ami, vous connoissez Ariste; c'est de lui que je tiens ce que je vais vous en raconter. Il avoit alors quarante ans. Il s'étoit particulièrement livré à l'étude de la philosophie. On l'avoit surnommé le philosophe, parce qu'il étoit né sans ambition, qu'il avoit l'ame honnête, et que l'envie n'en avoit jamais altéré la douceur et la paix. Du reste, grave dans son maintien, sévère dans ses mœurs, austère et simple dans ses discours, le manteau d'un ancien philosophe étoit presque la seule chose qui lui manquât; car il étoit pauvre, et content de sa pauvreté.

Un jour qu'il s'étoit proposé de passer avec ses amis quelques heures à s'entretenir sur les lettres ou sur la morale, car il n'aimoit pas à parler des affaires publiques, ils étoient absens, et il prit le parti de se promener seul.

Il fréquentoit peu les endroits où les hommes s'assemblent. Les lieux écartés lui plaisoient davantage. Il alloit en rêvant; et voici ce qu'il se disoit:

J'ai quarante ans. J'ai beaucoup étudié; on m'appelle le philosophe. Si cependant il se présentoit ici quelqu'un qui me dît: Ariste, qu'est-ce que le vrai, le bon et le beau? aurois-je ma réponse prête ? Non. Comment, Ariste, vous ne savez pas ce que c'est que le vrai, le bon et le beau; et vous souffrez qu'on vous appelle le philosophe !

Après quelques réflexions sur la vanité des éloges, qu'on prodigue sans connoissance, et qu'on accepte sans pudeur, il se mit à rechercher l'origine de ces idées fondamentales de notre conduite et de nos jugemens; et voici comment il continua de raisonner avec lui-même.

Il n'y a peut-être pas, dans l'espèce humaine entière, deux individus qui aient quelque ressemblance approchée. L'organisation générale, les sens, la figure extérieure, les viscères, ont leur variété. Les fibres, les muscles, les solides, les fluides, ont leur variété. L'esprit, l'imagination, la mémoire, les idées, les vérités, les préjugés, les alimens, les exercices, les connoissances, les états, l'éducation, les goûts, la fortune, les talens, ont leur variété. Les objets, les climats, les mœurs, les loix, les coutumes, les usages, les gouvernemens, les religions, ont leur variété. Comment seroit-il donc possible que deux hommes eussent précisément un même goût, ou les mêmes notions du vrai, du bon et du beau ? La différence de la vie et la variété des événemens suffiroient seules pour en mettre dans les jugemens.

Ce n'est pas tout. Dans un même homme, tout est dans une vicissitude perpétuelle, soit qu'on le considère au physique, soit qu'on le considère au moral ; la peine succède au plaisir, le plaisir à la peine ; la santé à la maladie, la maladie à la santé. Ce n'est que par la mémoire que nous sommes un même individu pour les autres et pour nous-mêmes. Il ne me reste peut-être pas, à l'âge que j'ai, une seule molécule du corps que j'apportai en naissant. J'ignore le terme prescrit à ma durée ; mais lorsque le moment de rendre ce corps à la terre sera venu, il ne lui restera peut-être pas une des molécules qu'il a. L'ame, en différens périodes de la vie, ne se ressemble pas davantage. Je balbutiois dans l'enfance ; je crois raisonner à-présent ; mais tout en raisonnant, le temps passe, et je m'en retourne à la balbutie. Telle est ma condition et celle de tous. Comment seroit-il donc possible qu'il y en eût un seul d'entre nous qui conservât pendant toute la durée de son existence le même goût, et qui portât les mêmes jugemens du vrai, du bon et du beau ? Les révolutions, causées par le chagrin et par la méchanceté des hommes, suffiroient seules pour altérer ses jugemens.

L'homme est-il donc condamné à n'être d'accord ni avec ses semblables, ni avec lui-même, sur les seuls objets qu'il lui importe de connoître, la vérité, la bonté, la beauté ? Sont-ce là des choses locales, momentanées et arbitraires, des mots vides de sens ? N'y a-t-il rien qui soit tel ? Une chose est-elle vraie, bonne et belle, quand elle me le paroît ? Et toutes nos disputes sur le goût se résoudroient-elles enfin à cette proposition : nous sommes, vous et moi, deux êtres différens ; et moi-même, je ne suis jamais dans un instant ce que j'étois dans un autre ?

Ici Ariste fit une pause, puis il reprit :

Il est certain qu'il n'y aura point de terme à nos disputes, tant que chacun se prendra soi-même pour modèle et pour juge. Il y aura autant de mesures que d'hommes ; et le même homme aura autant de modèles différens, que de périodes sensiblement différens dans son existence.

Cela me suffit, ce me semble, pour sentir la nécessité de chercher une mesure, un module hors de moi. Tant que cette recherche ne sera pas faite, la plupart de mes jugemens seront faux, et tous seront incertains.

Mais où prendre la mesure invariable, que je cherche et qui me manque?.... Dans un homme idéal que je me formerai, auquel je présenterai les objets, qui prononcera, et dont je me bornerai à n'être que l'écho fidèle?.... Mais cet homme sera mon ouvrage.... Qu'importe, si je le crée d'après des élémens constans?.... Et ces élémens constans, où sont-ils?.... Dans la nature?.... Soit, mais comment les rassembler?..... La chose est difficile, mais est-elle impossible?.... Quand je ne pourrois espérer de me former un modèle accompli, serois-je dispensé d'essayer?... Non.... Essayons donc.... Mais si le modèle de beauté auquel les anciens sculpteurs rapportèrent dans la suite tous leurs ouvrages, leur coûta tant d'observations, d'études et de peines, à quoi m'engageai-je ?.... Il le faut pourtant, ou s'entendre toujours appeler Ariste le philosophe, et rougir.

Dans cet endroit, Ariste fit une seconde pause un peu plus longue que la première, après laquelle il continua.

Je vois, du premier coup-d'œil, que, l'homme idéal que je cherche étant un composé comme moi, les anciens sculpteurs, en déterminant les proportions qui leur ont paru les plus belles, ont fait une partie de mon modèle.... Oui, prenons cette statue, et animons-la.... Donnons-lui les organes les plus parfaits que l'homme puisse avoir. Douons-la de toutes les qualités qu'il est donné à un mortel de posséder; et notre modèle idéal sera fait.... Sans-doute.... Mais quelle étude ! quel travail ! Combien de connoissances physiques, naturelles et morales à acquérir ! Je ne connois aucune science, aucun art dans lequel il ne fallût être profondément versé.... Aussi aurois-je le modèle idéal de toute vérité, de toute bonté, et de toute beauté.... Mais ce modèle général idéal est impossible à former, à-moins que les Dieux ne m'accordent leur intelligence, et ne me promettent leur éternité. Me voilà donc retombé dans les incertitudes, d'où je me proposois de sortir.

Ariste, triste et pensif, s'arrêta encore dans cet endroit,

Mais pourquoi, reprit-il après un moment de silence, n'imiterai-je pas aussi les sculpteurs ? Ils se sont fait un modèle propre à leur état; et j'ai le mien.... Que l'homme de lettres se fasse un modèle idéal de l'homme de lettres le plus accompli, et que ce soit par la bouche de cet homme qu'il juge les productions des autres et les siennes. Que le philosophe suive le même plan....Tout ce qui semblera bon et beau à ce modèle, le sera. Tout ce qui lui semblera faux, mauvais et difforme, le sera.... Voilà l'organe de ses décisions.... Le modèle idéal sera d'autant plus grand et plus sévère, qu'on étendra davantage ses connoissances.... Il n'y a personne, et il ne peut y avoir personne, qui juge également bien en tout du vrai, du bon et du beau. Non : et si l'on entend par un homme de goût, celui qui porte en lui-même le modèle général idéal de toute perfection, c'est une chimère.

Mais de ce modèle idéal, qui est propre à mon état de philosophe, puisqu'on veut m'appeler ainsi, quel usage en ferai-je quand je l'aurai ? Le même que les peintres et les sculpteurs ont fait de celui qu'ils avoient. Je le modifierai selon les circonstances. Voilà la seconde étude à laquelle il faudra que je me livre.

L'étude courbe l'homme de lettres. L'exercice affermit la démarche, et relève la tête du soldat. L'habitude de porter des fardeaux affaisse les reins du crocheteur. La femme grosse renverse sa tête en arrière. L'homme bossu dispose ses membres autrement que l'homme droit. Voilà les observations qui, multipliées à l'infini, forment le statuaire, et lui apprennent à altérer, fortifier, affoiblir, défigurer et réduire son modèle idéal, de l'état de nature, à tel autre état qu'il lui plaît.

C'est l'étude des passions, des mœurs, des caractères, des usages, qui apprendra au peintre de l'homme à altérer son modèle, et à le réduire de l'état d'homme à celui d'homme bon ou méchant, tranquille ou colère.

C'est ainsi que d'un seul simulacre, il émanera une variété infinie de représentations différentes, qui couvriront la scène et la toile. Est-ce un poëte? Est-ce un poëte qui compose? Compose-t-il une satyre ou un hymne? Si c'est une satyre, il aura l'œil farouche, la tête renfoncée entre les épaules, la bouche fermée, les dents serrées, la respiration contrainte et étouffée; c'est un furieux. Est-ce un hymne? il aura la tête élevée, la bouche entr'ouverte, les yeux tournés vers le ciel, l'air du transport et de l'extase, la respiration haletante; c'est un enthousiaste. Et la joie de ces deux hommes, après le succès, n'aura-t-elle pas des caractères différens?

Après cet entretien avec lui-même, Ariste conçut qu'il avoit encore beaucoup à apprendre. Il rentra chez lui. Il s'y renferma pendant une quinzaine d'années. Il se livra à l'histoire, à la philosophie, à la morale, aux sciences et aux arts; et il fut à cinquante-cinq ans homme de bien, homme instruit, homme de goût, grand auteur, et critique excellent.

TABLE DU TOME IV.

Avertissement de l'Auteur. . . . . . page 3
Le Fils Naturel, ou les Epreuves de la vertu. . 11
Dorval et moi, ou Entretiens sur le Fils naturel. 103
Epitre dédicatoire à S. A. S. Madame la princesse
   de Nassau-Saarbruck. 221
Le Père de Famille. 239
Sommaires. 401
De la Poésie dramatique. 409

FIN DU TOME QUATRIÈME.